项目资助

中国海洋大学一流大学建设专项经费资助

State Autonomy in China's Economic Development

中国经济发展中的国家自主性

陈霞 / 著

中国社会科学出版社

图书在版编目（CIP）数据

中国经济发展中的国家自主性 / 陈霞著．—北京：中国社会科学出版社，2023.11

ISBN 978－7－5227－2279－5

Ⅰ.①中…　Ⅱ.①陈…　Ⅲ.①中国经济—经济发展—研究
Ⅳ.①F124

中国国家版本馆 CIP 数据核字(2023)第 133794 号

出 版 人　赵剑英
责任编辑　赵　丽
责任校对　夏慧萍
责任印制　王　超

出　　版　中国社会科学出版社
社　　址　北京鼓楼西大街甲 158 号
邮　　编　100720
网　　址　http://www.csspw.cn
发 行 部　010－84083685
门 市 部　010－84029450
经　　销　新华书店及其他书店

印　　刷　北京明恒达印务有限公司
装　　订　廊坊市广阳区广增装订厂
版　　次　2023 年 11 月第 1 版
印　　次　2023 年 11 月第 1 次印刷

开　　本　710×1000　1/16
印　　张　16.5
插　　页　2
字　　数　246 千字
定　　价　88.00 元

凡购买中国社会科学出版社图书，如有质量问题请与本社营销中心联系调换
电话：010－84083683

目　　录

绪　论

一　研究主题与研究意义

（一）研究主题

20 世纪 50 年代至 70 年代末，西方政治学的主流研究范式和研究视角是多元主义和结构功能主义。但无论是多元主义，还是结构功能主义，均把国家简约为社会的一个组成部分，其实质都是一种社会中心主义的研究范式。两者都以社会为中心，把国家看作是社会的从属变量而忽视政治的特殊性，更多地关注国家的限度问题。多元主义是一种还原论，把政府视为社会中不同利益集团的对应物。结构功能主义是一种子系统功能论，把政府看作是各种社会集团竞争的平台和场所。新历史经验的出现使得社会中心主义理论陷入了解释困境，首先，国家宏观调控受到推崇，主张国家干预的凯恩斯主义催生了对国家角色的新理解。其次，西方认为普适的民主模式在数十个民族国家的移植和复制未能取得预想的成功，并且世界许多民主转型国家普遍面临着与国家失败相关的治理危机。学界的学术视野也开始更多地关注国家建设与治理问题。最后，社会中心主义理论并不能很好地解释东亚和拉美国家的成功转型，拉美和东亚地区采取的以国家为主导的经济发展模式开辟了现代化建设的新路径。重新关注国家在经济领域、政治领域所扮演的角色，重新思考国家与社会的关系成为中西方学者关注的焦点，“宏观社会科学领域正在进行一场范式转移，该转移蕴涵着对国家与经济和社会之间的关系的一种根本性的重新思考”①。启动这一范式转换的是西方新马克思主义学者，而使该范式最终得以确立的是“回归国家学派”学者。因此，学界对国家的重视和新的历史经验成为国家理论复兴的背景和机遇。

回归国家学派发展形成了以国家自主性为理论原点的国家理论。它将国家视为一个独立的行动主体，赋予国家行为和国家结构以因果变量的重要地位。以经验和实证为基础，把国际因素、国家结构和社会因素相结合来解释国家自主性，重点强调了国家建设的重要命题。这不仅实现了对社会中心论的必要补充，而且提供了一种以“国家”为中心的新的理论研究视角。国家自主性对于解释后发国家经济社会的发展，产生了重要影响，在解释东亚以及拉美国家转型、发展方面声誉卓著。

中国改革开放后经济增长创造了一个“发展奇迹”，之所以称为奇迹，不仅仅是因为经济的增长速度，更是因为中国的经济发展道路突破了发达国家的现代化模式。从政治学的视角探讨经济发展中的国家角色定位一直是学界的关注焦点。而国家自主性理论为分析中国经济发展中的国家建设问题提供了一个有效的分析视角。中国特有的历史条件和时代语境更加凸显了国家自主性在中国发展道路中的作用。探讨中国经济发展道路中的国家自主性不仅是在探讨一个处于发展和转型双重进程中的超大规模后发展国家如何动员既有资源，从而实现按照既定目标前行的有效集体行动的可能性；也是在探讨改革开放过程中如何通过国家自主性的重塑以推动中国政治现代化进程，塑造中国特色社会主义政治发展道路的可行性。

是一种怎样特征的国家自主性促进了中国的经济增长？以国家自主性为分析视角，比较视野下考察中国经济发展中的国家自主性构成

① ［美］彼得·埃文斯、迪特里希·鲁施迈耶、西达·斯考克波编著：《找回国家》，方力维、莫宜端、黄琪轩等译，生活·读书·新知三联书店2009年版，第7页。

了本书的核心主题。

对中国国家自主性的研究将主要从国家—社会关系、中央—地方关系、经济全球化三个维度展开，三个向度的结合分析能更好地在比较的视野下思考中国的国家建设问题。

（二）研究意义

1. 理论意义

研究国家自主性理论有其学术价值和理论意义。回归国家学派在借鉴、批判西方新马克思主义以及其他思想家关于国家自主性思想的基础上确立了国家中心主义研究范式。国家自主性理论赋予国家行为和结构以因果变量的重要地位，考察国家机构、官僚、制度和国际环境等因素的重要作用。回归国家学派确立了国家作为一个独立的变量在社会政治分析中的核心位置。尤其是国家与市场的关系作为国家自主性理论的核心问题之一，为解释东亚许多政治、经济现象提供了一种基本分析框架。因此，梳理国家自主性理论的思想来源、发展脉络，厘清回归国家学派对相关思想家的批判性和继承性，不仅有利于对国家自主性理论及其基本概念有一个更加完整的、系统的认识，而且有利于拓展国家理论的研究视角。

研究国家自主性理论可以丰富理解国家现象的理论维度。在西方主流理论看来，政治现代化的过程意味着非西方国家以西方国家的制度体系、价值观念为标杆，是非西方国家逐渐向西方国家靠拢的过程。但发展中国家的现代化过程是政治整合社会势力的过程，国家在现代化过程中处于主导地位。东亚的经验让世人看到了政治现代化的另一个图式。“在任何可以量化的指标上，东亚国家的制度质量都高于拉丁美洲的国家，这是一个可以诠释这些国家取得卓越经济成效的重要因素。”① 而这种制度质量正是建立在国家具有一定自主性的基础之上的。在东亚地区，自主国家是与政治最密切相关联的结构。把国家自主性与后发展中国家的政治、经济、社会发展相结合，不仅能为

① ［美］弗朗西斯·福山：《国家构建——21 世纪的国家治理与世界秩序》，黄胜强、许铭原译，中国社会科学出版社 2007 年版，第 29 页。

后发展型国家的国家建构提供一种分析视角，而且能为后发展型国家的转型与发展注入新的理论资源、提供新的理论生长点，促进国家理论的发展与完善。

2. 现实意义

国家自主性理论不仅具有描述性而且具有分析性。在政治学理论分析视角中，并不缺少关于国家与经济的讨论，但自由主义及其他理论强调的经济变量并不能很好地解释国家经济表现的差距性。有别于其他理论视角，国家自主性理论凸显出国家的行动逻辑和国家推动经济发展的能力，这为有效解释经济表现差别提供了一个路径。后发现代国家在建构国家、实现转型、促进变革的过程中，为了促进经济发展都需要国家力量的介入和引导。对于生活在后发地区的人来说，效力性民族国家仍然是希望的主要源泉。[①] 后发现代化国家发展逻辑起点是国家建构，并由国家力量对经济和社会进行现代化培育和改造，而“后发国家是否拥有适当的国家自主性，直接决定着国家建设的成败”[②]。因此，后发现代化国家建构的重要内容之一就是提升国家自主性。中国作为一个后发展的国家，不仅在政治意义上现代国家的形成与发展需要国家自主性，而且经济、社会的现代化发展同样离不开国家自主性，因此，以国家自主性为重要内容的国家建构是中国全面迈向现代化的关键，也是形成中国特色社会主义政治发展道路的内在要求。

中国经济转型中的政治与经济的关系是国家理论不能回避的重要案例。改革开放后一个时期内中国经济保持快速增长，人均国内生产总值不断提高，给世界呈现了一个中国奇迹，而这奇迹背后的原因的探讨成为一个富有挑战性的问题。市场化是理解中国经济增长的一个核心关键词，但理解这一关键词的前提是考察国家的地位和作用，因为中国市场经济体系的发育不是一个自生自发的过程，而是在国家的推动和引导下逐步完成的，改革开放以来的中国经济增长属于内生型

---

① ［美］阿图尔·科利：《国家引导的发展：全球边缘地区的政治权力与工业化》，朱天飙、黄琪轩、刘骥译，吉林出版集团有限责任公司 2007 年版，第 495 页。

② 杨光斌：《政治变迁中的国家与制度》，中央编译出版社 2011 年版，第 276 页。

而非外生型，中国的政治权力塑造了经济结构。① 一方面，国家自主性是中国经济发展的基本命题。国家自主性是国家有效干预经济的重要条件和基本保证，中国过去 40 多年的经济增长与自主性国家的有效推动有着密切的联系。另一方面，中国在取得显著经济发展成就的同时，社会呈现发展与断裂并存的局面。中国经济虽然实现了持续性的发展，但经济发展呈现非均衡性特征。政府层面也呈现“俘获型国家”和“掠夺型国家”的迹象。这些问题的存在都与国家自主性的失衡相关。国家自主性失衡困境不仅影响经济体制改革的继续推进，而且不利于国家治理能力的提升。如何解决好国家建设与经济、社会发展之间的关系，考验着国家的发展能力和治理水平。以国家自主性理论为研究视角，以国家自主性为基本分析概念，比较考察中国国家自主性的内在逻辑，有助于理性认知中国经济改革开放进程中的国家建设问题，客观把握国家自主性在新时期所面临的挑战与困境，从而具体探讨中国未来国家自主性的重塑路径。

二　国内外研究综述

（一）国外研究综述

对自主概念的理解可以追溯到康德，但康德阐释的是个人自主。对国家自主性概念的理解可以追溯到黑格尔，黑格尔是最早论述国家自主性概念的思想家，他认为“国家具有特定的、自在自为地存在的进程”②，国家具有绝对自在自为的特征，黑格尔对国家的阐述能折射出其自主性的意味，但黑格尔并未明确提出国家自主性的概念，他是在相似意义上论及国家自主性。最早明确揭示国家自主性概念的是马克思、恩格斯，他们提出了“国家相对独立性”的命题。“国家自主性”目前已经发展成为社会科学研究领域中的一个具有很强解释力的规范学术概念和国家理论。

---

① 但研究一定不能陷入决定论的理解误区，从而陷入国家影响经济发展的单一因果论或单一决定论，本书关注的是国家在经济发展中的自主性、战略以及能力。

② ［德］黑格尔：《法哲学原理》，范扬、张企泰译，商务印书馆 1961 年版，第 285 页。

1. 西方新马克思主义与国家自主性研究综述

20 世纪 50 年代，西方政治学的主流研究范式和主流研究视角是以社会为中心的多元主义和结构功能主义，国家在政策过程中处于隐而不显的地位。[①] 以巴林顿·摩尔（Barrington Moore Jr.）、尼科斯·波朗查斯（Nicos Poulantzas）、拉尔夫·密里本德（Ralph Miliband）等为代表的学者不满多元主义和系统论者对国家"黑匣子"的前提预设，为国家理论在政治科学中的重新回归进行了奠基性的工作。西方新马克思主义学者首先开启了对国家自主性理论范式的研究。

20 世纪 60 年代以来，国家理论成为西方新马克思主义者的重点研究领域。以尼科斯·波朗查斯[②]、拉尔夫·密里本德[③]、克劳斯·奥菲（Claus Offe）[④] 和佩里·安德森（Perry Anderson）[⑤] 为代表的西方新马克思主义者继承和发展了马克思和恩格斯的国家相对独立性思想，提出了"国家相对自主性"的概念。佩里·安德森研究的是欧洲

---

① Nelson W. Polsby, *Community Power and Political Theory*, New Haven: Yale University Press, 1963; Robert Dahl, *Who Governs?*, New Haven: Yale University Press, 1961; David Easton, *A Framework for Political Analysis*, New Jersey: Prentice Hall, 1965. ［英］帕特里克·邓利维、布伦登·奥利里:《国家理论：自由民主的政治学》，欧阳景根、尹冬华、孙云竹译，浙江人民出版社 2007 年版。

② ［希腊］尼科斯·波朗查斯:《政治权力与社会阶级》，叶林等译，中国社会科学出版社 1982 年版。Nicos Poulantzas, *Political Power and Social Classes*, London: New Left Books, 1973; Nicos Poulantzas, *State*, *Power*, *Socialism*, London: New left Books, 1978; Nicos Poulantzas, *Classes in Contemporary Capitalism*, London: New Left Books, 1975; Nicos Poulantzas, "The Capitalist State: A Reply to Miliband and Laclau", *New Left Review*, Vol. 95, No. 1, 1976; Nicos Poulantzas, "The problem of the Capitalist State", *New Left Review*, Vol. 58, No. 58, January 1969.

③ ［英］拉尔夫·密里本德:《资本主义社会的国家》，沈汉、蔡玲、陈祖洲译，商务印书馆 1997 年版;［英］拉尔夫·密里本德:《马克思主义与政治学》，黄子都译，商务印书馆 1984 年版;［英］拉尔夫·密里本德:《英国资本主义民主制》，博铨、向东译，商务印书馆 1988 年版; Ralph Miliband, *The State in Capitalist Society*, New York: Basic Books, Inc., Publishers, 1969; Ralph Miliband, "Poulantzas and the Capitalist State", *New Left Review*, Vol. 82, No. 1, 1973.

④ Claus Offe and Volker Ronge, "Theses on the Theory of the State", *New German Critique*, Vol. 2, No. 6, 1975.

⑤ Perry Anderson, *Passage from Antiquity to Feudalism*, London: New Left Books, 1974; Perry Anderson, *Passage from Antiquity to Feudalism*, London: New Left Books, 1974. ［英］佩里·安德森:《绝对主义国家的系谱》，刘北成、龚晓庄译，上海人民出版社 2001 年版。

国家绝对自主性现象。奥菲的研究重点在于资本主义国家的选择机制以及内部结构，他认为积极选择、掩饰选择和消极选择构成了资本主义国家的三种选择行为模式，前两种选择是国家具有自主性特征的具体体现。当代资本主义国家通过福利性国家政策实现对经济和社会的干预，一方面实现劳动力和资本的持续商品化；另一方面从社会和经济领域中汲取资源以维系自身的运转。这种“资本主义国家的改良政策不是旨在服务于统治阶级的利益，这种政策通常遭到资产阶级强烈的反抗和抵制”。[①]波朗查斯和密里本德分别发展了结构主义国家理论和工具主义国家理论，两者是西方新马克思主义国家理论的核心代表人物。西方新马克思主义关于国家自主性思想的内部分歧较大，未形成统一的思想体系，但为20世纪80年代国家理论的回归和复兴奠定了思想基础。

西方新马克思主义的贡献性主要体现在以下三个方面。第一，最早系统性论证了国家的自主性概念和意义。第二，发展了马克思主义国家理论。西方新马克思主义揭示了马克思国家理论中的国家自主性思想，梳理和发展了马克思主义谱系里的国家自主性思想。波朗查斯和密里本德分别从不同视角发展了马克思主义国家理论，对国家自主性的强调和研究在一定意义上突破了国家的经济决定论解释，许多后来出现的与马克思主义相关的国家理论基本涉及与波朗查斯和密里本德两位学者相关的争论。第三，奠定了国家中心理论复兴的思想基础。西方新马克思主义理论学者间不同思想观点的争论催生了有价值的概念，而且为回归国家学派国家自主性理论的发展提供了思想资源。论及国家自主性思想，一般都会更多地与回归国家学派关联，但国家自主性概念并不是由回归国家学派创造的，而是建立在对马克思国家相对独立性概念和西方新马克思主义国家相对自主性概念的吸收、继承、扬弃和重构基础之上。西方新马克思主义直接影响了20世纪80年代以后出现的对国家问题研究的回归与复兴。

国家相对自主性理论的发展反映了西方新马克思主义学者力图重构马克思恩格斯国家理论的尝试和努力，但西方新马克思主义及其相对自

---

① ［德］克劳斯·奥菲：《福利国家的矛盾》，郭忠华等译，吉林人民出版社2006年版。

主性理论也存在缺陷与不足。回归国家学派对西方新马克思主义的批判集中在以下几个方面：第一，研究对象的局限性，西方新马克思主义关于国家自主性的研究集中于资本主义社会。无论是波朗查斯从结构主义国家理论对国家相对自主性的理解，还是密里本德从工具主义国家理论对国家相对自主性的阐释，西方新马克思主义对国家自主性的研究范围主要集中于资本主义国家，实际是对资本主义社会国家功能的另一种解释途径。新马克思主义的研究主要是在资本主义体系内部的比较研究，而并没有进行跨生产模式的比较研究，理论的适用限度降低了西方新马克思主义的解释力和应用力。第二，西方新马克思主义实质仍然是一种社会中心论，并未摆脱社会中心论的禁锢。西方新马克思主义学者承认国家的自主性，但只是在相对的意义上承认。西方新马克思主义在对政治过程或者公共政策的分析中，仍然是从一种社会—结构决定论的视角去理解国家，仅仅把国家作为一种统治工具或者利益冲突的平台，而没有将国家与社会进行拆解，实质上并没有真正意义上超越社会中心主义理论。第三，西方新马克思主义都受制于一个基本的前提假设，即国家不会反对统治阶级的基本利益。曼认为“马克思主义和多元主义都是还原论，都不注意政治特殊性。真正的精英—现实主义则把那些特殊性当作异常现象，夸大国家运作的力量和凝聚力”①。斯考切波指出“多元主义者和结构主义者不愿意研究国家，批判性思维的新马克思主义流派也不肯承认国家具有真正的自主性”，② 新马克思主义学者丝毫不允许自己去质疑：国家在本质上是否真的是阶级或者阶级斗争的体现，国家职能是否真的只是维持以及扩大特定的生产方式。③ 他们认为国家的形式和行为变化模式与生产方式相对应。工具主义的马克思主义学者遵循支配阶级的工具论观点（dominant-class instrumentalism），而

① ［英］迈克尔·曼：《社会权力的来源（第二卷·上）》，陈海宏等译，上海人民出版社 2007 年版，第 62 页。

② ［美］彼得·埃文斯、迪特里希·鲁施迈耶、西达·斯考克波（又译作西达·斯考切波）编著：《找回国家》，方力维、莫宜端、黄琪轩等译，生活·读书·新知三联书店 2009 年版，第 6 页。

③ ［美］彼得·埃文斯、迪特里希·鲁施迈耶、西达·斯考克波编著：《找回国家》，方力维、莫宜端、黄琪轩等译，生活·读书·新知三联书店 2009 年版，第 5 页。

结构主义的马克思主义学者实际是一种阶级斗争还原论（class-struggle reductionism）。“他们的争论局限于国家及其功能是如何随着生产方式和支配阶级的变化而变化的。”[①] 第四，相对国家自主性有其缺陷。西方新马克思主义用相对自主性概念并不能很好地解释一个基本现象，即为什么资本主义国家对市场份额的追求会超过对利润最大化的追求，很明显的是市场占有率与利润并不呈正比关系。西方新马克思主义通常使用抽象的方式来概括所有国家的共性特征或者功能，这样的方式很容易将国家结构/行为的跨国性差异变量排除在外，这自然会削弱新马克思主义比较研究基本框架的有效性。

2. 回归国家学派与国家自主性研究综述

如果说西方新马克思主义启动了国家自主性理论的研究范式，那么最终确立这一范式的是回归国家学派[②]。回归国家学派在吸收、批判西方新马克思主义关于国家自主性思想的基础上确立了国家中心主义研究范式。回归国家学派兴起于20世纪70年代末80年代初，回归国家学派的核心代表人物有西达·斯考切波（Theda Skocpol）[③]、埃

---

① ［美］西达·斯考切波：《国家与社会革命——对法国、俄国和中国的比较分析》，何俊志、王学东译，上海人民出版社2007年版，第29页。

② 回归国家学派的思想来源涉及马克思、恩格斯、韦伯、亨廷顿、西方新马克思主义学者等，其中亨廷顿的国家自主性思想探讨是一个争议性的主题。关于回归国家学派的思想来源将在本书的第一章详细展开。

③ ［美］西达·斯考切波：《国家与社会革命——对法国、俄国和中国的比较分析》，何俊志、王学东译，上海人民出版社2007年版；［美］彼得·埃文斯、迪特里希·鲁施迈耶、西达·斯考克波编著：《找回国家》，方力维、莫宜端、黄琪轩等译，生活·读书·新知三联书店2009年版；［美］斯考切波：《历史社会学的视野与方法》，封积文译，上海人民出版社2007年版。Theda Skocpol, *Vision and Method in Historical Sociology*, Cambridge and New York: Cambridge University Press, 1984; Theda Skocpol, *Protecting Soldiers and Mothers: The Political Origins of Social Policy in the United States*, Cambridge: The Belknap Press of Harvard University Press, 1992; Peter B. Evans, Dietrich Rueschemeyer, and Theda Skocpol, *Bringting the State Back In*, Cambridge: Cambridge University Press, 1985; Theda Skocpol, *States and Social Revolutions: A Comparative Analysis of France, Russia, and China*, Cambridge: Cambridge University Press, 1979; Theda Skocpol, “Political Response to Capitalist Crisis: Neo-Marxist Theories of the State and the Case of the New Deal”, *Politics and Society*, Vol. 10, No. 2, 1980; Theda Skocpol and Margaret Somers, “The Uses of Comparative History in Macrosocial Theory”, *Comparative Studies in Society and History*, Vol. 22, No. 2, 1980; Theda Skocpol, “From Social Security to Health Security? Opinion and Rhetoric in U. S. Social Policy Making”, *Political Science and Politics*, Vol. 27, No. 1, 1994; Theda Skocpol, Kenneth Finegold, “State capacity and Economic Intervention in the Early New Deal”, *Political Science Quarter*, Vol. 97, No. 2, 1982; Theda Skocpol, “Why I Am an Historial Institutionalist”, *Polity*, Vol. 28, No. 1, 1995; Theda Skocpol, “A Critical Review of Barrington Moore's Social Origins of Dictatorship and Democracy”, *Politics and Society*, Vol. 4, No. 1, 1983.

里克·A. 诺德林格（Eric A. Nordlinger）[①]、乔尔·S. 米格代尔（Joel S. Migdal）[②]、彼得·B. 埃文斯（Peter B. Evans）[③]、琳达·维斯（Linda Weiss）和约翰·M. 霍布森（John M. Hobson）[④]、艾尔弗雷德·斯特潘（Alfred Stepan）[⑤]、艾伦·凯·特里姆伯格（Ellen Kay Trimberger）[⑥]、

① ［美］埃里克·A. 诺德林格：《民主国家的自主性》，孙荣飞、朱慧涛、郭继光译，江苏人民出版社 2010 年版。Eric A. Nordlinger, *On the Autonomy of the Democratic State*, Cambridge and Mass: Harvard University Press, 1981.

② ［美］乔尔·S. 米格代尔：《社会中的国家：国家与社会如何相互改变与相互构成》，李杨、郭一聪译，江苏人民出版社 2013 年版。Joel S. Migdal, *State in Society: Studying How States and Societies Transform and Constitute One Another*, Cambridge: Cambridge University Press, 2001.［美］乔尔·S. 米格代尔：《强社会与弱国家——第三世界的国家社会关系及国家能力》，张长东等译，江苏人民出版社 2009 年版。Joel S. Migdal, *Strong Societies and Weak States: State-Society Relations and State Capabilitiew in the Third Word* , Princeton, NJ: Princeton University Press, 1988; Joel S. Migdal and Atul Kohli and Vivienne Shue, *State Power and Society Forces: Domination and Transformation In the Third Word*, Cambridge and New York: Cambridge University Press, 1994.

③ Peter B. Evans, *Dependent Development: The Alliance of Multinational, State and Local Capital in Brazil*, Princeton, N. J.: Princeton University Press, 1979; Peter B. Evans, *Embedded Autonomy: States and Industrial Transformation*, Princeton, N. J.: Princeton University Press, 1995; Peter Evans, *State-Society Synergy: Government and Social Capital in Development*, Berkeley: University of California Press, 1997; Peter B. Evans, "Predatory, Developmental, and Other Apparatuses: A Comparative Political Economy Perspective on the Third World State", *Sociological Forum*, Vol. 4, No. 4, 1989; Peter B. Evans, "Transferalbe Lessons?" Re-examing the Institutional Prerequisties of East Asian Economic Policies", *Journal of Developmental Studies*, Vol. 34, No. 6, 1998.［美］彼得·埃文斯、杨望平：《国家的衰落？——反思全球化时代的国家性》，《国外理论动态》2012 年第 6 期。

④ ［澳］琳达·维斯、约翰·M. 霍布森：《国家与经济发展：一个比较及历史性的分析》，黄兆辉、廖志强译，吉林出版集团有限责任公司 2009 年版。Linda Weiss and John M. Hobson, *State and Economic Development: A Comparative Historical Analysis*, Cambridge and Oxford: Polity Press, 1995; Linda Weiss, *The Myth of the Powerless State: Governing the Economy in a Global Era*, Cambridge : Polity Press, 1998.

⑤ Alfred Stepan, *The State and Society: Prue in Comparative Perspective*, Princeton, N. J.: Princeton University Press, 1978; Alfred Stepan, *The Military in Politics: Changing Patterns in Brazil*, Princeton, N. J.: Princeton University Press, 1971; Alfred Stepan, *Arguing Comparative Politicas*, New York: Oxford University Press, 2001; Stephen D. Krasner, "Review Article: Approaches to the State: Alternative Conceptions and Historical Dynamics", *Comparativei Politics*, Vol. 16, No. 2, 1984.

⑥ Ellen Kay Trimberger, *Revolution From Above: Military Bureaucrats and Development in Japan, Turkey, Eygpt and Peru*, New Brunswick: Transaction Books, 1978.

斯蒂芬·D. 克拉斯纳（Stephen D. Krasner）①、迪特里希·鲁施迈耶（Dietrich Rueschemeyer）②、艾丽丝·H. 阿姆斯登（Alice H. Amsden）③、彼得·卡岑斯坦（Peter Katzenstein）④、贾恩弗朗哥·波齐（Gianfranco Poggi）⑤、斯科·罗尼克（Stephen Skowronek）⑥ 等学者。回归国家学派使用“国家自主性”这一国家属性概念作为考察国家发展的核心要素，并形成了以“国家为中心”的理论体系和研究范式。

20 世纪七八十年代以来，国家自主性理论作为国家—社会关系分析的新范式被广泛运用到不同领域和诸多现象的分析之中。艾尔弗雷德·斯特潘在《国家与社会：比较视域下的秘鲁》一书中对拉丁美洲国家政体进行了比较研究。巴西是一种“排斥性”统合主义（corporatist regime）政变，而秘鲁是“包容主义”的统合主义政变，但两个国家的共性在于，一是统一的意识形态认知，即通过国家干预

① Stephen D. Krasner, *Defending the National Interest: Raw Material Investment and U. S. Foreign Policy*, Princeton: Princeton University Press, 1978; Stephen D. Krasner, “Business Government Relations: The Case of the International Coffee Agreement”, *International Organization*, Vol. 27, No. 4, 1973; Stephen D. Krasner, “Review Article: Approaches to the State: Alternative Conceptions and Historical Dynamics”, *Comparativei Politics*, Vol. 16, No. 2, 1984; Stephen D. Krasner, *Domestic Constrains on International Economic Leverage*, *in Klaus Knorr and Frank N. Trager*, *Economic Issues and National Security*, Lawrenec: Regents Press of Kansas, 1977.

② Dietrich Rueschemeyer, “Comparing Legal Professions Cross-Nationally: From a Profession-Centered to a State-Centered Approach”, *American Bar Foundation Research Journal*, Vol. 11, No. 3, 1986; Dietrich Rueschemeyer, “Structural Differentiation, Efficiency and Power”, *American Journal of Sociology*, Vol. 83, No. 1, 1977; James Mahoney and Dietrich Rueschemeyer, *Comparative Historical Analysis in the Social Sciences*, Cambridge: Cambridge University Press, 2003.

③ Alice H. Amsden, *International Firms and Labour in Kenya*, London: Frank Cass, 1971.

④ Peter Katzenstein, *Corporatism and Change: Austria, Switzerland and the Politics of Industry*, Ithaca, N. Y.: Cornell University Press, 1984; Peter Katzenstein, *Small States in World Markets: Industrial Policy in Europe*, Ithaca, N. Y.: Cornell University Press, 1984; Peter Katzenstein, *Between Power and Plenty: Foreign Economic Policies of Advanced Industrial States*, Wisconsin: University of Wisconsin Press, 1978.

⑤ ［美］贾恩弗朗哥·波齐：《国家：本质、发展与前景》，陈尧译，上海人民出版社 2007 年版。Gianfranco Poggi, *The Development of the Modern State: A Sociological Introduction*, Stanford: Stanford University Press, 1978.

⑥ Stephen Skowronek, *Building a New American State: The Expansion of National Administration Capacities, 1877－1920*, Cambridge: Cambridge University Press, 1982.

实现社会稳定和经济发展；二是以新型军事专家为主的国家精英官僚骨干为国家自主性的实现提供了保障。斯艾伦·凯·特里姆伯格在《来自上层的革命：日本、土耳其、埃及和秘鲁的军队官僚体制及其发展》一书中主要研究了埃及的纳赛尔革命、日本的明治维新、秘鲁的1968年政变以及土耳其的凯末尔革命，这几个国家政治改革成功的原因之一在于官员同支配阶级的经济利益是脱离的。“那些高级的文官或军人满足以下两个条件：（1）他们不是从占统治地位的阶级（土地、商业或工业）中选拔出来的；（2）在职位晋升以后，他们没有同统治阶级形成紧密的个人经济关系纽带。”① 他通过对秘鲁政变、明治维新（日本）、凯末尔革命（土耳其）和纳赛尔革命（埃及）中官员如何摧毁社会主导阶级而进行社会革命的分析，从而证明了国家的自主性特征和能力。斯蒂芬·D. 克拉斯纳在《捍卫国家利益：原材料投资与美国对外政策》一书中对美国国家自主性进行了揭示。他提出国家在能够抵制社会的压力，改变私人部门行为并能改变社会与经济的结构时，国家权力处于最强的状态。② 回归国家学派理论在各个领域的应用具有跨地域、跨时空的特征，这为国家自主性的普遍性提供了很好的案例性论证，从而为国家自主性作为对社会、政治、经济现象的研究范式的确立奠定了分析基础。当代社会科学家愿意接受应用国家自主性理论的解释，并且不只是将它应用于后发展型国家、极权主义国家，也应用于西方资本主义国家。

梯利③、埃文斯和卡岑斯坦重点考虑了在地缘政治背景下，国家与跨国机构关联中的国际经济互动过程。梯利的核心关注点在于战争与国家的关系，强调战争缔造国家的重要性，在分析两者的关系中贯穿着对经济发展的分析。战争不仅催化现代国家的形成和建

---

① Ellen Kay Trimberger, *Revolution From Above: Military Bureaucrats and Development in Japan, Turkey, Eygpt and Peru*, New Brunswick: Transaction Books, 1978, p. 4.

② StePhen D. Krasner, *Defending the National Interest: Raw Material Investment and U. S. Foreign Policy*, Princeton: Princeton University Press, 1978, pp. 56 - 57.

③ Charles Tilly, *The Formation of National States in Western Europe*, Prineeton: Prineeton University, 1975; Charles Tilly, *Big Structures, Large Processes, Huge Comparisons*, New York: Russell Sage Foundation, 1985.

设，而且促进国家基础性权力的发展。其中战争对国家税收汲取方式以及税收机构理性化发展的影响成为梯利关注的核心内容。在梯利看来，战争、资源汲取（特别是财政汲取）和资本积累塑造了欧洲国家。埃文斯分析了在跨国关系背景下，国家在发展中国家与工业国家中承担的不同的经济角色，特别是两种类型的国家不同的干预经济的能力。卡岑斯坦对20世纪50年代以来致力于经济发展的民主社会主义的奥地利和自由资本主义的瑞士进行了比较研究，两国在日益参与国际经济体系的过程中，国家结构和国家能力不断发生着改变。

除了上述学者，在社会中心论占据主流的时代，亨廷顿算是坚持政治领域独立性思想的一个例外。亨廷顿对现代化与政治秩序的关系判断不同于社会中心论的习惯性立场，即政治进步取决于经济发展程度。所以有学者把亨廷顿看作是“新国家主义”的奠基人。[①] 在亨廷顿看来，政治制度化对国家现代化的实现至关重要，政治制度化的滞后性是政治动乱的原因。相比较其他学者关注国家应被设定成为什么而言，亨廷顿更加关注不同社会中的政治制度，他认为制度是至关重要的，这一点也成为他保持持久影响力的一个重要因素。任何一个国家都需要中心制度来维系，国家真实的政治能力、出现的制度衰退成为亨廷顿关注的中心话题。

在第二波民主化浪潮中的新增国家中并没有出现亨廷顿所期望的政治发展景象，即国家带领社会实现民主发展和市场繁荣。相反，不稳定和政治衰败也成为可能的结果。亨廷顿的基本判断是国家不同的政治行为和特征会产生不同的政治后果，在《变化社会中的政治秩序》中提出的衡量制度化的四个基本标准[②]之中，亨廷顿把国家自主性看作衡量政治制度化的一个重要标准。他提出判断政治制度水平高

---

① Supriya Roy Chowdhury, “Neo-Statism in Third World Studie: A Critique”, *Third World Quarterly*, Vol. 20, No. 6, 1999, pp. 1089 - 1107.

② 即适应性—刻板性、复杂性—简单性、自主性—附属性、内聚力—不团结。［美］塞缪尔·P. 亨廷顿：《变化社会中的政治秩序》，王冠华、刘为等译，上海人民出版社2008年版，第10—19页。

低的标准是看政治组织和政治程序具有自主性特征还是从属性特征。“就自主性而言，凡充当某一特定社会团队——（家庭、宗族、阶级）——的工具的政治组织便谈不上自主性和制度性。”[①] 一个政治组织是否具有自主性特征，一是要看它是否具有区别于其他社会势力和机构的自身价值和利益；二是要看它是否能通过制度化的政治程序、政治体系维持来保护其自主性。

国家若要超越各种社会利益集团，更具公正性和公共性，就必须把这种超越性植根于规范的制度结构和体系之中，“一个拥有高度制度化的统治机构和程序的社会，能更好地阐明和实现其公共利益”[②]。制度化水平高的政治组织有足够的能力限制特定利益集团的影响，而在不发达的政治体制中，政治机构不能阻挡特定利益集团或者新兴社会势力按照政治制度、政治程序进入政治领域，并会受其意识形态的渗透，这是政治组织无自主性的表现。缺乏自主性的政治组织不仅不能够实现其自身价值和利益，而且容易为腐败留下余地和空间。

3. 国家自主性理论研究评述

国家自主性理论在反思、批判和吸收西方新马克思主义关于国家自主性思想的基础上，以国家自主性为基本分析概念，以“国家”为核心变量，重新阐释了国家与社会的关系，国家自主性理论确立的以国家为中心的研究范式，纠正了社会中心论的片面性。20 世纪 60 年代以来，学者们一直围绕社会中心理论（society-centered theories）和国家中心理论（state-centered theories）在交锋。自由主义理论学者把国家的角色定义为裁判者，其主要作用是为社会提供基本的制度性框架以保证市场竞争的公正性和秩序性。马克思主义理论学者把国家的角色定义为统治工具，其主要作用是服务于统治阶级利益。西方新马克思主义学者在吸收马克思国家独立性思想的基础上提出了国家相对

① ［美］塞缪尔·P. 亨廷顿：《变化社会中的政治秩序》，王冠华、刘为等译，上海人民出版社 2008 年版，第 16 页。

② ［美］塞缪尔·P. 亨廷顿：《变化社会中的政治秩序》，王冠华、刘为等译，上海人民出版社 2008 年版，第 19 页。

自主性概念，却没有拆解国家与社会，从本质上而言仍然是社会中心论范畴。经过回归国家学派对国家自主性理论的挖掘和发展，国家中心理论取得了理论学者们一定程度的认可，越来越多的学者开始关注国家在社会转型、经济发展、国家建设中的关键性作用和独立性角色。

回归国家学派把自主性概念拓展为理解和考察现代国家建构、经济社会发展的“范式”概念，确立国家作为一个独立的变量在社会政治分析中的核心位置，实现了对社会中心论的纠正和补充。国家中心论者将国家本身看作是有着自身特定利益的社会力量，它作为集中关注如何积累和行使政治权力的一套制度体系，能自主地决定和影响自己的安排和政策。若这种以国家为中心的理论和立场能够得到正确的运用，相对社会中心论而言，能够更好地理解我们所关注的国家。① 尽管很多学者不认同回归国家学派的一些观点和立场，但都基本承认他们是对传统“社会中心”范式的发展和进步。回归国家学派的理论贡献主要表现在以下几个方面。

第一，回归国家学派奠定了国家中心主义研究范式的理论基础。首先，国家自主性理论认为国家不是社会的一个“功能性子系统”，而是一个独立的行动主体，这一点强调了国家建设的重要命题，实现了对社会中心论的必要补充。20 世纪 50 年代和 60 年代早期理论在探讨国家与社会的关系时，国家更多地被看作是一个假象概念而不需要解释，所以国家是否能真正自主也就并不是一个有意义的问题。国家自主性理论发展的意义在于纠正了这一偏见，凸显国家的独立性和主体性地位。国家是一个独立的组织体，有其在特定利益诉求下的目标选择和与此相关的行为能力和行为表现，而不是社会的派生物。国家自主性理论重新思考国家与社会的关系，把国家当作对政治行为和行动进行分析的解释性变量，并对国家何以具有自主性、如何实现自主性进行系统的论证。其次，回归国家学派充分挖掘了国家自主性用于

① ［美］贾恩弗朗哥·波齐：《国家：本质、发展与前景》，陈尧译，上海人民出版社 2007 年版，第 99 页。

分析社会、政治、经济现象的理论价值，发展形成了以国家自主性为理论原点的国家理论，奠定国家中心主义范式的理论基础是国家自主性理论最重要的知识贡献。国家自主性理论赋予国家行为和结构以因果变量关系的重要性地位，考察国家机构、官僚、制度和国际环境等因素的重要作用，并对国家自主性的内涵及特征进行系统论证，这有利于深化我们对国家在社会、政治和经济变迁中所起作用的认识。国家自主性理论对于解释后发国家的经济社会发展产生了重大影响。

第二，回归国家学派以经验和实证为基础，尝试把国际因素、国家结构和社会因素相结合来解释国家自主性，在西方新马克思主义的理论基础上，进一步推动了国家理论的发展。回归国家学派企图构建一种新的国家理论，把国家研究看作是一种研究路径和范式。这种构建突破了近代国家中心主义偏重规范性探讨的特征，实现了从概念推理到历史现象研究的转向，历史比较和个案研究的方法摆脱了西方新马克思主义过于重视抽象概念的研究倾向。

第三，回归国家学派超越了传统政治学关于国家严谨的哲学式理论演绎。传统政治学偏爱将国家设定为抽象的理念性概念去探讨抽象性的实体国家，在抽象设定的前提下国家呈现整体性的特征。而国家自主性理论不再是绝对性的理论演绎，它基于社会政治结构的差异性，将抽象的整体性国家分解为特定历史、政治社会背景下可观测、可考察的具体要素（国家机构、官僚体系、政策制度），展开的是对国家具体行为实践的分析。这开启了国家研究和分析的一个新时代。

第四，相比较西方新马克思主义学者，回归国家学派对国家自主性的研究更加深入。相对自主性的概念强调了国家自主性特征的重要性，但没有挖掘出国家真正具有独立性的原因。回归国家学派注重在国内和国际两个视野中强调国家作为一个独立的利益主体，有其自身的利益偏好和利益结构，并探讨了国家实现利益偏好的国家能力问题。这显然更加完整地发展了国家自主性理论，是对马克思、恩格斯和西方新马克思主义的超越。

在国家自主性理论的发展过程之中，学者们也从不同层面对其提出了批判性的观点。其中，以米切尔（Timothy Mitchell）[①]、阿尔蒙德（Gabriel A. Almond）[②]、多姆霍夫（G. William Domlloff）[③]、杰索普（Bob Jessop）[④] 等为主要代表。阿尔蒙德指出国家自主性理论并没有实现理论创新和建立有力的分析模式，反而在概念使用上模棱两可。米切尔同样在国家自主性理论的概念使用方面提出了自己的质疑，国家自主性流派试图把国家概念理想化和简单化的行为实际上是在回避对国家这一概念的探讨。米切尔认为国家自主性理论学者似乎将国家视为一种无可争议的、与社会分离的自主性实体。他们没能够清晰地描述和界定“国家”这一概念，仅仅是通过抽象的特征定义把国家看作是社会中的独立行动者，国家以一种不容置疑的方式独立于社会之外。这实际上并没有成功解决国家与社会之间的界限问题。

而且，由不同的组成部分和功能构成的国家内部往往是分裂的而非铁板一块，国家的组成部分之间会相互竞争。国家内部存在的冲突和不协调导致国家内部存在裂痕。缺乏外部边界且内部分裂的国家并不是一个统一或凝聚的实体，因此也就不能以独立变量的形式存在。[⑤] 杰索普一直从事西方新马克思主义国家理论的研究工作，对“国家自

---

① Timothy Mitchell, “The Limit of the State: Beyond Statist Approachs and Their Critics”, *American Political Science Review*, Vol. 85, No. 1, 1991.

② Gabriel A. Almond, “The Return to the State”, *The American Political Science Review*, Vol. 82, No. 3, 1988.

③ ［美］威廉·多姆霍夫：《谁统治美国：权力、政治和社会变迁》，吕鹏、闻翔译，译林出版社 2009 年版。

④ Bob Jessop, *State Theories: Putting Capitalist States in Their Place*, London: Macrnillan, 1990; Neil Brenner, Bob Jessop, Martin and Jones, Gordon MacLeod, *State/Space: A Reader*, Oxford, Berlin, Carlton: Blackwell, 2003; Bob Jessop, *Capitalist State: Marxist Theories and Methods*, Oxford: Blackwell Publishers, 1982; Bob Jessop, “Bringing the State Back In (yet again): Reviews, Revisions, Rejections, and Redirections”, *International Review of Sociology*, Vol. 11, No. 2, 2001; Bob Jessop, “Recent Theories of the Capitalist State”, *Cambridge Journal of Economics*, Vol. 1, No. 4, December 1977. ［英］B. 杰索普、艾彦：《国家理论的新进展——各种探讨、争论点和议程》，《世界哲学》2002 年第 1 期。

⑤ Timothy Mitchell, “The Limit of the State: Beyond Statist Approachs and Their Critics”, *American Political Science Review*, Vol. 85, No. 1, 1991.

主性”的相关思想也进行了一定的研究和阐述。在批判的维度，杰索普提出国家自主性学者试图区分国家与社会的界限并进行孤立性研究的做法，排除了两种现实的可能性，一是国家与社会的动态发展性，二是国家与社会之间可能存在的重合形式。

针对来自不同学者的批判，回归国家学派的学者也进行了回应。首先，从国家的角度来看，维持官僚机构的内部凝聚力和协调性是国家实现其偏好的基本要求。把国家分解[①]为一系列的机构甚至是公共官员，确实会面临如何处理国家内部之间存在冲突和不协调的困境。冲突和不协调的来源有两个，一个是横向的不同组织机构的协同性、合作性；另一个是纵向的中央与下层子结构的一致性[②]、凝聚性。为了效率性，中央需要分权使子机构具有自主性，但国家也因此会出现协调性和凝聚力问题。这一批判可以从两个方面来进行阐释。第一，尽管国家机构内部存在冲突性和不协调性，但国家仍然是一个集体行动者（corporate actor）。集体行动者的含义不是一种本体论立场，认为国家是一个有机的、未分化的行动者。这一概念暗含了一个有效的官僚体系或者一个有效的国家行为要求国家机构组织内部相互之间至少存在最低限度的一致性和协调性，并且这种一致性和协调性使国家独立于社会中的各种力量。这意味着在面对社会时，国家以集体行动者的角色在场。第二，集权与分权存在整合机制。鲁施迈耶和埃文斯提出了两种整合机制，一是中央通过对分权机构进行财政控制；二是创造一种双重官僚机构。[③] 单独设立一套职位给中央提供信息，负责控制和引导主体官僚体系。其次，对于国家概念界定模糊性批判，回归国家学派认为批判看似有道理，但实际上是不具有说服力的。外部

---

① 米格代尔对国家的分解不同于诺德林格，他把国家从下到上确立为四个层级：第一线分支机构（公务人员）、分散各地的下层机关（地方性机构）、部门的中心机构和最高层领导机构。这四个层级在与各种社会力量争夺规则制定权和支配权的过程中创造了国家本身。［美］乔尔·S. 米格代尔：《社会中的国家：国家与社会如何相互改变与相互构成》，李杨、郭一聪译，江苏人民出版社 2013 年版，第 122—128 页。

② 鲁施迈耶和埃文斯称之为“脱钩”（decoupling），指的是下层子机构由于独立性和自主性的因素而出现与中央的非协调性和非一致性现象。

③ 双重官僚制结构意味着双线控制，这种独立的职位设置可以采取多种形式。比如特定的军事机构、特定的政党、特定的政治学高层理事会等。

边界模糊和内部分裂几乎是所有社会机构的共性问题，而不仅仅是国家概念存在的问题。“作为二元的现代政治权力，国家既是地点，又是运作者；既是基础结构，又是专制；既是精英，又是政党，这些二元性都关涉到有其多样权力特征的中心，以及中心—地域之间的关系。”① 其统一性总是存在问题，但不能因为没有明确的边界性就认为不能将其作为独立的变量。国家作为一个形而上的存在实体，它可以具体化为政府机构，但同时又超越于政府机构。不管是把国家定义为一套宏观结构，还是定义为一个行为体，涉及的是国家概念的两种运用。而且国家是一个动态变换的概念，要依据国家面对的具体对象而分场景进行讨论，区分国家所处的位置很重要。所以，在回归国家学派看来这一批判并不具有实质性的说服力，国家作为自主的组织行动者可以被独立地研究。最后，回归国家学派从未假设国家的立场是反对社会。国家自主性并不等同于国家追求单方社会控制论倾向。相反，国家自主性理论学者认为国家与社会并非零和关系，他们关注的是“社会中的国家”，一方面，回归国家学派把国家看作独立的变量，具有其自主性，关注国家自主性及国家能力在国家发展过程中的重要意义；另一方面，回归国家学派认为国家始终处于变动的社会力量所塑造的关系网络之中，社会会影响和约束国家结构和行为。

（二）国内研究综述

在研究内容上，国内学者关于国家自主性理论的研究和应用可以划分为三大领域，一是规范性研究，主要集中于国家自主性理论及其内容的介绍和述评。二是应用性研究，主要是结合不同政治经济议题、理论结合实践把国家自主性理论及其概念用于各种实践分析和现象解释。三是拓展性研究，集中体现在以国家自主性理论及其概念为基础引申新的概念用于分析实践。

① ［英］迈克尔·曼：《社会权力的来源（第二卷·上）》，陈海宏等译，上海人民出版社2007年版，第71页。

1. 规范性研究

从研究内容来看，规范性研究可以划分为两个基本领域，一是对西方新马克思主义国家自主性理论的研究[①]；陈炳辉是较早探讨西方新马克思主义相对自主性思想的学者，他在20世纪90年代就对西方新马克思主义的核心代表人物波朗查斯、密里本德和奥菲的思想进行了剖析，他指出西方新马克思主义学者以国家相对自主性概念分析现代资本主义国家，这有助于更好地理解资本主义国家，特别是其福利政策。西方新马克思主义学者纠正了把国家作为一种统治工具的机械性理解观点，使得国家具有灵活性，但并没有驳倒国家是阶级统治工具的国家观。在《政治的逻辑——马克思主义政治学原理》一书中，王沪宁对马克思主义理论中国家存在的相对自主性进行了论述，指出国家相对自主性的基础主要表现在形式上的相对自主性（社会管理职能）和实质上的相对自主性（阶级统治工具）两个方面。形式上的相对自主性是相对于社会的独立性，实质上的相对自主性是相对于大众利益的独立性。[②] 周建勇提出国家自主性作为马克思主义国家观的重要内容，始终伴随着国家。政治权力是国家自主性的中轴，赋税和意识形态是国家自主性的变量，而行政官僚是国家自主性发挥作用的主体。[③] 江红义则系统地分析了马克思、波朗查斯与密里本德三位思想家的国家自主性思想。

---

① 陈炳辉：《试析“国家的相对自主性”》，《理论学习月刊》1994年第1期；王沪宁主编：《政治的逻辑——马克思主义政治学原理》，上海人民出版社2004年版（第五章）；郁建兴、周澍：《密里本德对马克思主义政治理论的批评与重建》，《马克思主义研究》2002年第2期；郁建兴、周俊：《马克思的国家自主性概念及其当代发展》，《社会科学战线》2002年第4期；杨雪冬：《西方马克思主义的国家理论简评》，《马克思主义与现实》2004年第2期；范春燕：《“国家相对自主性”含义辨析》，《理论探索》2007年第1期；范春燕：《国家相对自主性理论视野中的资本主义国家与社会之关系》，《学术论坛》2009年第9期；陈炳辉：《西方马克思主义的国家理论》，中央编译出版社2004年版；郁建兴：《国家理论的复兴与马克思主义国家理论》，《东南学术》2001年第5期。

② 王沪宁主编：《政治的逻辑——马克思主义政治学原理》，上海人民出版社2004年版，第151—158页。

③ 周建勇：《国家具有相对自主性——对马克思主义国家理论的分析》，《理论月刊》2011年第9期。

二是对回归国家学派国家自主性理论的研究。[①] 杨雪冬是较早关注国家自主性理论的国内学者，他在1996年发表的《国家的自主性与国家能力》一文中就较为详细地阐述了回归国家学派的基本发展概况，指出回归国家学派的理论核心是国家可能具有的自主性，围绕此理论核心的两个应用性命题是：国家的强与弱、国家内部机构的不平衡发展，并对国家自主性理论存在的缺陷进行了分析和评价。另一位较早关注国家自主性理论的学者是时和兴，他以国家与社会的关系为视角，从国家自主性、国家有效性和国家合法性三个核心单元入手，重点探讨国家权力、国家行动能力和国家权威的限度问题，并对不同学派的国家自主性、国家能力和国家合法性内容进行了总结和评述。他指出从国家权力的发展角度来看，国家如果缺乏自主性必然不利于政治现代化和社会发展，但国家权力的无限增长导致的畸形自主同样会影响现代化进程。以上两种情况形成了国家权力自主性的两种限度。第一种情况是国家权力发展不足带来的自主性限度。制度化的权力结构不可避免地受到非制度化因素的影响，公共政策的形成是不同社会利益合力的非均衡结果而不是各种社会利益的简单相加，国家与社会的分离是从相对意义上而言的。第二种情况是国家权力发展过度带来的自主性限度。无限自主带来的后果至少是三个方面的："利维坦国家"淹没社会；无限自主造成国家目的内在性，国家在制定公共政策时受国家机构或人员的特殊利益影响，出现"实然"与"应然"两者之间的冲突；过分

① 杨雪冬：《国家的自主性与国家能力——组织现实主义国家理论述评》，《马克思主义与现实》1996年第1期；时和兴：《关系、限度、制度：政治发展过程中的国家与社会》，北京大学出版社1996年版；刘剑：《国家自主性理论研究述评》，《国外社会科学》2010年第6期；张勇、杨光斌：《国家自主性理论的发展脉络》，《教学与研究》2010年第5期；曹胜：《国家自主性的知识逻辑与研究视域——以国家回归理论为中心的分析》，《浙江社会科学》2012年第8期；郑雪飞：《国家自主性研究层次评析》，《人文杂志》2011年第1期；黄冬娅：《比较政治学视野下的国家分殊性、自主性和有效性》，《武汉大学学报》（哲学社会科学版）2009年第7期；张振华：《"将国家带回来"与政治经济研究的转型》，《华东师范大学学报》（哲学社会科学版）2021年第6期；曹胜：《从"国家"到"国家性"：语境与论域》，《中国行政管理》2017年第3期；曹胜：《国家中心范式创新价值的追问与反思——对多视角学术批评的考察》，《学海》2022年第4期；肖文明：《国家自主性与文化——迈向一种文化视角的国家理论》，《社会学研究》2017年第6期。

自主为腐败创造空间。[①] 两种国家权力的自主性限度实际上指出了国家不可能实现绝对自主的现实性和防止国家权力过度发展的必要性。“将国家带回来”改变了自由主义关于国家与市场之间的分工逻辑，国家和制度的重要性得到了更大程度的强调。[②] 以“国家性”为基础所形成的国家自主性、国家能力等概念拓展了国家研究的知识范围，确立起了以“国家”为中心，以国家与经济发展、社会参与、国际秩序为主题论域的研究进路，从而开启了国家研究的科学时代。但国家中心范式同样面临着各类批判，有来自行为主义者“缺少创新的重复”的批评，有来自社会中心论学者“因果机制的偏重”的批判，新制度主义则认为该范式缺少微观基础考察，从而导致制度结构与行为分析的断裂。[③] 肖文明则在批判性回顾不同理论流派对国家自主性理解的基础上，认为之前的学者不同程度地忽视了文化的重要性，从而导致了国家与社会关系的零和博弈问题。一种文化视角的国家理论是解决这一困境的方向，我们需要从涂尔干和葛兰西的国家理论中汲取资源，重新思考文化的界定和分析文化影响国家自主性的具体机制。[④]

2. 应用性研究

应用性研究主要是国家自主性理论结合不同政治经济议题分析国家行为及其逻辑。从结合的研究议题而言，主要是结合国家建构、政治发展、政治现代化、经济发展、政治合法性、政治稳定以及全球化等问题研究国家自主性。

---

① 时和兴：《关系、限度、制度：政治发展过程中的国家与社会》，北京大学出版社1996年版，第124、241—242页。

② 张振华：《“将国家带回来”与政治经济研究的转型》，《华东师范大学学报》（哲学社会科学版）2021年第6期。

③ 曹胜：《从“国家”到“国家性”：语境与论域》，《中国行政管理》2017年第3期；曹胜：《国家中心范式创新价值的追问与反思——对多视角学术批评的考察》，《学海》2022年第4期。

④ 肖文明：《国家自主性与文化——迈向一种文化视角的国家理论》，《社会学研究》2017年第6期。

（1）国家自主性与经济发展、国家建构相结合解释后发展中国家行为

其中一部分学者[①]以国家自主性为分析视角，侧重探讨后发展中国家的国家建构问题。陈舟望教授把国家自主性与政治现代化相结合，认为国家自主性是国家不可缺少的一个根本属性，与政治现代化紧密相关。后发国家的政治现代化所需的国家自主性与两个因素相关，一是国家独立于利益集团的程度；二是国家具备的国家能力。因此，国家一方面要通过完善法律尽量摆脱利益集团的影响；另一方面要通过提高政策制定和执行水平提升国家能力，从而提升国家自主性，推动政治现代化进程。[②]陈尧教授指出发展型国家具有几个重要的特征，即国家自主性、有效经济政策的制定、理性经济管理体制和国家与私人资本间的合作主义，其中国家具有较高的自主性（基于强国家能力）是最重要的制度特征。彭勃、杨志军认为发展型国家理论的两个核心概念是国家自主性和国家能力，在新的历史时期，发展型国家需要建构受限和镶嵌的自主性，并提升国家基础性能力。李超则使用嵌入性自主性概念阐释发展型国家理论，提出有效官僚体制是东亚发展型国家区别于其他国家的不同之处，而所谓的"国家自主性"实际是一种"内嵌式的自主性"。

其中另一部分学者采用比较研究的视角。[③]张孝芳对东亚、拉美经济发展过程中国家干预的经济绩效的差异性进行了比较研究。黄秋菊重点比较了经济转型过程中中俄两国的国家行为。黄秋菊以国家制度能力为切入点，重点考察了中俄两国不同的国家制度能力

---

① 陈尧：《发展型国家模式及其转型》，《江苏社会科学》2006年第3期；李超：《发展型国家理论研究的回溯与反思——基于发展型国家理论变迁的解释性反思》，《公共管理评论》2012年第1期；彭勃、杨志军：《发展型国家理论、国家自主性与治理能力重塑》，《浙江社会科学》2013年第6期。

② 陈舟望：《政治现代化与国家自主性》，《理论与现代化》1998年第1期。

③ 黄秋菊：《中国经济转型进程中的国家制度能力演进——中俄转型的比较政治经济学分析》，博士学位论文，南开大学，2012年；张汉：《在变动中寻求国家、市场与社会的结构性契合与协同——对发展型国家理论及中国模式的比较研究》，《经济社会体制比较》2014年第3期；张孝芳：《比较政治学视野下的发展问题：经验困惑与理论解释》，《教学与研究》2011年第8期。

演化机制与经济发展的关系，她认为不同于俄罗斯在经济转型期呈现的“掠夺型”“失败型”和“勾结型”国家治理形态，中国在经济转型期的国家治理形态主要表现为“自主型”和“发展型”，从而能比较成功地实现国家制度能力的建构以有效推动中国经济的发展。也有学者对发展中国家进行个案研究。[①] 如朱雄从国家建构的角度出发，以国家自主性为分析视角，从民族—国家建构和民主—国家建构两个层面具体分析了新加坡的国家自主性特征和原因。

（2）国家自主性与中国问题相结合

首先，运用国家自主性理论阐释中国经济发展。[②] 孙立平是最早把国家自主性与中国经济发展相结合的学者，他在《向市场经济过渡过程中的国家自主性问题》一文中从分析国家与社会关系的三种类型入手，提出国家的自主性对一个国家的政治现代化和经济发展有重要影响。改革开放前的中国社会结构呈现的是一种“总体性社会”，在这种社会结构中国家除了拥有政策制定的自主性外，在政策执行层面通过严密的组织体系执行国家政策，国家处于“强国家—弱社会”状态。始于放权让利的改革开放改变了国家与社会关系，但形成的社会结构是一种“法团主义”模式，国家以经济发展为中心的名义重新介入经济领域并成为经济发展中的积极行动者。[③] 赵鼎新教授提出了

---

① 杨光斌、郑伟铭：《国家形态与国家治理——苏联—俄罗斯转型经验研究》，《中国社会科学》2007 年第 4 期；朱雄：《国家自主性与新加坡国家构建探析》，《武汉大学学报》（哲学社会科学版）2013 年第 2 期。

② 孙立平：《向市场经济过渡过程中的国家自主性问题》，《战略与管理》1996 年第 4 期；贺大兴、姚洋：《平等与中性政府：对中国三十年经济增长的一个解释》，《世界经济文汇》2009 年第 1 期；杨宏星、赵鼎新：《绩效合法性与中国经济奇迹》，《学海》2013 年第 3 期；葛传红：《经济转型中的国家行为研究——巴西、俄罗斯、印度与中国之比较》，博士学位论文，复旦大学，2010 年；郭建明：《改革开放进程中的中国国家自主性研究——一种历史制度主义的分析视角》，博士学位论文，中共中央党校，2013 年；李景鹏：《走向现代化中的国家与社会》，《学习与探索》1999 年第 3 期。Dingxin Zhao and John A. Hall, “State Power and Patterns of Late Development: Resolving the Crisis of the Sociology of Development”, *Sociology*, Vol. 28, No. 1, 1994; Hongxing Yang and Dingxin Zhao, “Performance Legitimacy, State Autonomy and China's Economic Miracle”, *Journal of Contemporary China*, Vol. 24, No. 91, 2015.

③ 孙立平：《向市场经济过渡过程中的国家自主性问题》，《战略与管理》1996 年第 4 期。

"受约束自主性"（bounded autonomy）[①] 这一概念，认为中国经济成功发展的关键就在于国家自主性与绩效合法性[②]的结合，这种国家自主性是中国拥有的特殊自主性。一方面建立在绩效合法性基础上，国家自主性受到国家合法性的制约，政策的运行会受到社会的影响和压力；另一方面，国家具有的权力自主性能够打破来自各方面的阻力，推行有利于经济发展的政策，而政策并非全部符合市场规律。葛传红运用国家自主性概念，选取巴西、俄罗斯、印度和中国为研究对象，对四个国家的经济转型过程进行比较研究，以此考察经济转型过程中国家行为的变化逻辑。郭建明采取历史制度主义的分析路径，把改革开放以来的中国国家自主性演变划分为放权让利、市场经济体制建立和社会建设三个时期，通过对三个时期内中国所处的历史环境、国家权力的制度结构和社会自主力量的变化考察国家的自主性行为及其变化，最后提出中国需要通过国家制度建设，建构一种法治和民主框架下的"建制性国家自主性"。李景鹏认为中国从计划经济向市场经济转变的事实涉及国家与社会关系的四个方面，即政府与市场关系、民主发展、社会自主与利益集团。转型的压力和阻碍需要国家权威/自主性的存在，国家自主性存在积极和消极两个方面。在政府与社会关系的应然层面和实然层面存在很大的差距，要缩小这一差距需要增强政府公共产品供给能力、发展社会自主力量。

---

① Dingxin Zhao and John A. Hall, "State Power and Patterns of Late Development: Resolving the Crisis of the Sociology of Development", *Sociology*, Vol. 28, No. 1, 1994, pp. 211－230. 赵鼎新教授指出"受约束自主"与 Evans 提出的"嵌入性自主"有根本性的区别。埃文斯的嵌入性自主强调国家对社会的渗透能力。受约束自主强调国家自主性的制约性及国家能力，主要解释国家在什么样的条件下一定会，并有能力推行有利于经济发展的改革和发展政策。

② 赵鼎新教授将国家合法性界定为三种类型：法律—选举型、绩效型和意识形态型。法律—选举型（注重程序正义）即国家把法律作为对所有社会集团（包括国家精英）的约束性原则；绩效型（注重实质正义）即国家的合法性来自国家对社会提供公共物品的能力；意识形态型（注重价值正义）即国家的合法性建立在一个宏大构想和信仰基础之上。详见 Dingxin Zhao, *The Power of Tiananmen: State-Society Relations and the 1989 Beijing Student Movement*, Chicago: University of ChicagoPress, 2001。三个理想类型不是独立存在的，具体国家的合法性来源均是三种国家合法性类型的混合物。但在不同的阶段某一类型占据中心地位。改革开放后的中国，国家合法性来源主要依赖于经济绩效。

其次，运用国家自主性理论探讨中国国家建构和制度建设。其中一部分学者的侧重点在于中国模式，将国家自主性理论与中国模式相结合。[①] 此部分学者认为国家自主性是中国模式的关键要素，中国模式的特征就在于维系并不断增强国家自主性。重点强调国家引导经济发展是中国在现代化进程中的一个显著特点。中国模式主要表现在国家作为重要的推动力量没有被遮蔽，发挥着国家的自主性。中国作为一个超大型国家要实现转型，国家不能退却。

有学者从政治发展[②]、国家建构以及政权建设[③]角度研究中国国家自主性。杨雪冬提出在改革开放的进程中，中国通过六个方面的权力（发展战略决策权，意识形态话语权，主要制度创制权，动员、激励和整合社会利益的能力，中央权威与中央能力，主权和开放的主动权）发挥国家的自主性，促进中国经济、政治、社会的发展。在全球化的进程之中，中国的发展道路需要有效发挥国家自主性，处理好四组关系，即国家—社会关系、中央—地方关系、中央—政党关系和国家—国际关系。国家自主性的保持和提升需要协调四组关系交叉组成的网络，基于协调而非控制，从中汲取、建构支持性资源，并防止国家自主性被两种情况左右：一是国内某种利益的左右；二是国际体系的左右。

徐勇认为现代国家具有两个基本属性，即民族—国家和民主—国家，他引入自主性概念分析中国的国家建设问题。自主性作为一个现代性概念，它来源于社会的多样性，中国改革开放之前的统制主义导致国家行为的非理性并抑制了个人、地方的自主性。中国改革开放的

---

① 娄万锁：《国家自主性：中国模式的核心要素》，《上海党史与党建》2012 年第 5 期；陈毅：《“中国模式”中的国家自主性问题：反思与前瞻》，《中南大学学报》（社会科学版）2014 年第 1 期。

② 杨雪冬：《国家自主与中国发展道路》，《社会科学》2006 年第 3 期；任勇：《国家自主性：政治发展中的一个变量》，《重庆社会科学》2004 年第 3—4 期。

③ 徐勇：《现代国家建构中的非均衡性和自主性分析》，《华中师范大学学报》2003 年第 5 期；徐勇：《“回归国家”与现代国家的建构》，《东南学术》2006 年第 4 期；高卫民：《国家自主性：认识现代民族国家建构的一个“范式”》，《马克思主义与现实》2014 年第 3 期；刘召：《国家自主性理论的批判与重构——基于中国实践的逻辑》，博士学位论文，南京大学，2011 年；慕良泽、高秉雄：《现代国家构建：多维视角的述评》，《南京社会科学》2007 年第 1 期。

最大成果之一就是自主性的生成和培育。徐勇所论及的自主性指向的是社会自主性。徐勇指出国家自主性作为政治发展中的一个基本变量，理念要素和结构要素是国家自主性的两个基本组成部分，理念部分体现为对公共利益的追求，结构部分主要体现为国家能力。中国政治发展过程中的国家自主性呈现下降的趋势，主要体现为经济发展、社会公正的失衡和利益集团对公共政策的影响。陈良文提出讨论发展型国家的国家自主性需要一个前提，即国家发展经济的持续意愿，这一前提不是一个给定的条件，而是需要解释的变量。国际竞争压力和国内文化传统构成解释国家发展意愿的两个主要因素。① 刘召采取批判性的视角考察国家自主性理论的主要内容，并考量了其在中国的适用性问题，结合中国比较典型的两个公共政策案例对其进行分析；引入了主体间性的分析范式作为走出国家自主性认识困境的一个出口，并指出中国国家建构的关键在于以制度化为路径实现两种国家权力（专断性国家权力和基础性国家权力）的均衡性。慕良泽、高秉雄指出在现代国家建构过程中，国家自主性以有限国家为基本前提，国家追求的不是完全脱离社会，而是使得国家—社会关系合理化，从而获得合法性认同。社会认同和国家自主性共同决定着国家的强弱。②

还有学者③选取政党、国家与社会关系、国家治理、制度建设等视角侧重研究中国政治制度建设以及国家建构问题。周光辉、彭斌认为国

① 陈良文：《持续的发展意愿与发展型国家——对发展型国家理论视角的一个补充》，《江淮论坛》2004 年第 5 期。

② 慕良泽、高秉雄：《现代国家构建：多维视角的述评》，《南京社会科学》2007 年第 1 期。

③ 程竹汝、邵春霞：《论国家的双重性质及历史图式》，《社会主义研究》2000 年第 4 期；潘修华：《当代中国社会阶层结构变迁与重建国家自主性》，《理论与改革》2005 年第 4 期；王星：《1978 年以来中国“国”与“民”关系之历史演进——立足于国家自主性理论的思考》，《人文杂志》2011 年第 2 期；陈毅：《中国转型社会的国家治理有效性——基于国家自主性的视角》，《社会科学》2013 年第 1 期；周光辉、彭斌：《国家自主性：破解中国现代化道路“双重难题”的关键因素——以权力、制度与机制为分析框架》，《社会科学研究》2019 年第 5 期；张彩玲、张志新：《国家自主性：转型期中国有效治理的一个维度研究》，《青海社会科学》2017 年第 1 期；郭建明：《全面深化改革中国家治理现代化与国家自主性建设研究——基于“结构—过程”的分析》，《社会主义研究》2020 年第 3 期；周光辉、彭斌：《国家自主性：破解中国现代化道路“双重难题”的关键因素——以权力、制度与机制为分析框架》，《社会科学研究》2019 年第 5 期。

家自主性是破解中国现代化道路“双重难题”的关键性因素。新中国成立时面临着实现规模治理与推进发展的“双重难题”，以中国共产党为领导核心，中国通过构建以领导权为核心的国家权力结构、分工合作的制度体系和高效的国家权力运行机制，支撑和发挥了国家自主性，这成为破解中国现代化发展难题的关键。在现代化过程中，中国的国家自主性表现为通过运用领导体制长期稳定的政治优势和制度优势，自主制定与实施国家发展规划，稳步推进体制改革和创新，从而可以持续有效地推进现代化发展。张彩玲、张志新认为当前转型期中中国国家自主性呈现失衡状态，需要构建一种隔离性的政治体制、打造嵌入性的社会组织，实现国家自主与社会自主的均衡性是中国有效治理的路径选择。郭建明从“结构—过程”视角分析中国国家自主性，认为其根本特征是在国家治理的制度安排和运行上实现了中国共产党的全面性领导、国家权力的人民性与国家能力的有效性的有机统一，从而有力推动了国家制度优势向国家治理效能的转化。也有学者从贫困治理、乡村振兴、环境治理①等更加具体的国家治理议题出发探讨国家自主性问题，研究的主要内容是国家自主性在治理过程中的表征、张力及其调适。

（3）国家自主性与全球化相结合②

这一研究主要以国际制度为研究对象，探讨全球化过程中的国家自主性行为。田野从理性选择制度主义的研究路径探讨国际制度和国

① 穆军全、方建斌：《精准扶贫的政府嵌入机制反思——国家自主性的视角》，《西北农林科技大学学报》（社会科学版）2018年第3期；余敏江：《精准扶贫中国家自主性的内在张力及其调适》，《学术研究》2020年第6期；刘建：《贫困治理中的国家自主性及其提升路径——基于L乡农村精准扶贫的案例分析》，《湖南农业大学学报》（社会科学版）2019年第6期；王思雅、孙九霞：《乡村振兴视域下传统村落保护的国家话语与地方实践》，《广西民族大学学报》（哲学社会科学版）2021年第5期。

② 汪永成：《试论经济全球化对民族国家行政管理的影响》，《中国行政管理》1998年第12期；刘春荣：《全球化与民族国家：建构开放条件下的政治发展观》，《复旦学报》（社会科学版）2000年第5期；田野：《国家的选择——国际制度、国内政治与国家自主性》，上海人民出版社2014年版；朱陆民：《国际相互依存中的国家自主性及其限度》，《云南行政学院学报》2003年第6期；李志永：《内外联动时代的国家自主性战略——基于“STIM”模式的透视》，《社会科学》2012年第10期；吉宓：《全球化进程中国家寻求自主性的战略路径——以中国外贸体制改革为例》，《国际政治研究》2008年第2期；鲁克俭：《试论全球化对国家自主性的影响》，《教学与研究》2001年第9期。

家自主性之间的关联性，在重新建构国家自主性概念的基础上，根据国家与其他行为体之间的制度结构和利益关系提出了三种国家自主性会面临的困境，即否决困境、承诺困境、动员困境。而国家可以通过国际制度改变行为体互动的制度环境，国际制度作为国家的工具可以改变国内政治博弈，从而增强国家自主性及其偏好的实现。田野选取了涉及美国、德国和中国的四个具体案例来检验国际制度与国家自主性之间的因果关系。

3. 拓展性研究

（1）地方自主性

拓展性研究主要体现在以国家自主性理论及其概念为基础引申出新的概念。比如地方自主性概念并不是一个规范的定义，迄今为止也没有形成统一的定义，是国内学者引申出来用于分析中国地方政府行为的一个概念。国内以何显明和沈德理为代表的一些学者把国家自主性概念应用于地方政府研究，用来探讨地方政府的自主性。

沈德理指出地方自主性内含着央地关系和国家与社会关系，它是相对于中央的控制和国家集权而存在的一种基层社会的能动性，主要通过制度创新和权益博弈来体现。地方自主性是地方政府自主参与市场竞争和资源配置，进行自我管理和发展的权力及行为活动。[①] 市场经济体制下的非均衡政策取向和非均衡发展格局使得地方自主性成为地方经济社会发展的内源性动力，这种内源性动力主要来源于制度创新能力。[②] 何显明围绕地方政府的自主性概念建立了一个基本分析框架，他指出地方自主性概念区别于地方自治权和地方自主权，涉及横向和纵向两个方面的自主性。地方政府作为一个权力实体有扩张其自主性的制度环境、动力机制、内在逻辑以及基本策略，但地方自主性

---

① 沈德理：《简论地方政府自主性》，《海南师范学院学报》（社会科学版）2003 年第 4 期；沈德理：《中国非均衡格局中的区域发展——转型期地方自主性的回顾与展望》，《社会主义研究》2006 年第 2 期。

② 沈德理：《非均衡格局中的地方自主性——对海南经济特区发展的实证研究》，博士学位论文，华中师范大学，2002 年。

的扩张存在悖论困境并会侵蚀国家自主性。他以浙江区域市场经济体系发展过程中的地方政府为研究对象，对地方政府自主性行为进行了共时性和历时性的比较分析和合理解释。[①] 胡大平、翟俊生围绕公正问题，反思地方自主性和政府社会责任问题，指出地方自主性是公正政策制定和政府履行社会责任的前提和基础。[②] 何艳玲使用埃文斯的“嵌入式”概念分析国家—地方关系下的地方治理问题，提出“嵌入式自治”是建立新型中央—地方关系、实现两者合作的关键，其中地方政府的反嵌能力对维持中央—地方关系的平衡性以及合作性至关重要。[③] 熊万胜等人从国家与社会的关系、政府间纵向关系、政府与干部的关系、城市与地方的关系四个维度审视地方政府自主性的核心内涵。[④]李祖佩等人以地方政府自主性为分析视角探讨“富人治村”机制，认为“富人治村”作为地方政府的治理策略而存在，并且与地方政府自主性表达相互强化。[⑤]

（2）社会自主性

综观既有研究成果，目前国内对社会自主性进行专门研究的文献资料并不丰富，相关研究主要散落在对社会组织、社会权利、社会治理的论述之中。中国学者关于社会自主性的研究主要集中于中国社会自主性构成要素、中国社会自主性发展历程、中国社会自主性发展困境与路径三个方面。第一，中国社会自主性构成要素。高丙中、夏循祥认为中国社会自主性的构成要素主要包括社会价值观、自由结社、

---

① 何显明：《市场化进程中的地方政府行为逻辑》，人民出版社 2008 年版；何显明：《市场化进程中的地方政府角色行为模式及其变迁——浙江现象的行政学解读》，《浙江社会科学》2007 年第 7 期；何显明：《市场化进程中的地方政府行为自主性研究——基于浙江的个案分析》，博士学位论文，复旦大学，2007 年；何显明：《政府与市场：互动中的地方政府角色变迁——基于浙江现象的个案分析》，《浙江社会科学》2008 年第 6 期。

② 胡大平、翟俊生：《地方自主性和政府的社会责任——当前中国城镇化公正难题的两极》，《国际社会科学杂志》（中文版）2013 年第 4 期。

③ 何艳玲：《“嵌入式自治”：国家—地方互嵌关系下的地方治理》，《武汉大学学报（哲学社会科学版）》2009 年第 4 期。

④ 熊万胜等：《理解当代中国地方政府自主性的四个维度》，《华东理工大学学报》（社会科学版）2021 年第 4 期。

⑤ 李祖佩等：《再论“富人治村”——基于地方政府自主性视角的解释》，《西南大学学报》（社会科学版）2021 年第 5 期。

社团合作，以及社会事件所呈现的社会动员和社会认同机制。他们通过考察社会组织的发展来审视中国“社会”，得出了中国已经生成一个自主社会的结论。[①] 王欣、杨君依托波兰尼的社会自主性概念，认为公共领域的开放性沟通、社会团体的兴盛和个人自主意识的觉醒是建构中国社会自主性的必要因素，且社会自主性的力量与市场、国家形成的是一种互补合作的关系。[②] 鹿斌、金太军认为中国社会自主性的建构要素主要包含五个方面，即作为逻辑起点的人的主体性、作为支点的社会组织性、作为力点的公共利益获取、作为节点的权利回归、作为契点的公民参与性。[③] 第二，中国社会自主性发展历程研究。周健从政党与社会关系的角度，通过社会成员、社会组织和社会参与三个层面考察改革开放后中国社会自主性成长过程。[④] 曾琰从社会组织的角度提出“结构性自主”并不能有效分析中国国家—社会关系，在中国社会自主性的发展历程中，社会组织通过对“国家—社会”的再造形成的是“内在性自主”发展样态。[⑤] 金太军、鹿斌则从社会自身发展的角度，按照历时进程把中国社会自主性发展划分为三个阶段，即改革开放初期至20世纪末的利益诱致型自主性、从党的十六大至党的十八大的权利本位型自主性和党的十八大之后的利权并举型自主性。[⑥] 第三，中国社会自主性发展困境与路径研究。岳柏冰认为个人理性导向下的社会自主性会导致诸多负面性困境，如对国家治理身份的排斥、权力生产的简单化思维、实现方式的工具性倾向等，因此，必须超越个人理性，通过关系理性来引导，在国家与社会、组织

---

① 高丙中、夏循祥：《社会领域及其自主性的生成》，《北京大学学报》（哲学社会科学版）2015年第5期。

② 王欣、杨君：《社会自主性：大转型的新向度——评波兰尼的〈大转型〉》，《哈尔滨工业大学学报》（社会科学版）2015年第6期。

③ 鹿斌、金太军：《新型城镇化进程中的社会自主性审思》，《社会科学研究》2016年第6期。

④ 周健：《中国社会自主性的成长与执政党的变革》，博士学位论文，南京大学，2014年。

⑤ 曾琰：《超越“结构性自主”：中国社会组织发展的“内在性自主”导向及启示》，《中南大学学报》（社会科学版）2017年第6期。

⑥ 金太军、鹿斌：《治理转型中的社会自主性：缘起、困境与回归》，《江苏社会科学》2017年第1期。

与组织、人与人之间的三重关系上逐层推进社会自主性的生成和发展。[①] 金太军、鹿斌认为中国社会自主性建设存在社会组织的盲目发展、社会主体的权责分离、发展空间的二元对立、社会抗争的行为脱轨等困境，找回社会并实现社会自主性的回归需要源于内部协商的制度建构、社会的责任担当、社会的多元培育以及与国家的协调统一。[②] 曾琰则从权责关系视角出发，认为中国在社会自主性建设过程中往往以权利获取为导向，从而导致社会主体权利和责任之间的错位，这在本质上是将国家与社会关系相对立，与社会应该具备的“自主”本性相违背。在社会、社会组织、公民三个层面的责任回归是破解困境的现实路径。[③] 黄建洪主张培育和规范社会自主性需要走出主体排斥与问题替代的种种误区，既尊重公民社会的主体性，又理性权衡政府权威的合理性，以规约权力、保障权利为出发点，以建置两者法治化互动关系为中心，逐步实现社会的现代性转型发展。[④]

学者们从不同视角对社会自主性的研究具有价值性和启发性，但已有研究存在的很多问题尚待深入探讨，诸多研究内容也需要进一步拓展。第一，社会自主性内涵的规范性阐释偏重单向维度，缺乏多维度视角。目前研究对社会自主性内涵的阐释主要集中于两个视角，即社会主体视角和国家—社会关系视角。前者主要从社会的构成单元（个人和组织）的自主性阐释社会自主性，也有研究把社会主体自主性等同于社会自主性，这种阐释具有一定的狭隘性。后者主要从国家—社会两者的分离度阐释社会自主性，这一视角对国家—社会两者的协同和互动有所忽视。社会自主性的内涵除了自治性、相对独立性，也包含着社会功能性和权力制约性等内容，但目前的相关研究内

① 岳柏冰：《关系理性：社会自主性生成的价值选择及其实现》，《安徽师范大学学报》（人文社会科学版）2017 年第 5 期。

② 金太军、鹿斌：《治理转型中的社会自主性：缘起、困境与回归》，《江苏社会科学》2017 年第 1 期。

③ 曾琰：《从权利获取到责任承担：治理视域下社会自主性困惑解析及破解》，《社会主义研究》2015 年第 4 期。

④ 黄建洪：《自主性管理：创新社会管理的引导性议题》，《社会科学》2012 年第 10 期。

容对此涉及较少。因此，需要我们在现有的研究成果基础之上，对社会自主性内涵加以反思和推进。第二，对中国社会自主性的发展路径研究侧重强调国家与社会的分殊性和分离度，对两者的互动性和国家角色定位研究不足。一方面，中国社会自主性的发展缺乏历史文化土壤和成熟制度机制，社会自主性的建构需要在国家与社会的互动结构中实现；另一方面，中国特殊的政治发展历程决定了社会自主性的成长需要国家在场，而且需要国家以主动塑造的方式进行引导。因此，国家角色和国家—社会的互动性研究应该成为中国社会自主性发展路径的题中之义。

4. 国内国家自主性理论研究评述

中国学者对国家自主性理论的关注始于改革开放前后，刚开始的研究工作主要集中于国家自主性理论相关文献的译介，研究内容主要集中于规范性研究。随着中国社会的不断转型和国家建设的发展，国内学术界关注国家自主性理论的学者不断增加，而且研究趋势转向规范研究和经验研究相结合的维度。国家自主性理论成为国内学者分析中国经济发展、政治发展的一个重要分析工具，而且国家自主性理论的地位也逐渐摆脱了学术边缘的位置。

在研究范围方面，国内关于国家自主性问题的研究视野呈现拓展趋势。国内学者将国家自主性与经济发展、政治合法化、政治现代化、中国模式、中央与地方关系、国家与社会关系、政治稳定、国际体系等主题相结合，并以国家自主性为基础拓展新的解释概念，这不仅是对国家自主性理论的基本研究和应用，而且不断赋予国家自主性以更广阔的学术生命力。但国内关于国家自主性的研究也存在不足之处，对国家自主性的定义分歧不一。

首先，对国家自主性理论的中国适用性基础研究不足。从研究倾向而言，国内主要有两种研究倾向。一是把国家自主性理论作为研究对象，主要在理论体系内部探讨国家自主性的内涵、发展及意义；二是把国家自主性作为一种分析概念和框架。第二种倾向的国内研究存在直接把国家自主性理论作为一种解释框架的缺陷，直接运用国家自主性理论阐释中国相关问题，而没有具体分析这一理论用于中国语境的适用性基础，所以在研究过程中往往会出现剪裁中国历史或者解释力不足的问题。

其次，国家自主性理论概念使用范围的片面性。主要体现在片面地将国家自主性定位于国内政治范畴而忽视全球化背景。由于国家总是处于国内统治秩序维系和国际竞争的交叉点上，“国家从根本上说具有两副面孔，从而内在地依赖于两个方面：其一是阶级分化的社会经济结构；其二是国家的国际体系”①。所以，回归国家学派认为只有把国家结构和国际体系两个方面相结合才能理解国家的具体策略偏好和国家的自主性行为。只有把对外和对内两个方面的利益目标和环境变化相结合，才能更好地研究一个国家的自主性行为和动机。而国内的研究倾向于忽略国际环境这一变量。

最后，国内学者对国家自主性概念的理解和定义存在分歧。基本可以概括为两种倾向。第一，以公共利益概念为核心理解国家自主性，强调国家以公共利益为核心价值，其自主性主要表现为对阶级、阶层和利益集团的超越。以林尚立、孙立平、龙佳解、陈舟望、杨光斌、任勇等为代表。孙立平认为国家的自主性程度主要是指政府能够超越社会中势力集团的程度。② 陈舟望将国家自主性定义为国家作为公共利益的代表，能超越社会中利益集团的影响实现公共利益目标和自主行事的性质。③ 杨光斌等认为国家自主性是指“来自社会的国家享有超越社会的能力，国家能超越于个人和群体利益之上而代表公共利益和公共意志”④。各位学者的表述虽然不尽一致，但基本思想大体统一。第二，增加国际维度理解国家自主性，强调国家在国际体系中的主权。以杨雪冬、朱陆民、娄万锁等为主要代表。杨雪冬认为广义上的国家自主性意味着国家在行使权力的过程之中，不仅可以摆脱国内各种利益集团的制约，而且能够防止国际体系中其他

---

① ［美］西达·斯考切波：《国家与社会革命——对法国、俄国和中国的比较分析》，何俊志、王学东译，上海人民出版社 2007 年版，第 33 页。

② 孙立平：《向市场经济过渡过程中的国家自主性问题》，《战略与管理》1996 年第 4 期。

③ 陈舟望：《政治现代化与国家自主性》，《理论与现代化》1998 年第 1 期。

④ 杨光斌等：《现代国家成长中的国家形态问题》，《天津社会科学》2009 年第 4 期。

国家的干涉。[①] 朱陆民把国家自主性定义为国家在国内、国际格局中超越各种社会力量，独立自主实施自身政治过程的特性。[②] 娄万锁认为“国家自主性指国家作为一个组织拥有自己的利益、想法和追求，并拥有排除其他国内和国际社会力量干扰和压力而去实现自己目标的能力”[③]。以国家为研究对象，从国内和国际两个层面理解国家自主性更具有综合性和全面性，也与斯考切波的理论思想相一致。

三 研究方法与研究内容

（一）研究方法

1. 文献分析方法

文献搜集和研究是任何一项学术研究的基础和起点，本书通过研究、分析国内外关于国家自主性理论的相关文献，一方面，考察并探讨国家自主性理论的思想来源、发展脉络并阐释国家自主性的概念要素、概念延展和基本特征；另一方面，总结国内外国家自主性理论的研究现状、研究聚焦点，并分析现状研究中所存在的不足和问题。

2. 比较研究方法

对于社会科学研究而言不能实现实验研究，比较研究可以起到一种替代作用。对中国经济发展中的国家自主性进行比较分析能更好地阐释历史环境、国家策略、国家结构、社会发展之间的互动关系。多维度视角下对比分析中国改革开放进程中的国家自主性，有助于从一个更加全面的关系框架探讨国家自主性的内涵。本书对比较研究方法的运用主要体现在两个方面。一是分析国家自主性理论及其概念的中国适用性基础。比较研究中西方以国家自主性作为分析视角的不同适用背景，这一比较的目的在于厘清国家自主性理论在中国的适用基

---

① 杨雪冬：《国家的自主性与国家能力——组织现实主义国家理论述评》，《马克思主义与现实》1996 年第 1 期。

② 朱陆民：《国际相互依存中的国家自主性及其限度》，《云南行政学院学报》2003 年第 6 期。

③ 娄万锁：《国家自主性：中国模式的核心要素》，《上海党史与党建》2012 年第 5 期。

础。二是本书整体架构就是一种基于关系视角的比较研究。把国家自主性放置于国家—社会关系、中央—地方关系、经济全球化进程三个视角中，以对比视角考察中国经济发展道路中的国家自主性特征。

3. 历史分析研究方法

任何有关国家的政治发展都需要放到历史中才能找寻到合理阐释，因此，历史史料是准确分析和把握政治现象、预测政治发展趋势的基本前提。历史分析研究方法要求以历史唯物主义和唯物主义辩证法为原则，从一定的历史条件出发，通过对社会经济生活的分析探究政治现象。政治现象与政治发展需要放到与社会的联系中才能得到科学解释，“任何一门社会科学——或者任何一项深思熟虑的社会研究——都需要充分利用历史史料和一种历史范围内的构想”。[①] 如果一项研究脱离了历史经验与社会的整体发展，就不能准确地分析、把握、预测政治发展规律。本书以国家自主性理论为理论基础，具体分析中国改革开放前后的国家自主性状态。在展开分析的过程中涉及中央与地方关系的发展历程、国家与社会关系的发展历程、国家意识形态变迁以及不同历史时期中国所面临的国际环境等内容。本书不是纯规范性的政治学理论研究，而是理论结合实际对中国的现实进行分析研究，这就决定了本书需要以历史分析为基本研究方法。但本书努力做到用理论去检验历史，而不是用理论裁剪历史。另外，虽然经济发展与政治、社会、技术等各方面都相关，但本书力求从政治学角度出发研究中国经济发展中的国家自主性问题，研究方法和理论也都是政治学范畴的。本书以国家自主性为具体研究对象，在展开分析的过程中关于央地关系、社会自主性发展历程等内容都基于对中国历史的客观分析。

（二）研究内容

本书研究内容分为六章，具体安排如下：

第一章为“国家自主性理论的思想来源、发展图景与概念阐释”。

① C. Wright Mills, *The Sociological Imagination*, New York: Oxford University Press, 1959, p. 145.

这一章节的核心在于对国家自主性理论的梳理和国家自主性概念的阐释。主要目标在于对国家自主性理论的思想来源、发展脉络以及基本概念能有一个较为清晰的把握和认知。

第二章为“基础与限度：国家自主性理论的中国适用性分析”。这一章节的核心在于分析国家自主性理论的中国适用性基础与限度。搬来主义只能导致实践分析的偏差和误导，因此，认识到一个理论的国家适用性比认识其贡献性更为重要。只有分析清楚国家自主性理论的中国适用性基础与限度，才能更为准确地分析中国经济发展过程中的国家自主性。

第三章为“国家—社会关系视角下的国家自主性考察”。这一章节的核心是用整体性视角比较考察改革开放前后“国家—社会”关系的变迁过程。在国家—社会关系的框架下，分析中国经济发展中的国家自主性形态如何从绝对自主向有限自主转变，以及有限自主与经济发展的内在关联性。

第四章为“中央—地方关系视角下的国家自主性考察”。这一章节的核心是用解构性视角考察改革开放前后“中央—地方”关系的变迁过程。一是从地方政府视角分析中国经济发展中的地方政府如何从封闭性自主向约束性自主转变，以及地方自主性与经济发展的内在关联性；二是从中央政府视角探讨央地博弈过程中的国家自主性维系策略。

第五章为“经济全球化视角下的国家自主性考察”。这一章节的核心是用经济全球化视角考察国家主义与全球主义之间的博弈与张力。一是从现实角度分析经济全球化对国家自主性的挑战；二是从国家建设角度探讨经济全球化进程中的国家自主性建构。

第六章为“中国经济发展中的国家自主性重塑目标与路径”。这一章节的核心是探讨中国经济发展中的国家自主性面临的困境、基本目标以及重塑路径。均衡自主性成为未来国家自主性重塑的基本目标，而重塑路径在于国家如何主动塑造策略，通过不同方式以建构国家—社会关系、中央—地方关系。

四 研究贡献与学术价值

第一，本书以国家自主性为基本分析概念，具体探讨中国经济发展中的国家建构问题。研究尝试了一个较新的研究视角，这一研究视角具有较强的分析性和解释力，也具有较大的理论兼容性。一方面，它为中国经济发展中的国家建设研究提供了一个相对统一的出发点和落脚点，即国家自主性的演变是影响中国改革开放前后经济发展的核心要素，而国家自主性的维系也是确保经济发展的基本保障；另一方面，国家自主性不仅为国家理论发展提供了一个新的理论生长点，而且为中国政治发展和政治体制改革注入新的理论活力。

第二，本书采用比较研究方法，以国家—社会关系、中央—地方关系和经济全球化进程为分析视角，分析改革开放进程中的国家自主性变化。一是目前国内有关国家自主性的研究主要定位于国内范畴，而经济全球化进程这一更大的范畴也应纳入其中。否则会导致因忽视全球化背景而造成对国家自主性演变和把握的片面性。本书在分析国家自主性时，把国际环境作为一个重要的分析因素对经济全球化与国家自主性的关系进行探讨。这有利于从一个更加完整的角度研究国家自主性。二是本书从整体性（国家—社会关系）和解构性（中央—地方关系）两个角度研究中国国家自主性的演变。其中整体性视角以国家—社会关系为分析基础，引入社会自主性概念；解构性视角以中央—地方关系为分析基础，引入地方自主性概念。地方自主性和社会自主性概念的引入和两个向度的结合分析能更好地在比较的视野下理解中国国家自主性的演变。

第三，国家在经济发展中的角色和作用是经济学、政治经济学、政治学等学科的一个重要问题，本书从政治学的视角理解国家在经济发展中的角色，关注核心是“国家”及其建构问题。本书的研究有利于丰富目前国内关于国家自主性理论的研究及应用。本书试图梳理清楚国家自主性理论的发展脉络、国内外相关学者对国家自主性的研究现状，以及目前研究中可能存在的不足与问题。并在研究的基础上探讨国家自主性理论在中国的适用性基础，比较分析中国经济发展中的国家自主性演变。这不仅对中国国家建设具有重要的现实意义，而且可以为中国特色社会主义政治发展道路的理论阐释注入新的理论资源。

第一章

国家自主性理论的思想来源、发展图景与概念阐释

第一节　国家自主性理论的思想来源

一　马克思和恩格斯国家自主性思想

马克思和恩格斯认为从社会中产生但又居于社会之上的国家是日益同社会相异化的一种力量。“这种从社会中产生但又自居于社会之上并且日益同社会相异化的力量，就是国家。”[①] 国家以社会共同体的身份和形象凌驾于社会各个组织和阶级之上，以暴力为基础能将社会冲突控制在秩序的范围之内。“国家是以一种与全体固定成员相脱离的特殊的公共权力为前提的”[②]，正是由于国家是一种凌驾于社会中各个阶级之上的特殊公共权力，从而使得国家具有相对于社会的独立性特征。所以，马克思和恩格斯认为阶级性、独立性都是国家的基本属性。

阶级性是国家的本质，相对独立性是国家的功能特征。雅索普（Bob Jessop）认为马克思的国家理论包含了两种国家观念，“一种是

---

① 《马克思恩格斯选集》第四卷，人民出版社 2012 年版，第 187 页。

② 《马克思恩格斯选集》第四卷，人民出版社 2012 年版，第 107 页。

工具主义的论述，另一种是把国家视为社会之外和之上的独立力量论述”。① 一方面，马克思对国家本质的基本判定是阶级矛盾不可调和的产物和阶级统治的工具，国家的这一本质决定了其基本功能是对统治阶级利益的保护；另一方面，对统治阶级利益保护功能的实现需要国家凌驾于社会之上，以社会秩序维护者的身份独立实现对利益冲突的协调，这就要求国家具有一定的独立性。

马克思和恩格斯使用的是“国家相对独立性”的概念，其中的独立性是指国家相对于社会和阶级的独立性。“国家作为第一个支配人的意识形态力量出现在我们面前。社会创立一个机关来保护自己的共同利益，免遭内部和外部的侵犯。这种机关就是国家政权。它刚一产生，对社会来说就是独立的，而且它越是成为某个阶级的机关，越是直接地实现这一阶级的统治，它就越独立。”② 由此可见，马克思和恩格斯关于国家相对独立性的思想是相对于社会和阶级而言的。马克思在考察法国的巴拿马政权时，指出国家已经不再是阶级统治的工具，已经完全脱离社会。基于对法国和德国的经验性观察，马克思把国家自主性更多地看作一种特定历史环境和历史条件下临时性、特殊性的现象，但却为后代学者提供了可延展性的研究主题和研究空间。

总结而言，马克思的国家观关于相对自主性的思想主要表现在两个方面，一是国家脱离社会而具有的相对独立性；二是国家作为相对独立的力量，驾驭着阶级社会。国家的相对独立性就是指国家的相对自主性，而且这种相对自主性可以区分为形式上的相对自主性和实质上的相对自主性。形式上的相对独立性，即国家作为社会关系的调节力量，独立于所有阶级之外，主要体现为社会管理职能。实质上的相对自主性，即国家作为阶级统治机器，脱离并独立于大众利益，主要体现为阶级统治工具。③

尽管国家具有一定的独立性，“相对”概念的限定更加反映了马

① Bob Jessop, *The Future of the Capitalist State*, Cambridge: Polity Press, 2003, p. 16.

② 《马克思恩格斯选集》第四卷，人民出版社 2012 年版，第 259 页。

③ 王沪宁主编：《政治的逻辑——马克思主义政治学原理》，上海人民出版社 2004 年版，第 151—158 页。

克思和恩格斯国家理论的核心内容。首先，在国家与社会关系上，国家源于社会。国家虽然能够反作用于社会从而获得一定的独立性，以一种负载公共利益、脱离全体社会成员的特殊公共权力形式存在，但国家仍然不是一个独立的发展体，作为一种公共权力从根本上来说取决于社会物质经济条件。其次，国家社会公共利益代表者的身份以及国家所履行的社会管理职能从根本上是为了实现和维护统治阶级的利益。国家以社会共同体的形式与社会实现了一定的分离，但这种社会共同体是虚幻的存在，其背后是国家的阶级本质属性。因此，国家的相对独立性受到阶级性的制约而处于从属性地位。

20 世纪 50 年代以来，随着经济的不断发展，特别是服务行业的兴起、传统产业的日益衰落，西方社会的阶级结构出现了一系列新的变化，国家的阶级属性的模糊程度增强。国家成为许多理论家的关注对象，西方新马克思主义学者步入首先关注国家问题的阵营，他们认为“国家的相对自主性观念是马克思主义国家理论的一个重要部分，而且是马克思和恩格斯以这样或那样的方式讨论得很多的一个问题”①。西方新马克思主义学者从马克思主义国家相对独立性思想中提出了“相对自主性”命题，并从不同视角深入挖掘，丰富发展了马克思主义的国家理论思想。

二　韦伯国家思想

在西方政治学关于国家理论的知识传统中，马克斯·韦伯的国家观不可跨越。尽管不同学者、不同理论对国家有着不同的定义，但他们的定义都或多或少地依赖韦伯的观点，而韦伯对回归国家学派的影响是关键性的，回归国家学派在借助和发展韦伯国家观传统的基础上，实现了国家中心主义的复兴，成为 20 世纪七八十年代社会科学研究领域最重要的变革。国家自主性理论正是在韦伯关于国家的内涵和定义基础上发展出来的，因此，理解自主性理论的国家观需要追溯

① ［英］拉尔夫·密里本德：《马克思主义与政治学》，黄子都译，商务印书馆 1984 年版，第 79 页。

到韦伯的国家概念。

韦伯认为国家是“垄断合法暴力和强制机构的统治团体”[①]，“国家由许多被国家领导层领导和协调的机构组成，拥有在特定疆域内制定和执行对所有民众具有约束力的规则的权威或能力，同时也是社会其他组织制定规则的限定因素。在必要的情况下可以诉诸武力来实现目标”。[②] 韦伯对国家的这一定义突出强调了国家的几个核心要素，即暴力垄断、制度性组织和官僚制。下面对韦伯国家概念的几个关键要素一一进行探讨，并穿插分析其对回归国家学派的影响。

首先，国家具有以暴力垄断为基础的强制性特征。韦伯看待国家问题的角度是现实主义的。韦伯在探讨国家问题时，把国家的发展分成“政治权力”“国家”“现代国家”三个阶段。他认为暴力垄断、官僚体制、强制性司法权力等是现代国家的基本特征，其中，暴力[③]的垄断凸显了国家独占政治控制力的特质，以强制力为基础的国家定义成为国家自主性的前提和基本假设，这体现了回归国家学派对韦伯国家定义的继承。韦伯的现实主义国家观念首先突出了国家的强制性特征，而这一特征的背后隐藏了国家独立于社会、实现自主行动的可能性。这种国家观念深刻地体现在斯考切波的自主性理论之中。斯考切波的一只脚在马克思式的阶级分析那里，另一只脚在韦伯的国家分析那里。[④]

其次，韦伯及其追随者倾向于强调国家作为一个组织或者一套组织的制度性特点。韦伯认为国家是在暴力垄断的基础上，以制度化方式实现规制的组织。韦伯提供了一个较为理想的现代国家定义：“国家是一个在既定领土范围内，由行政权威进行领导和协调的大量机构

---

① ［德］马克斯·韦伯：《经济与社会（下卷）》，林荣远译，商务印书馆 1997 年版，第 730 页。

② Max Weber, *The Theory of Social and Economic Organization*, New York: Free Press, 1964, p. 156.

③ 无论是采纳宽泛性的暴力定义还是狭隘性的暴力定义，这都不是问题的重点。无论是哪种定义，国家相较于其他组织都具有成为垄断暴力的合法组织的最大优势。

④ ［美］马克·I. 利希巴赫、阿兰·S. 朱克曼编：《比较政治：理性、文化和结构》，储建国等译，中国人民大学出版社 2008 年版，第 120 页。

构成的一种组织。它有能力或者权威制定并执行对所有人具有约束力的规则，而且为其他社会组织提供规则制定的参数，只要有必要就可以使用暴力。”[①] 在韦伯的思想中，行政、法律和强制性组织机构的存在是国家的核心特征。斯考切波的国家自主性探讨的起点就是对国家的界定，她以行政组织和强制组织的创设和运行作为国家权力的基础支撑。“国家是一套以执行权威为首，并或多或少是有执行权威加以良性协调的行政、政策和军事组织。”[②] 曼的国家定义同样受到韦伯的思想影响，他从制度角度对国家含义进行了界定，“国家是一组分工合作的制度和人员；具有向心性，即与中心有双向交流的政治关系；具有明确的地域；借助某种有组织的暴力，行使某种程度的权威，确保令行禁止”[③]。

最后，理性官僚体制是现代国家实现政治统治的最理想形式。韦伯一直致力于官僚制的研究，他认为具有人类理性化组织特征的官僚制是政治统治最合理的形式。[④] 在理性化当代官僚体制之中，行政主体能排除非理性的感性因素，遵循统一的标准和原则行事。理性官僚制的优势在于官员行为逻辑的可预期性，这种可预期性建立在以法律和规制为原则的权责一致的基础之上。

韦伯在其著作《经济与社会》中列举了理想官僚制度应该具备的十个要素特征：

1. 个人是自由的，仅仅在事务上服从官职的义务；
2. 处于固定的职务等级制度之中；
3. 拥有固定的职务权限；

① Joel S. Migdal, *Strong Societies and Weak States: State-Society Relations and State Capabilitiew in the Third Word* , Princeton, NJ: Princeton University Press, 1988, p. 19.

② ［美］西达·斯考切波：《国家与社会革命——对法国、俄国和中国的比较分析》，何俊志、王学东译，上海人民出版社 2007 年版，第 30 页。

③ ［英］迈克尔·曼：《社会权力的来源（第二卷·上）》，陈海宏等译，上海人民出版社 2007 年版，第 64 页。

④ ［德］马克斯·韦伯：《经济与社会（上卷）》，林荣远译，商务印书馆 1997 年版，第 248 页。

4. 根据契约受命，即（原则上）建立在自由选择之上；

5. 根据专业业务资格任命（不是选举）——在最合理的情况下，通过考试获得的、通过证书确认的专业业务资格；

6. 采用固定的货币薪金支付报酬，大多数有权领取退休金；

7. 把他们的职务视为唯一的或主要的职业；

8. 可看清自己的前程；职务“升迁”根据年资或政绩，或者两者兼而有之，取决于上司的评价；

9. 工作中完全同“行政管理物资分开”，个人不得把职位占为己有；

10. 接受严格的、统一的职务纪律和监督。①

从以上十个要素特征②来看，可以判断韦伯认为高度理性化的官僚体制具有明确的职责和等级的从属关系、各级组织权责清晰、细致的分工以及每位成员的专业性、效率性和服从性等特征。科层统治结构中的每个成员都能清晰地知道命令来自何处及传达到何处，层级、专业、精确、效率、统一、严格服从等特征构成了理想官僚制的基本属性特征。在韦伯看来，“凡是彻底实行行政管理的官僚体制化的地方，那里就建立了一种统治关系的实际上的牢不可破的形式”，“得到充分实行的官僚体制，就属于最难摧毁的社会实体”。③

回归国家学派对国家的定义采用韦伯化的方式，不仅强调制度与组织，也强调官僚体制的重要性。回归国家学派认为一套完善的官僚机构是国家进行有效干预的基础。国家改革者需要强大的和理性化的

---

① ［德］马克斯·韦伯：《经济与社会（上卷）》，林荣远译，商务印书馆1997年版，第246页。

② 迈克尔·曼将其韦伯的理想官僚结构的十个要素归结为以下5个方面：(1) 由于处于受雇佣和拿薪金的地位，而与官职的所有权分离；(2) 根据客观的能力标准被任命、晋升和解职；(3) 被组织在各部门之内，每一个部门都实行集权并体现着劳动力的职能划分；(4) 各个部门联合成一个综合的政府，这也体现着对劳动力的职能划分和中央集权等级制；(5) 从关于社会准则的广泛社会斗争中隔离出来。［英］迈克尔·曼：《社会权力的来源（第二卷·上）》，陈海宏等译，上海人民出版社2007年版，第486—487页。

③ ［德］马克斯·韦伯：《经济与社会（下卷）》，林荣远译，商务印书馆1997年版，第309、296页。

国家官僚体制以应对国内外的政治竞争和经济竞争。诺德林格指出国家“是指那些占据公共职位的个体，他们凭借职位的授权或自身赋予的权力做出、执行对社会各部分都具有约束力的决定”①。诺德林格突出强调了官僚制对定义国家和国家运行的重要意义。

严格来说，韦伯并没有提供一个完整的国家理论，但他提出的国家概念和定义已经足以支撑后代学者建构一个国家理论。韦伯对回归国家学派关于国家研究的影响除了以上几个方面，还有两个方面需要提及。一是对国家隔离式的分析倾向。尽管国家中心主义学者研究国家的角度和路径各异，但他们都受到韦伯的影响，希望把国家作为一个独立的、隔离出来的研究主题，能通过其组织特性、组织结构的解析理解它如何成功地获得权威性和支配性，以及不同国家在统一领域间存在巨大差异的原因。二是国家自主性并不等同于权力运作者的自主性。韦伯思想区别于多元论和马克思主义的追随者，他认为国家有着自己的权力，但又不同于现实主义和真正的精英论者，他并没有将权力仅仅赋予核心精英们，而且也不认为他们必然就是凝成一团的。②

第二节　国家的回归：国家自主性理论的发展图景

国家自主性对许多学者而言是一个会带来不安的概念，而西方新马克思主义学者以“国家相对自主性”概念为基础开启了以国家为中心的研究范式。回归国家学派把这一概念进行深入挖掘、系统论证并最终确立了以国家为中心的研究范式。国家自主性理论的发展也先后经历了国家相对自主性理论、国家潜在自主性理论和国家镶嵌自主性理论的发展过程。

---

① ［美］埃里克·A. 诺德林格：《民主国家的自主性》，孙荣飞、朱慧涛、郭继光译，江苏人民出版社2010年版，第10页。

② ［英］迈克尔·曼：《社会权力的来源（第二卷·上）》，陈海宏等译，上海人民出版社2007年版，第68页。

一　国家相对自主性理论

（一）西方新马克思主义与国家自主性研究范式的开启

20 世纪 60 年代以来，具有批判思维的西方新马克思主义者在吸收马克思恩格斯“国家相对独立性”思想的基础上，最先提出和发展了“国家相对自主性”的概念。西方新马克思主义从更加宏观的结构背景出发对国家相对自主性思想进行了系统性论证，进一步拓展了马克思的国家理论思想。

西方新马克思主义学者关于国家相对自主性思想的主要来源是卡尔·马克思。他们不仅认为国家相对自主性思想在马克思和恩格斯那里得到了很好的阐释，而且认为国家相对自主性观念本身就是马克思主义国家理论思想的一个重要组成部分。其中最重要的两个核心人物是尼科斯·波朗查斯和拉尔夫·密里本德。受到马克思和恩格斯国家相对独立性思想的启发，在吸收挖掘马克思和恩格斯国家相对独立性思想的基础之上，波朗查斯和密里本德各自发展出了结构主义国家理论和工具主义国家理论。两者关于国家的辩论首先唤起了学者对国家自主性的关注。

（二）结构主义与国家相对自主性

尼科斯·波朗查斯（Nicos Poulantzas）运用结构主义的方法来研究资本主义国家自主性，他认为国家相对自主性是指“国家对阶级斗争领域的关系，特别是其针对权力集团的阶级和派别的相对自主性，并扩大到针对权力集团的同盟和支持理论的相对自主性”，[①] 这种相对自主性以国家权力的统一性为前提，统一性的国家权力不能被分割并以制度化为特征。“国家权力的每一个组成部分和国家的每一个特殊机构，都从制度上确定为一方面代表着国家统一，同时也代表着国家权力的统一。”[②] 虽然国家存在各种权力的划分和对应的机

---

① ［希腊］尼科斯·波朗查斯：《政治权力与社会阶级》，叶林等译，中国社会科学出版社 1982 年版，第 285 页。

② ［希腊］尼科斯·波朗查斯：《政治权力与社会阶级》，叶林等译，中国社会科学出版社 1982 年版，第 314 页。

构，但国家权力从本质上而言是一种整体的结构，作为一种统一体在发挥功能。

波朗查斯受路易斯·阿尔都赛多元决定论思想的影响[①]，反对经济决定论，主张多元决定论[②]，从多元主义理论中借鉴了统治阶级的多元性思想，这也构成了波朗查斯国家自主性思想的重要基础。主要体现为波朗查斯分析其国家理论的起点是对生产方式的结构主义分析，国家之所以具有相对自主性是因为资本主义国家的经济环节与政治环节是独立的两个领域，因而经济利益和政治利益也是分离的，资本主义国家主要是维护资产阶级的政治利益和政治统治，而不直接代表其经济利益，而政治利益的增进需要国家具有相对自主性。资本主义制度中经济与政治的分离、国家政权与经济结构的分离为国家相对自主性的实现提供了条件。“资本主义的生产关系赋予国家的政治法律上层建筑以针对生产关系的一种特殊的自主性”。[③] 国家牺牲统治阶级的相关经济利益以换取相对应的政治利益不仅成为可能，也成为国家相对自主性的行为体现。因此，国家可以违背统治阶级的利益而出台有利于被统治阶级利益的一些政策。

国家相对自主性的实现由两个方面的因素共同决定。一是政治环节和经济环节的分离和独立。波朗查斯认为政治、经济、意识形态等方面和环节共同组成了生产方式，其中，经济环节的作用是根本性的，但不是统治性的，其他环节（特别是政治环节）具有一定的自主性。波朗查斯认为任何一种生产方式中的经济环节都包括了劳动者、生产资料、产品所有者等一系列要素，这些要素形成的主要是生产资

---

① 波朗查斯的国家自主性思想除了受到阿尔都塞的影响外，也深受葛兰西思想的影响。在政治社会领域，他把葛兰西的“领导权”概念与政治统治领域结合发展出了关于国家自主性的理论分析；在私人社会领域，他在其导师意识形态国家机器思想的影响下，发展了关于国家的法律—政治意识形态思想。此点是密里本德批判的核心之一。

② 波朗查斯的多元决定论的前提是经济决定整个结构，但经济不一定在结构中处于统治地位。例如，封建社会中宗教意识形态起统治作用、垄断资本主义社会中政治法律起统治作用、古代社会中经济环节起统治作用，但归根到底，是由于经济的变化发展让某一个环节起到统治作用，不同环节起统治作用的转换取决于经济因素。

③ ［希腊］尼科斯·波朗查斯：《政治权力与社会阶级》，叶林等译，中国社会科学出版社 1982 年版，第 310 页。

料所有关系和产品所有关系。在生产资料和产品不同源的情况下，生产资料所有者要获得对产品的占有权和支配权，就必须依赖超经济的控制，无论这种控制是依赖于暴力还是意识形态，这就要求政治在生产方式中占统治地位。而在资本主义生产方式中，生产资料所有关系和产品所有关系具有同源特点，即生产资料和产品均归资本家，这种经济生产方式保障了资本家无须超越经济干预就能实现对产品的占有，所以，政治环节与经济环节不再是一种混合关系，政治环节由此取得独立地位。在这一思想认识的基础上，他认为政治环节有其自身的运转逻辑而不受经济环节的制约。因此，国家可以脱离经济领域而具有一定的自主性。二是政治环节处于社会形态各个组成部分的特殊地位。国家作为政治实践的场所成为社会形态各个不同方面的矛盾交叉点。也正因为国家的这一特殊性，国家才能发挥其调节一个社会形态的平衡功能，成为社会形态变革的关键。

波朗查斯试图在结构主义①的框架内把政治、经济、阶级斗争、意识形态等要素置入一个系统性的国家分析中，但他却受到了结构主义的禁锢从而限制了其理论的生命力。他在竭力摆脱经济决定论的同时又落入了阶级还原论，一方面，他强调国家相对于经济环节的自主性；另一方面，他又强调国家官员的确定性、有结构限制的阶级属性身份。因此，普朗查斯常常受到“多元决定的经济还原论”指责。他本人既反对把国家看作是一个独立运作的主体，也反对把国家看作中立的被掌控的工具，而倾向于一种社会关系型国家观。② 波朗查斯后期试图超越结构主义国家观，从阶级的角度探讨国家自主性，在他看来，“国家不是以工具性为本质特征的实体，而是一种关系的浓缩，准确而言就是阶级关系的浓缩”③。

---

① 普朗查斯的国家理论很多地方吸收了和借鉴了功能主义学者和系统理论学者的思想，如塔尔科特·帕森斯、伊斯顿、阿尔蒙德、大卫·阿普特以及卡尔·多伊奇等。

② 更确切地说，国家是集中起来的阶级关系，是阶级和阶级派别之间的关系的凝聚。Nicos Poulantzas, *Classes in Contemporary Capitalism*, London: New Left Books, 1975, p. 26; Nicos Poulantzas, *State*, *Power*, *Socialism*, London: New Left Books, 1978, p. 129.

③ Nicos Poulantzas, *Classes in Contemporary Capitalism*, London: New Left Books, 1975, p. 26.

（三）工具主义与国家相对自主性

工具主义国家理论①的核心代表是拉尔夫·密里本德（Ralph Miliband）。密里本德对马克思国家理论的发展始于对多元主义国家理论的批判。密里本德认为多元主义的国家理论忽视了国家作为政治分析的核心性，拒绝承认国家是一种具有特殊性的制度安排。多元论理论上倡导国家中立论，但事实上国家从来没有中立过，多元论对国家的定义只会增加理解现实的难度性和困惑性。

密里本德虽然是工具主义国家理论的核心代表，但他不是一个教条式的工具主义者。首先，他认为国家作为统治阶级的工具，是一个具有干预性角色的偏袒者，而并非是一个具有中立性角色的裁判者，“它对社会事务的干预是经常的、决定性的和无所不包的，这是由国家的最基本的特性决定的，即国家是阶级统治的工具，最终是所有这类工具中最重要的工具”。② 密里本德不同于波朗查斯，密里本德把国家看作是阶级统治的工具，也由此引发了工具主义国家自主性与结构主义国家自主性的争论。

其次，密里本德认为国家具有相对自主性，因为只有国家具有相对自主性特征和能力才能调节资产阶级之间的利益冲突。“当它作为一个阶级的国家而行动时拥有高度的自主和独立，而且，如果它是要作为一个阶级的国家而行动的话，必须真正拥有这种高度的自主和独立”。③ 国家相对于统治阶级具有一定的相对独立性和自主性，但这种

---

① 波朗查斯把国家权力定位成一个功利主义概念，从国家的政治、经济和意识形态之能力理解国家权力。而密里本德对国家权力是一种机构化的定位。密里本德认为一系列具体组织机构的聚集及相互作用构成了国家系统，并且这些机构本身就含有“国家权力”。这一系统包含五个“元素”，每个元素又由特定的单元构成：（1）统治工具由立法机构和行政主管机构组成，功能在于制定国策；（2）行政管理工具由官僚机构、中央银行、监管会等组成，功能在于调节社会、经济和文化；（3）强制性工具由军队和警察等部门组成，功能在于应对暴力事件；（4）司法工具由法庭、监狱、刑事司法系统组成；（5）地方政府。Ralph Miliband, *The State in Capitalist Society*, New York: Basic Books, Inc., Publishers, 1969, pp. 48－54.

② ［英］拉尔夫·密里本德：《马克思主义与政治学》，黄子都译，商务印书馆1984年版，第72页。

③ ［英］拉尔夫·密里本德：《马克思主义与政治学》，黄子都译，商务印书馆1984年版，第79页。

独立性和自主性并不会减弱它的阶级性质，反而因其一定程度的灵活性和自由活动空间，更有利于国家服务于统治阶级利益。这一点与马克思关于国家在行使社会管理职能时具有相对独立性的思想是一脉相承的，国家服务于统治阶级利益的本质并没有变化，国家逆资本家的利益而制定相关政策的根本目的在于满足统治阶级的长远利益。资本主义国家的改良举措得以实现的原因就在于国家的相对自主性，这些举措虽然损害了统治阶级的个别利益和短期利益，却符合其长远利益。所以国家的自主是形式上的相对自主，服务于统治阶级才是绝对性的。

最后，不同于波朗查斯将国家自主性特征限于资本主义国家，密里本德认为自主性特征是所有国家的基本属性，“一切阶级国家都享有一定程度的自主性，不论这些国家采取什么形式，也不论它们是多么‘有代表性’或多么‘民主’”。[①] 为此，他还专门考察了第三世界国家以及社会主义国家的自主性特征。

虽然两人的争论较多，但两人关于国家自主性的争论存在同一性。一方面，两人都认同国家相对自主性与资本利益的关联性。不管国家相对自主性的来源是什么，两人都认为国家的相对自主性不会脱离社会和资本利益。两人都认为与政治活动的变化性相对应的是经济生产方式的变化性，但无论怎样变化，国家统治者都不会违背支配阶级的利益。另一方面，两人的思想都是经济决定论的，都是一种经济输入—政治输出的国家自主性模式。[②]

二　国家潜在自主性理论

（一）回归国家学派与国家自主性研究范式的确立

1979 年摩尔的学生西达·斯考切波（Theda Skocpol）在其发表的《国家与社会革命》中，第一次提出“在社会运动和革命研究中，必

---

① ［英］拉尔夫·密里本德：《马克思主义与政治学》，黄子都译，商务印书馆 1984 年版，第 91 页。

② Bob Jessop, *State Theories: Putting Capitalist States in Their Place*, London: Macmillan, 1990, p. 90.

须把国家当成一个独立的结构来看待”,[①] 1982 年 2 月，美国学者在纽约市举办的主题为“当今国家理论研究之实质”的研讨会上围绕国家相关问题进行了跨学科的讨论。其中斯考切波的《使国家回归》这篇论文引起了巨大反响和学界探讨热潮。之后，在 1985 年，她与相关学者编辑出版了论文集，她同鲁施迈耶、埃文斯等共同完成的《找回国家》一书标志着“国家中心主义”研究范式的确立。而这些重新重视国家问题研究的学者，被学界称为“回归国家学派”。

回归国家学派从重新理解国家含义出发，突出强调“不能把国家简单看作利益竞争的公共舞台、竞争力量的裁判或支配阶级的工具，国家具有追求自己的偏好和利益的性质，它能够在一定程度上依照自己的偏好，按照自己的行为方式来贯彻自己的意志”。[②] 回归国家学派在反思、发展和借鉴西方新马克思主义关于国家自主性思想的基础之上，运用比较研究方法，重新阐释了国家与社会两者的关系，以国家偏好、国家自主性、国家能力等为核心概念形成了国家自主性理论体系，最终确立了“国家中心主义”的研究范式。

回归国家学派在强调国家作为独立行动者和具有独立利益偏好方面具有内在的一致性，但在对待和阐释国家与社会的关系方面存在一定的分歧，可以划分为国家潜在自主性理论和国家镶嵌自主性理论。国家潜在自主性理论侧重点在于国家，更多关注国家相对于社会的自主性；国家镶嵌自主性理论侧重点在于平衡，关注的是国家与社会的共生相联性。

（二）国家潜在自主性理论的发展

斯考切波是回归国家学派的核心代表人物，她在集中批判第二代革命理论（聚合—心理学理论、系统—价值理论、政治—冲突理论）研究的基础上提出自己的质疑，认为它们共同的缺陷是带有较强的唯意志论和目的论，而忽视了革命过程中国家的自主性特征。她在《国家与社会革命》一书中选取法国、俄国和中国三个国家为

① 赵鼎新：《社会与政治运动讲义》，社会科学文献出版社 2012 年版，第 118 页。

② ［美］西达·斯考切波：《国家与社会革命——对法国、俄国和中国的比较分析》，何俊志、王学东译，上海人民出版社 2007 年版，译序。

比较对象[①]，详细考察了社会革命中国家与社会的主导阶级在社会资源汲取和分配中的斗争。考察的结论是三个国家在革命过程之后都催生了更加强大的自主性国家。她认为国家不是阶级统治的工具，也不是社会冲突的展示舞台，而是具有自身逻辑特征和利益诉求的自主性结构和自为组织（organization for itself）。当国家的利益诉求与现存支配阶级、社会利益团体出现差异性时，国家与现存支配阶级和社会利益团体之间就会出现冲突的可能性，而这种冲突的可能性更加凸显了国家作为具有独立意义组织结构的自主性。

斯考切波的革命理论研究一开始并没有引起学者们的关注，直到革命研究中的国家理论与经济发展研究中的国家理论逐渐汇合时，其潜在自主性思想才上升到国家理论不可跨越的位置。她通过分析国家与社会革命提出了国家潜在自主性概念，国家“作为一种对特定领土和人民主张其控制权的组织，国家可能会确立并追求一些并非仅仅是反映社会集团、阶级或社团之需求或利益的目标，这就是通常所说的‘国家自主性’（state autonomy）”[②]。这种国家自主性源于国家对其自身偏好和利益的维护，以强制力为基础，以国家能力为条件，指的是在它管辖权范围内对于利益团体（甚至包括统治阶级）、生产关系、经济安排的自主性。因此，国家不应仅仅被看作是社会经济冲突的斗争场所。斯考切波追溯韦伯的国家概念，从韦伯的国家观中汲取思想理论资源，建立了以强制力为基本特征的国家自主性概念，并考察了与国家自主性直接相关联的国家能力概念，这使得国家自主性理论更加完整。

埃里克·A. 诺德林格受到斯考切波的影响，在国家自主性理论的发展脉络中较早提出了要“认真对待国家”[③] 的理论主张，以

---

① 斯考切波采用比较历史分析方法，主要运用的是求同法（method of agreement）和求异法（method of difference）。三个国家在革命后都形成了更加集权、官僚和自主的国家。但俄国与中国革命后诞生的是政党—国家，控制着整个国民经济的发展，而法国革命具有资产阶级性质，出现的职业化官僚国家不直接控制国民经济发展，两者是分化的。

② ［美］彼得·埃文斯、迪特里希·鲁施迈耶、西达·斯考克波编著：《找回国家》，方力维、莫宜端、黄琪轩等译，生活·读书·新知三联书店2009年版，第10页。

③ Eric A. Nordlinger, “Taking the State Seriously”, in M. Weiner and S. P. Huntington, *Understanding Political Development*, Boston: Little Brown Co., 1987, p. 361.

纠正社会中心论长期忽略国家地位的错误倾向。诺德林格在对国家进行类型划分和差异分析的过程中传递了一个观点，即国家公共政策的形成不是对社会偏好、社会利益诉求的简单整合和回应，而是国家如何通过行为和策略实现国家偏好和国家意志的过程，是国家克服社会制约而创建国家目标的过程。

诺德林格认为以往经验民主理论和公共政策研究大都依赖于社会约束假设，在这种假设之下，国家总是被直接或者间接地控制和支配。社会中心理论视角对国家作为依赖变量的定位夸大了社会的约束性，低估了国家改变、转移甚至抵制社会诉求/偏好的能力和机会，从而忽视了国家自主性，而且诺德林格认为自主性概念适用于所有形式的国家，在民主体制、威权体制和动员体制中都能找到。

诺德林格指出国家的自主性特征主要体现在如何将自身偏好转化为权威行动，“国家在将其自身偏好转换成权威行为的范围以及公共政策服从公共官员资源加权偏好的平行四边形的程度，关系着国家的自主性”①。公共政策是诺德林格解释国家自主性强度以及国家与社会两者关系张力的关键概念。在公共政策的形成过程之中，国家偏好与社会偏好的分歧度是分析两者关系的起始点，以两者偏好的吻合度为基本标准，诺德林格将国家与社会的关系划分为四个类型（如图1－1所示）。诺德林格认为国家自主性的强弱程度取决于公共政策与公共官员偏好合力相一致的程度，若一个国家征服社会抵抗力的能力越大，那么这个国家的自主性也就更强。国家、权威行动和国家偏好三个核心要素是理解国家自主性概念的关键，而国家偏好与社会偏好是否存在分歧，以及国家转换社会偏好的能力是划分国家自主性类型的基本标准。

图1－1上半部分代表了国家中心论的三种类型。类型一：国家和社会偏好存在分歧，但国家并没有采取行动和策略转化社会偏好、调和分歧，而是以其固有的权力克服来自社会的约束，采取将自己的

① ［美］埃里克·A. 诺德林格：《民主国家的自主性》，孙荣飞、朱慧涛、郭继光译，江苏人民出版社2010年版，第17页。

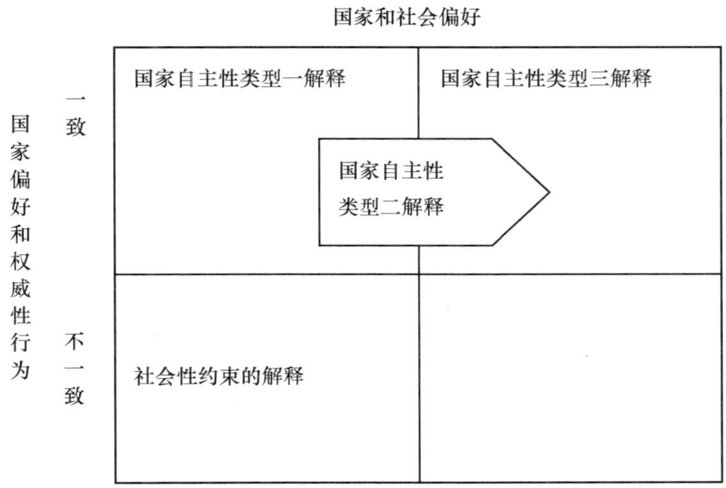

图 1－1　民主国家权威性行为的诸种解释①

偏好转化为公共政策和权威行动的策略。类型二：国家和社会偏好存在分歧，但通过国家有意规劝而消除这种分歧的存在，达到国家偏好、社会偏好一致的结果并转换为公共政策。公共官员依靠机会和能力有意采取策略将社会偏好进行转变，促成分歧的融合，最终进入类型三状态。类型三：国家和社会偏好不存在分歧，国家按照自身偏好行事。不存在分歧的情况有三种，一是社会行动者与国家偏好一致；二是社会行动者服从国家偏好，服从理由可能源于国家危机时期、公民对官员的信任和内部议题；三是社会行动者对国家的偏好持中立态度/冷漠态度。诺德林格关于国家自主性的分类提供了一个相对完整的国家—社会偏好关系图景，但进行研究时特别需要注意到两者的偏好可能存在分歧性和一致性并存的混合型关系。

在诺德林格看来，无论社会如何对国家施加影响，公共官员都有能力和机会采取一定的策略转化、分解来自社会的影响，从而提高国家自主性。在区分国家自主性类型的基础上，诺德林格为不同类型国

① ［美］埃里克·A. 诺德林格：《民主国家的自主性》，孙荣飞、朱慧涛、郭继光译，江苏人民出版社 2010 年版，第 25 页。

家自主性的提升（autonomy-enhancing）提供了详尽的技术策略。首先，针对类型三国家自主性，公共官员可以利用自身的机会和能力强化非分歧偏好，从而提升国家自主性。对于第一种无分歧的情况，公共官员可以通过一系列策略维系/强化那些偏好与国家趋于一致的社会行动者的允诺；对于第二种无分歧的情况，公共官员可以通过维持/固定那些社会行动者对国家的服从；对于第三种无分歧的情况，公共官员的提升自主性的策略就是维持/培育那些其偏好跟国家偏好关联度的中立性立场。

其次，针对类型二国家自主性，公共官员可以通过以下三种基本策略提升国家自主性。一是说服策略，国家公共官员可以通过一系列策略说服持有分歧性偏好的社会行动者改变其偏好，说服策略既可以是增加诉求的不确定性以促使社会行动者撤回到国家偏好一边，也可以是利用公共利益/价值观念/预期发展等概念提供一种替代性解释。二是改变社会资源控制分布策略，减少/弱化那些持分歧偏好的社会行动者所控制/占有的资源，增加/强化那些其偏好跟国家偏好一致的社会行动者所控制/占有的资源。三是争取中立态度的社会行动者策略，通过改变议题认知方式/利用社会恐惧/倡导对国家的责任等策略改变那些持有中立态度的社会行动者。[①]

将诺德林格与斯考切波两位学者的思想做比较，两者第一个层面的区别在于，诺德林格始终关注社会对国家的支持性和约束性这一层面，即国家自主性的限度问题。但他并没有足够重视制度的约束，而且把国家描述为具有原子化特征的政治行为个体构成的世界，这一点与多元主义相通。[②] 同时，诺德林格将国家偏好定义为公共官员偏好的加权平衡也存在一定的问题。即，在现实经验研究中，如何实现这一加权平衡的操作？如果无法实现，这一界定即使是有意义的，对经验研究也并无很大价值。

---

① ［美］埃里克·A. 诺德林格：《民主国家的自主性》，孙荣飞、朱慧涛、郭继光译，江苏人民出版社 2010 年版，第 86—86、103—105 页。

② Stephen D. Krasner, "Review Article: Approaches to the State: Alternative Conceptions and Historical Dynamics", *Comparativei Politics*, Vol. 16, No. 2, 1984, pp. 231 - 232.

两者第二个层面的区别在于，诺德林格对国家自主性的考察在微观的公共政策形成过程中展开，斯考切波对国家自主性的考察在宏观的社会政治结构背景下展开。斯考切波后来的研究关注点有所变化，她后期的研究转向与制度分析相关联的微观基础，其典型的转型代表著作是1992年的《保护士兵和母亲》，该书通过分析美国社会群体如何影响国家政策结果和政府对社会行动的反馈方式，致力于将组织形式和政治行动身份相结合，理解政治制度和公共政策在国家与社会之间的互动方式。该著作一方面体现了斯考切波试图对她早期特别优待的“宏观结构分析”进行修正的努力；另一方面也体现了斯考切波将历史制度主义和宏观结构分析相结合的偏爱。

三　国家镶嵌自主性理论

（一）镶嵌概念的提出与国家自主性研究范式反思

无论是微观视角，还是宏观视角，国家潜在自主性理论学者在国家—社会分殊性和国家作为独立组织行为体方面具有内在的一致性，侧重点在于国家相对于社会的独立性层面。在国家自主性理论发展脉络中，国家潜在自主性理论更多地凸显了国家的角色和地位。以米格代尔、埃文斯、维斯和霍布森等学者为代表，在反思国家潜在自主性理论的基础上，侧重点在于国家与社会的相互关联性层面，提出并发展了国家镶嵌自主性概念。镶嵌自主性理论的发展是回归国家学派在面临批判过程中不断反思的结果，并且该理论进一步丰富和发展了国家自主性理论体系。

（二）国家镶嵌自主性理论的发展

乔尔·S. 米格代尔认为国家中心理论的假设常常引导人们忽略社会其他组成部分的自由意志和能动性。国家潜在自主性理论者不应该过于强调国家与社会的冲突性，而应该抛开国家与社会是最简单竞争关系的思想观点。米格代尔认可国家的自主性特征，但同时强调国家是受社会制约的行动者，“国家并不总是像有时被描述的那样，在宏观社会变革中是不受约束的原动力，国家的自主性、政策倾向、国家领导者的当务之急，以及国家凝聚力都极大地受到其管理的社会的影响”。[1] 国家中心主义往往把国家认定为是自主的、不可渗透的自变量，这一观点忽视了国家—社会之间的互动能力，“我们必须抛弃那种将国家与其他领域隔离，把国家当作独立分析单位的做法”[2]，尤其是在第三世界国家中更要如此。米格代尔指出国家自主性理论以国家为中心分析第三世界国家，在直觉上确实存在一种吸引力，但把适用于西方的国家自主性理论不加区别地应用于第三世界是有问题的。国家具有双重性特点，观念层面的国家和实践层面的国家存在裂痕。在观念层面，国家是一个有着公共利益目标的统一机构和标准形象，在这一点上国家模型是一元的且国家形象是一致的；但在实践层面国家却呈现多样性特征，所以会出现国家机构违背国家整体逻辑而无法履行国家职能的现象。“无数发生在 20 世纪和 21 世纪的各种各样的例子，都推翻了国家是一个一元化、有特定目标的、高度整合且具有内聚力的机构的观念。”[3] 因此，米格代尔反对极端的国家中心论立场。

米格代尔从国家与社会共生相连的视角出发，在认可国家自主性的前提下，以支配和变革为切入点，引入“社会控制”[4] 这一概念，提出了“社会中的国家”的研究路径和模型，这一路径和模型强调国家和社会两股力量对社会秩序和结构的影响性。一方是追求社会控制权力的国家，国家作为权力的场域，是观念和实践的综合体；另一方是社会对国家的反作用和制约力。国家并不是铁板一块的意识形态主体，国家在与社会组织、社会利益主体接触的过程中，会与不同的社会力量相

① ［美］乔尔·S. 米格代尔：《社会中的国家：国家与社会如何相互改变与相互构成》，李杨、郭一聪译，江苏人民出版社 2013 年版，第 58 页。

② ［美］乔尔·S. 米格代尔：《社会中的国家：国家与社会如何相互改变与相互构成》，李杨、郭一聪译，江苏人民出版社 2013 年版，第 269 页。

③ ［美］乔尔·S. 米格代尔：《强社会与弱国家——第三世界的国家社会关系及国家能力》，张长东等译，江苏人民出版社 2009 年版，第 4 页。

④ 在米格代尔看来，社会控制是一个广义的概念，可以与“权利”一类的概念互换。社会控制有服从、参与和合法性三个等级指标。不同的社会组织运用各种标准和规则（奖励、惩罚、价值符号）引导人们的行为，想通过制定一套主导的规则为个体提供生存策略以影响社会控制的分布（谁有权力和能力来制定社会规则）、争夺社会管理权。在这个意义上，国家的理念可以理解为通过法律法规在既定领土上强制推行一套法定的、单一的、有效的且被认可的行为准则。

互冲突、协商、妥协，国家的政策制定和制度设计会因各方的动力和影响而改变，“国家不是固定不变的实体，社会也不是。它们共同在相互作用的过程中改变各自的结构、目标、规则以及社会控制。它们是持续影响的”。① 因此，国家与社会一直处于动态改变的互动过程之中。

米格代尔捍卫着国家的中心地位，反对各种视角对国家在分析上的重要性所进行的攻击。但同时他也反对将国家进行孤立性分析，他将分析焦点从国家是一个独立组织，转移到一种关于“社会中的国家”过程的导向观念，米格代尔发展了一种代表“有限国家”的主张。② 米格代尔试图打破未分殊化（undifferentiated）的国家与社会概念，在两者之间寻求一种平衡性，而这种平衡性的实现需要具有自主性特征的国家对社会力量进行吸纳和控制。社会中社会控制的分布决定了一个国家在强国家和弱国家谱系的位置，由此米格代尔关注社会控制以及与其相关的国家能力，他对国家能力的内容以及相互关系、影响因素、提高机制都有独到的分析。

米格代尔是最先批判绝对国家中心立场的学者，但他并未提出镶嵌自主性的概念，国家自主性理论流派中提出这一概念的是彼得·B. 埃文斯。如果进行概念追溯，埃文斯不是最早使用“镶嵌”概念的学者，把“镶嵌”概念③用于解释社会和经济关系的最早使用者是马克·格兰诺维特。埃文斯则把这一概念用到国家与市场关系当中，并用“镶嵌自主性”（embedded autonomy）概念解释后发展中国家经济发展中的国家角色。埃文斯认为发展型国家具有“嵌入式自主性”的特征。东亚经济的成功有赖于公共体系（官僚控制）和市场体系之间的相互增益的关系。④ 一方面，国家依托官僚制从社会中获得的自主

---

① ［美］乔尔·S. 米格代尔：《社会中的国家：国家与社会如何相互改变与相互构成》，李杨、郭一聪译，江苏人民出版社 2013 年版，第 58 页。

② ［美］马克·I. 利希巴赫、阿兰·S. 朱克曼编：《比较政治：理性、文化和结构》，储建国等译，中国人民大学出版社 2008 年版，第 13 页。

③ ［美］马克·格兰诺维特：《镶嵌——社会网与经济行动》，罗家德译，社会科学文献出版社 2007 年版，第 1—33 页。

④ Robert Wade, *Governing the Market: Economic Theory and the Role of Government in East Asian Industrialization*, Princeton: Princeton University Press, 1990, p. 5.

性使其具有引导社会变迁的能力；另一方面，“嵌入性”尤其是国家与商业以及产业阶级之间的联系，也会促使国家精英将强势集团整合到国家的整体经济规则之中。[①]

埃文斯认为国家虽然具有不受其他社会组织干预的特征和能力，但这并不意味着国家与社会的对立。相反，经济发展需要通过国家和市场的合力，光依靠市场的力量不能实现经济的发展，同样，经济发展也不能只依赖国家干预，只有国家官僚自主性（bureaucratic autonomy）与社会实现镶嵌（social embeddedness）才能保证经济发展。[②] 尤其是发展型国家不应该与社会脱离，应该实现国家与社会的镶嵌性，只有这样，国家才能够获取经济发展所需的信息和支持力，从而推动经济发展。埃文斯提出的镶嵌自主性概念凸显了一套有效的官僚体制对于一个国家经济发展的重要性，特别是对于发展型国家而言，只有国家镶嵌在社会之中，国家才能够获取信息和支持以推动经济的发展。

埃文斯从两个方面阐释了国家与社会的镶嵌关系。在埃文斯看来，嵌入式自主国家在深入社会的同时又能保持其整体性。[③] 一是经济的发展要求国家自主性不能脱离社会。若与社会脱离，由于缺乏信息来源和社会配合，国家即使有精良的官僚体系（meritocratic bureaucracy）也不能有效促进经济发展。二是社会中的国家要保持自主性。国家自主性太低会导致国家能力的低下，从而不利于引导国家整体的经济发展。国家在经济发展的过程中有四个（监督人、助产士、当家人、供给者）基本的功能和角色。[④] 埃文斯使用“镶嵌自主

---

① Peter B. Evans, “Predatory, Developmental, and Other Apparatuses: A Comparative Political Economy Perspective on the Third World State”, *Sociological Forum*, Vol. 4, No. 4, 1989.

② Peter B. Evans, *Embedded Autonomy: States and Industrial Transformation*, Princeton, N. J.: Princeton University Press, 1995, pp. 39 – 42.

③ Peter B. Evans, *Embedded Autonomy: States and Industrial Transformation*, Princeton, N. J.: Princeton University Press, 1995, p. 95.

④ Peter B. Evans, *Embedded Autonomy: States and Industrial Transformation*, Princeton, N. J.: Princeton University Press, 1995, p. 188. 监督人角色：政策和规则的制定；助产士角色：借助税收、补贴等措施，引导企业发展；当家人角色：培育、激励、驱动企业活力和积极性；供给者角色：在企业不健全时，直接参与私人生产活动。

性”有力地解释了新兴工业化国家在促进经济发展过程中所起的重要作用。

澳大利亚学者琳达·维斯和约翰·M. 霍布森同样强调国家与市场的相互关联性。两位学者认为马克思主义的国家理论有简化论倾向，“历史中的国家不能如马克思所言，被简单理解为管理统治阶级事务的‘执行委员会’或者‘有相对自主性’的结构”。[①] 而国家潜在自主性理论学者虽然认真对待国家，但同时存在踢走社会的倾向。两位学者从国家和社会的角度出发区分了“镶嵌自主性”和“孤立自主性”两种国家自主性的概念。[②] “镶嵌自主性”强调国家与社会的互动和渗透，“孤立自主性”突出了国家与社会的分离和国家的孤立性地位。两位学者一方面强调强经济需要强国家，强国家对经济发展发挥着关键性作用；另一方面，国家对经济发展的推动不是一面倒的政治决定论，强调国家的自主性特征和独立行动者角色并不意味着踢走社会。所以，在找回国家、认真对待国家的同时，要警惕出现社会被踢走的危险，不然就会导致国家的“孤立自主性”状态。

维森根据埃文斯关于“镶嵌性自主”的构想进一步引入了“治理式互赖”（governed interdependence）概念。这一概念强调国家拥有有效的嵌入式自主性，即嵌入社会却仍然具有自主能力，特别是强大的渗透、汲取和协商能力。两位学者的一个关键论点是强经济需要强国家，国家与社会的关系可以实现正和博弈。但这一论点成立的前提是国家通过行使建制性权力，特别是建制性权力的协商维度，实现有效的嵌入式自主。早期出现的建制性权力更多地体现在政治和市场之间的互惠关系，而现代的协商力量更多地显现于国家协调经济的能力。“强国家的定义不等于该国有大量投资来巩固大国地位，而是该国的国家建设模式选择和保持了战略性的经济协调。”[③] 霍布森和维森两位

① ［澳］琳达·维斯、约翰·M. 霍布森：《国家与经济发展：一个比较及历史性的分析》，黄兆辉、廖志强译，吉林出版集团有限责任公司2009年版，第104页。

② ［澳］琳达·维斯、约翰·M. 霍布森：《国家与经济发展：一个比较及历史性的分析》，黄兆辉、廖志强译，吉林出版集团有限责任公司2009年版，第100页。

③ ［澳］琳达·维斯、约翰·M. 霍布森：《国家与经济发展：一个比较及历史性的分析》，黄兆辉、廖志强译，吉林出版集团有限责任公司2009年版，第266页。

学者对比分析了英美、英俄以及东亚经济发展中的国家力量，指出英美两国经济衰退的真正原因是国家的优先战略以及战略背后形成的经济协调类型。[①] 美国和英国由于长期优先考虑地缘政治和国内消费，而将经济增长放在了相对次要的位置，并且这种优先考虑以制度形式被加以固化。久而久之，这种优先考虑准则成为一种晶体化状态（crystallization），这意味着中央层面的某些官僚机构，如国防部[②]，是强大的，但中央的调整能力是弱的。其最终的结论是“治理式互赖”是国家建制性权力发展的最高形式。东亚崛起的关键因素之一就是以协调和有效干预为特征的有效国家能力的建构和治理式互赖模式的推进。

在霍布森看来，专制性权力是国家弱点的来源，国家力量主要取决于建制性权力，建制性权力有三个维度：渗透力量、汲取力量和协商力量（协调能力）。特别是建制性权力的第三个维度成为现代国家中国家力量的主要区别所在。建制性权力是国家具备“相对政治能力”[③]（relative political capacity）的关键（见图 1－2）。

无论是“镶嵌性自主”还是“治理性互赖”，两个概念强调的都是合作而不是强制。合作通过嵌入性的制度得以实现，首先，嵌入性的产生需要一个政治性领导集团有能力构建国家发展的一套集体规划；[④] 其次，国家通过运行良好的官僚体系制定和执行可以扩大社会

---

① 经济协调的基本模式有四种：市场协调（英国）、企业组织协调（美国）、国家协调（后发展国家）、公—私代理机构的联合协调（德国、意大利）。经济协调模式对于经济发展是至关重要的。英美两国的国家建设是外向型的，国家对外建设超过了对内经济协调时，对强权的追求和维持就变成了发展的障碍。对英国而言，中央政府具有足够的自主性，但英国不能将自主性转换为引导工业发展的能力；对美国而言，有效率官僚系统的缺乏一直是很多学者认为其国家能力薄弱的原因，但国防部和农业部除外。具体参见［澳］琳达·维斯、约翰·M. 霍布森《国家与经济发展：一个比较及历史性的分析》，黄兆辉、廖志强译，吉林出版集团有限责任公司 2009 年版，第 223—224、243—252 页。

② 以美国为例，追求地缘政治目标（强权地位）的优先战略使得国防部具有强大的自主能力和执行能力，其政策也容易成功。而在经济领域则不是此种情况，国家与工业组织的联系是分散和脆弱的，并且一些实际经济政策以考虑国防利益为前提。

③ 相对政治能力是国家有效实施由精英、社会团体和国际压力所提出的任务的能力。Jacek Kugler and William Domke，“Comparing the Strength of Nations”，*Comparative Political Studies*，Vol. 19，No. 1，1986，p. 44.

④ Peter B. Evans，“Transferalbe Lessons?” Re-examing the Institutional Prerequisties of East Asian Economic Policies”，*Journal of Developmental Studies*，Vol. 34，No. 6，1998，pp. 66－76.

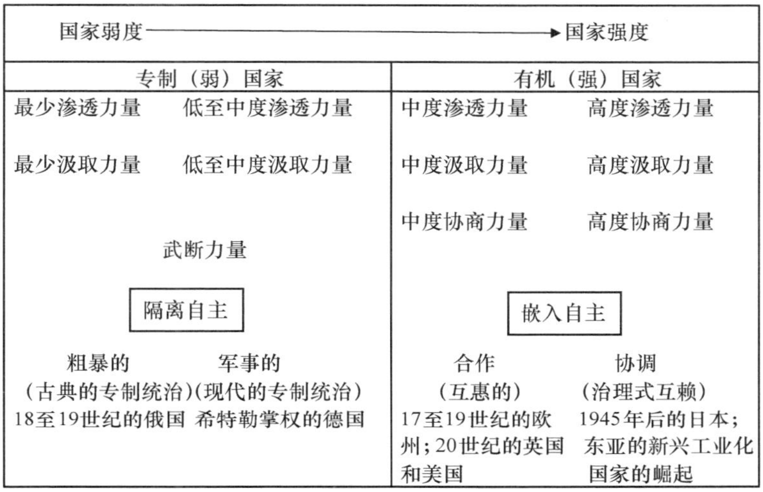

图1－2　国家力量的多种维度①

可以投资的盈余的政策，并始终保持着引导作用。②

第三节　国家自主性的概念阐释

虽然政治学者大都认可国家自主性概念对于推动国家理论发展的重要意义，但在国家自主性的概念界定方面并没有达成共识。本书从解构的角度入手理解其内涵，对国家自主性概念的界定可以通过回答以下两个基本问题进行阐释。国家自主性概念的构成要素主要有哪些？国家何以实现自主性？这两个基本问题涉及国家自主性的基本内涵及概念延展。国家自主性的基本构成要素至少包含三个方面：自主性主体（国家）、自主性动力（偏好、利益、权力）和自主性行为（政策、制度）。而国家能力构成国家自主性的概念延展，因为“将一个国家产生的大量

① ［澳］琳达·维斯、约翰·M. 霍布森：《国家与经济发展：一个比较及历史性的分析》，黄兆辉、廖志强译，吉林出版集团有限责任公司2009年版，第7页。

② Linda Weiss, *The Myth of the Powerless State: Governing the Economy in a Global Era*, Cambridge: Polity Press, 1998, p. 5, 71.

自我偏好视为自主性是没有多大意义的，除非它能够实践这些偏好”①，所以，理解国家自主性的内涵需要纳入国家能力。

一 国家自主性的概念要素

（一）国家：国家自主性的主体

理解国家自主性的第一步是阐释国家概念，国家是政治学最核心的概念之一，任何与国家相关联的政治学理论的起点都是对国家概念的界定和理解，因为政治学理论与国家概念共始终。但如果国家理论家想要提供一个详细的、一劳永逸的能说明国家所有特征的国家定义，这是不现实的。② 因为并不存在一个为所有人认同的国家定义，国家是一个不可否认的混乱概念。③ 理解国家的概念和内涵一般都与相应的理论相匹配。理解国家自主性的第一步是探讨这一理论体系中的国家概念，这就需要追溯回归国家学派的国家概念来源。回归国家学派的国家思想源于马克斯·韦伯的国家观念④，其更多的是对马克斯·韦伯国家定义的继承和发展。韦伯将国家定义为：“国家者，就是一个在某个固定疆域内肯定了自身对武力之正当使用的垄断权利的人类共同体。”⑤ 韦伯国家观强调了国家的两个核心组成要素，一是领土主权；二是暴力垄断。以上两点是国家具有自主性特征的前提和

---

① ［美］埃里克·A. 诺德林格：《民主国家的自主性》，孙荣飞、朱慧涛、郭继光译，江苏人民出版社 2010 年版，第 13 页。

② Bob Jessop, *State Theories: Putting Capitalist States in Their Place*, London: Macrnillan, 1990, p. 339.

③ Michael Mann, “The Autonomous Power of the State: Its Origins, Mechanisms and Results”, in John A. Hall, *States in History*, Cambridge and Oxford: Blackwell, 1986. 参见 Neil Brenner, Bob Jessop, Martin and Jones, Gordon MacLeod, *State/Space: A Reader*, Oxford, Berlin, Carlton: Blackwell, 2003, p. 53。国外政治学者 C. H. 泰特斯曾经收集到 145 个关于国家的定义，这足以说明定义国家概念的难度。美国较早提出把国家看作一个变量来考察的政治学者是内特尔，他试图探索把国家概念和现代社会科学相融合。参见 J. P. Nettl, “The state As Conceptual Variable”, World Politics, Vol. 20, No. 4, 1968。

④ 斯蒂芬·克拉斯纳倾向使用核心决策者（central decision-maker）来代替国家，斯考切波的国家观以行政组织、强制组织为核心，诺德林格从更微观的视角，即决策官员，探讨国家自主性。

⑤ ［德］马克斯·韦伯：《韦伯作品集：学术与政治》，钱永祥等译，广西师范大学出版社 2004 年版，第 197 页。

基础。

米格代尔对国家的定义是："国家是一个权力的场域，其标志是使用暴力和威胁使用暴力，并为以下两个方面所形塑：（1）一个领土内具有凝聚性和控制力的、代表生活于领土之上的民众的组织的观念；（2）国家各个组成部分的实际实践。"[①]米格代尔对国家的定义区分为观念和实践，第一个层面是观念，观念层面的国家定义强调了统一维度、整体性的国家，观念的关键因素有两种边界，一是领土边界（基于暴力使用强化和证实了地图上线条的真实性）；二是社会边界（公私界限，国家与其他社会因素的分离）。国家定义的第二个层面是实践，实践层面的国家定义强调了解构、碎片的国家，国家人员与机构的常规工作以及政府策略能强化、削弱、重构国家的观念。[②]

国家概念本身是抽象的，为了更好地理解国家自主性主体概念及国家的权威行动，还需要进一步地分解国家定义。梯利认为"国家是一个控制特定人口、占有一定领土的组织，所以与在同一领土上的其他组织存在活动上的差异性；它具有自主性；它具有集权性；它各个组成部分之间存在正式的协作关系"。[③] 梯利的国家定义指出国家首先是一种政治权力的组织形式，"国家是一个连续性的行政、立法、官僚和强制系统"，[④] 因此，国家的偏好及行动必然依托一定的组织机构，即官僚体制。在这一点上，国家回归学派仍然是韦伯官僚制思想的继承者。鲁施迈耶和埃文斯认为"国家就是一系列的组织机构，这些组织机构具有能够做出对人民有约束力的决定的权威，并在法律上存在于某一特定的疆域内，在必要的时候可以动用暴力来推行其决定"。[⑤] 维斯和

---

① ［美］乔尔·S. 米格代尔：《社会中的国家：国家与社会如何相互改变与相互构成》，李杨、郭一聪译，江苏人民出版社 2013 年版，第 16 页。

② ［美］乔尔·S. 米格代尔：《社会中的国家：国家与社会如何'相互改变与相互构成》，李杨、郭一聪译，江苏人民出版社 2013 年版，第 17—23 页。

③ Charles Tilly, *The Formation of National States inWestern Europe*, Prineeton: Prineeton University, 1975, p. 70.

④ Alfred Stepan, *The State and Society: Prue in Comparative Perspective*, Princeton, N. J.: Princeton University Press, 1978, p. 12.

⑤ ［美］彼得·埃文斯、迪特里希·鲁施迈耶、西达·斯考克波编著：《找回国家》，方力维、莫宜端、黄琪轩等译，生活·读书·新知三联书店 2009 年版，第 63 页。

霍布森把现代国家定义为“一套由公共和职业化的人员（如官僚）组成的分门别类的政治机关，使中央集权通过政治关系覆盖特定的领土范围，并通过垄断规则的制定来垄断税收和武力”。[①] 斯考切波认为“一方面，可以把国家视为组织机构，通过这些组织，官僚集团可以追求其独立的目标，只要它们可以利用与社会现实相关的国家资源，就能以或高效或低效的方式实现这些目标。而另一方面，国家可以从更为宏观的角度视为组织结构与行为，影响社会中一切集团或阶级的政治意图与策略”。[②] 很显然，斯考切波第一个层面对国家的理解把国家的边界缩小为官僚机构。国家自主性理论学者关于国家的定义在本质上是一种韦伯式的定义。基于韦伯的官僚制思想，国家回归学派用韦伯化的方式来定义国家，国家回归学派认为官僚机构及其组成成员构成了国家自主性的组织基础。诺德林格将个体作为定义国家的核心，他认为“国家由那些被授予社会决策制定权的个体组成，而且仅限于此”。[③] 国家的形象是由公职人员组成的官僚体制，公职人员凭借职位的授权做出并执行对社会各部分都具有约束力的公共决策。国家的自主性行为主要体现为由公职人员及其组成的国家组织机构而代表国家追求公共利益的行动。国家偏好的形成以及目标的执行都依托国家的行政组织和强制组织，官僚组织是国家自主性行为的载体，“只要这些基本的国家组织存在，它们在任何地方都有摆脱支配阶级直接控制的潜在自主性”。[④]

回归国家学派认为有效的国家关键在于构建完善的官僚组织体系，鲁施迈耶和埃文斯指出“国家官僚体系的建构正是国家对经济问题采取行动的能力基础，而不会只是成为私人企业或局部性社会

---

① ［澳］琳达·维斯、约翰·M. 霍布森：《国家与经济发展：一个比较及历史性的分析》，黄兆辉、廖志强译，吉林出版集团有限责任公司2009年版，第60页。

② ［美］彼得·埃文斯、迪特里希·鲁施迈耶、西达·斯考克波编著：《找回国家》，方力维、莫宜端、黄琪轩等译，生活·读书·新知三联书店2009年版，第37页。

③ ［美］埃里克·A. 诺德林格：《民主国家的自主性》，孙荣飞、朱慧涛、郭继光译，江苏人民出版社2010年版，第10页。

④ ［美］彼得·埃文斯、迪特里希·鲁施迈耶、西达·斯考克波编著：《找回国家》，方力维、莫宜端、黄琪轩等译，生活·读书·新知三联书店2009年版，第30页。

利益的囊中之物”。[①] 那么，有效官僚组织需要具备哪些基本特征才能够保证国家自主性行为的有效执行呢？首先，国家要赋予公共官员权威的排他性和广泛性。公共官员之所以具有代表国家行事的能力主要在于公职人员的权威具有排他性和广泛性两个基本属性。其次，国家公共官员要具有专业性。一个有效制度的建设过程，必须塑造核心参与者的目标、优先事项和责任感，灌输共同的期望，并在此基础上培养共同的理性,[②] 官僚体制成员的专业性以理性、忠诚感、责任感为基本特征。“在官僚制模式下，占据任何一个官僚职位的重要条件，就是熟悉各种命令，具备解释这些命令的知识能力，能够将这些命令转化为具体指令，分析他们可能面临的各种偶然情况，以及最终保障命令的执行。”[③] 因此，权威性和专业性构成了有效官僚组织的基本特征。只有一套有效官僚体系组织存在才能有效执行国家政策，增强国家的自主性能力。

基于韦伯的官僚制思想，回归国家学派认为官僚机构及其组成成员构成了国家自主性的组织基础。诺德林格从微观层面把对国家自主性的考察缩小到组成官僚体制的公职人员个体，斯考切波、鲁施迈耶、霍布森等学者对国家自主性的考察定位于宏观层面的官僚机构组织。虽然回归国家学派对韦伯国家定义的吸收和侧重点并不相同，但回归国家学派都强调官僚体系的重要作用。

需要注意的一点是，在界定国家自主性范围时，回归国家学派多次提出国家自主性理论与前近代国家无关，这在另一个层面意味着回归国家学派论及的国家自主性概念以及官僚组织的适用范围和适用对象是现代国家，从而排除了传统政治体制（奴隶社会和封建社会）。因为在国家自主性理论看来，奴隶社会和封建社会等传统政治体制仅具有国家权力的个人化特征。

---

① ［美］彼得·埃文斯、迪特里希·鲁施迈耶、西达·斯考克波编著：《找回国家》，方力维、莫宜端、黄琪轩等译，生活·读书·新知三联书店 2009 年版，第 58 页。

② Dietrich Rueschemeyer, “Structural Differentiation, Efficiency and Power”, *American Journal of Sociology*, Vol. 83, No. 1, 1977, pp. 2 – 20.

③ ［美］贾恩弗朗哥·波齐：《国家：本质、发展与前景》，陈尧译，上海人民出版社 2007 年版，第 31 页。

在梳理了回归国家学派关于国家的相关定义之后，需要对研究中国问题时如何界定和使用国家和政府概念给出阐释。公共权力是理解国家与政府的一个连接点，政府是国家权力和功能的全权代表者。国家代表着一定地域的公共权力，但对公共权力的研究需要具体化为可观测的对象，因此，研究公共权力都会指向公共权力的执掌者，即政府。研究中国问题，如果论及国家或者政府概念却排除党的因素，根本无法准确地认识和理解中国的政府与政治。在西方国家和社会中心理论逻辑中，政党是社会性概念因素，西方政党是国家秩序和宪政制度的产物。但在中国，中国共产党主导国家秩序重建、组织国家建设，党并不是一个社会概念，而是与理解国家权力、政府体制、政治发展息息相关的核心概念。因此，在中国的语境下理解国家与政府需要增加一个前缀，即“政党”。

（二）利益与权力：国家自主性的动力

“国家主义把国家看作自主的行为主体。国家追求的目标不能以某种方式化约为私人欲求的加总。这些国家追求的目标即国家利益。”① 只有国家具有自身的独立的利益和目标时，把国家看成独立的行动者才有意义。国家自主性的一个主要体现是能克服社会的阻碍、克服强势利益集团的阻碍实施其偏好和目标，“国家必须有自己的工作日程安排，包括建立一系列共同的目标和实施这些目标的方法，有些政策的制定和实施是非协商性的”②。如斯考切波所言，国家会追求并非仅仅反映社会集团或阶级需求的目标。那么国家自主性的动力来源是什么？

国家自主性的动力来源于符合其自身偏好和逻辑的独立利益。国家的利益偏好需要从两个层面来理解。一是对内部统治秩序的追求；二是对外部国际竞争优势的追求。对内而言，优先考虑和关心（安

① Stephen D. Krasner, *Defending the National Interest: Raw Material Investment and U. S. Foreign Policy*, Princeton: Princeton University Press, 1978, pp. 5 –6.

② Michael Atkinson and William Coleman, “Strong States and Weak States: Sectoral Policy Networks in Advanced Capitalist Economies”, *British Journal of Political Science*, Vol. 19, No. 1, 1989, pp. 53 –59.

全、生存、稳定）的内容决定了国家如何采取行动。国家的首要利益是国内统治秩序的维持和国家权力的维系。对内部统治秩序的追求不仅涉及政治统治秩序的稳定性，也涉及社会经济结构的秩序性及规制性，即国家如何通过自身拥有的资源将其自身的偏好和观念渗透到整个社会之中，并且将这种偏好和观念转换成为社会的引擎和规范。与对内的利益偏好相对应，国家对内的自主性行为主要体现为两方面的关系调整：一是国家本身内部关系的调整；二是国家与社会的关系调整。前者主要体现为国家权力的运行程序、国家权力的界定划分、国家权力的限度问题；后者主要体现为国家为社会如何及怎样提供相应规则、渠道和机会，这决定了公民个体可以在哪些可以预期的范围内以什么方式生存发展以及与国家体系对话。

对外而言是国家安全以及国际竞争目标，在国际竞争中取得优势也是国家自主性的动力来源。“国家权力的传统核心所在是对国家与外部世界之间的关系进行规制。”[①] 因为国家总是位于一个变动的国际政治局势之中，国家不是处于国内政治与国际力量间的隔离地带，而是处于国内统治秩序的维持和国际竞争的交叉点，所以，除了对内层面，国家面临的外部秩序也是影响国家自主性的重要方面。回归国家学派认为只有把国家两个方面的偏好相结合考虑才能理解国家的具体策略和国家的自主性行为。理解国家的偏好和行为必须关注处于国际环境和国内环境交叉点上的国家行为体，把对内和对外两个方面的利益目标和利益追求相结合，才能更好地理解一个国家自主性行为背后的动机。国际条件带来的压力与国内阶级结构当中的利益主体共同构成了影响国家行为的因子。国家究竟能否成为可能的自主行动者，取决于国际环境、国家结构以及国家与社会的交互关系。

国家自我利益和自我偏好的实现需要以权力为保障，国家从社会中汲取资源用于增强自己的权力以保证国家利益的实现和国家政策的

① J. P. Nettl, “The State as a Conceptual Variable”, *World Politics*, Vol. 20, No. 4, July 1968.

实行。在国家的利益偏好与支配阶级利益偏好一致的情况下，国家实现其偏好所需成本最小，但国家的利益偏好不总是与支配阶级利益偏好一致，所以，“政权组织必然会在一定程度上与支配阶级进行某种竞争。一旦这些资源被提取出来，这些资源所投向的目标可能会偏离现存支配阶级的利益”①。而这种冲突的存在和权力的竞争更能凸显国家自主性的特征和概念。

（三）政策与制度：国家自主性的行为载体

回归国家学派用公共政策、制度和国家偏好来理解国家的自主性行为。国家自主性行为的基本载体是体现国家偏好和意志的各种制度和政策。首先，制度是国家行动的重要中心领域，通过制度国家可以实现其中心价值和起到整合社会的作用，制度网络不仅体现而且深化国家的价值系统。② 国家通过制度以促进其决策的认同和实施，通过统一的形式同化不同的人群、规则和角色。

其次，“公共政策是国家领导者使用其机构制定新规则并进而改变公众行为的具体表现”③。国家自主性的行为“囊括了被采纳和没有被采纳的公共政策，包括那些没有被纳入正式或非正式议程的政策考虑”④。虽然公共政策的形成和公共政策的实施是两个层面的行为，但都体现出国家偏好的方向。由于公共政策是国家偏好和意志的具体体现，对社会资源的分配能产生直接性和权威性的影响。即使公共政策具有较高的公共性，但由于不同政策方案涉及的收益和成本在不同利益群体、不同社会阶层中呈非均衡性分布，公共政策方案的确定也就意味着利益格局的重新调整和资源的重新分配，公共政策的形成过

① ［美］西达·斯考切波：《国家与社会革命——对法国、俄国和中国的比较分析》，何俊志、王学东译，上海人民出版社 2007 年版，第 31 页。

② 希尔斯（Edwards Shills）的中心—边缘模型中的国家角色由价值观、制度、精英三个部分组成。价值体系是人民及精英行动的基础，精英在价值体系中占据管理者角色，并且精英能形成权威的制度和决策。由此，精英以及制度形成能动性地强化对价值观的传播、普及和深化。

③ ［美］乔尔·S. 米格代尔：《社会中的国家：国家与社会如何相互改变与相互构成》，李杨、郭一聪译，江苏人民出版社 2013 年版，第 68 页。

④ ［美］埃里克·A. 诺德林格：《民主国家的自主性》，孙荣飞、朱慧涛、郭继光译，江苏人民出版社 2010 年版，第 11 页。

程自然也是社会不同力量的博弈过程，在具体考察国家—社会关系时，公共政策自然成为最佳的切入点。多元主义和回归国家学派都重视对公共政策的考察，但两者对于国家角色的定位成为区别两种理论的关键，多元主义将国家视为社会不同力量博弈的平台，而回归国家学派将国家视为行动主体之一。

国家基于其自身偏好具有自主性，而这种自主性行为主要体现在公共政策及制度的制定和执行两个层面。那么，接下来探讨的问题是，国家的偏好如何形成？国家偏好与社会偏好之间的分歧如何调和？诺德林格认为国家偏好的形成是公共官员偏好加权平衡（合力）的结果，他用国家偏好和社会偏好①作为基本变量，以两者的分歧程度作为划分依据，描述了三种国家自主性类型（分歧型、融合型、重合型）。国家和社会偏好的吻合程度和国家对社会偏好的态度和行为构成了区分国家自主性类型的基本判断标准。国家自主性行为主要是国家将其偏好转换成公共政策及制度的努力。

通过前面对自主性主体（国家）、自主性动力来源（利益、权力）和自主性行为载体（政策、制度）三个概念含义进行的探讨，本书已经对回归国家学派的国家自主性概念有了一个基本勾勒，下面转入理解国家自主性概念的第二个相关问题，即国家如何实现自主性。

二　国家自主性的概念延展

（一）国家能力：国家自主性的应有之义

国家自主性理论是从两个方面讨论国家与社会的关系问题的：“一方面，国家可以看作是某种组织，通过这样的组织，官员可以集体推行明确的目标，并在特定的有效国家资源与社会背景的关系中，高效或低效地去实现这些目标；另一方面，国家可以被看作更加宏观

① 社会偏好是一个简化词，意指那些同时施加于各个讨论议题和非讨论议题（即那些没能进入政治议程的议题）之上的各个私人偏好加权后的合力。社会偏好的形成并非基于每个个体偏好的同等分量，而是基于那些对某一特定议题明显关注的人所掌控的私有资源的相对分量或者效果。具体参见［美］埃里克·A. 诺德林格《民主国家的自主性》，孙荣飞、朱慧涛、郭继光译，江苏人民出版社 2010 年版，第 14 页。

的组织与行动的结构，这种结构影响到社会中所有群体与阶级的政治目的及其实现方式。”[①] 这两个方面是国家自主性理论所重视的国家自主性和国家能力问题，也是理解国家自主性理论概念的核心。因此，国家能力及其与国家自主性的关系是理解国家自主性理论不可忽略的关键概念。

判断国家自主性要考察其偏好和实践之间的契合度，因为国家的利益偏好与国家利益偏好的实现是两个层面的问题，“国家即使能表达自己的偏好，但如果缺乏国家能力，偏好的表达在政治上也成为无关紧要的事情”[②]。所以，回归国家学派将国家能力也纳入对国家自主性的研究中，这使得国家自主性理论内容更加完整。回归国家学派强调国家贯彻其自主性目标和政策的能力，所以对国家自主性概念的阐释、论证和发展均与国家能力紧密相连，国家能力是国家自主性内涵的延展和应有之义。需要说明的一点是，应有之义指向的是一种关联性而不是一种正向相关性。即使在回归国家学派的内部，对于国家自主性和国家能力两者之间的关系也存在不同立场的理解，斯考切波倾向于认为两者之间是一种正向积极关系，鲁施迈耶关注两者的负向矛盾性，而诺德林格则持一种辩证性立场。

国家自主性理论学者强调国家在经济发展、政治变革、社会变迁等领域所发挥的重要作用，他们重视的是国家保持自主性的国家能力问题。埃文斯将国家自主性和国家能力两者相结合来分析国家渗透社会的深度和广度，能广而深地渗透社会的国家才是真正的强国家，[③] 斯考切波认为国家要实现自主性，至少需要具备三个基本能力：一是主权的完整性及基于行政—军事的领土稳定；二是忠诚且专业化的公共官员；三是丰富的财政资源。而强制力的占有和国家能力的获得依托于发达的强制组织和行政组织，只要这些组织存在，国家就具备摆

① 时和兴：《关系、限度、制度：政治发展过程中的国家与社会》，北京大学出版社1996年版，第19页。

② Norrin M. Ripsman, *Peacemaking by Democracies: The Effect of State Autonomy on the Post-World-War Settlements*, Pennsylvania: Pennsylvania University Press, 2002, p. 43.

③ Evenly B. Davidheiser, “Strong States and the Role of State in Revolution”, *Comparative Politics*, Vol. 24, No. 4, 1992, pp. 463 – 475.

脱受支配阶级控制的潜在自主性，国家之间唯一的区别在于自主性程度的不同。

回归国家学派中对国家能力进行专门研究的是米格代尔，他认为国家能力是“国家领导人通过国家的计划、政策和行动实现其改造社会的目标的能力”①。国家自主性和国家能力的关系可以通过执行部门的发展进行基本的阐释。“国家建设的过程可以通过执行部门的发展来测量，执行部门的发展程度越高，国家就越有能力影响环境并自主地实现集体目标而独立于私人目标。”② 国家能力可以概括为四个方面：提取资源、调节社会关系、渗入社会以及以特定方式运用或配置资源的能力。米格代尔以四种能力为标准考察国家能力的强与弱，国家的强弱主要看国家在四个基本标准中具体做了什么。提取和规制两种能力主要考察国家的社会控制能力，即让公民个体做或者不做事情的能力，这两种能力侧重考察国家的强制性；渗透和分配能力主要考察国家的社会渗透能力，这两种能力侧重考察国家与社会的互动性。

（二）国家能力的基本内容

回归国家学派关于国家能力的理解同样深受马克斯·韦伯的影响，但又在其理论体系和学术框架中发展了自己的思想。尽管在国家自主性理论的内部对于国家能力的侧重点有所不同，但基本可以从以下四个方面进行归纳。

第一是国家基于强制力保证主权完整的能力和社会控制能力。社会控制能力主要是指通过管制人们的行为来维持社会秩序和社会稳定的能力。一个国家对领土稳定性和完整性的维护和控制力是国家其他能力得以实现的基本前提条件。而这一基本能力建立在国家以暴力为底线的强制力基础之上，国家基于暴力的强制力是维护社会秩序、稳定和发展的基础前提。国家作为权力的场域的首要特征和标志就是使用暴力以及威胁使用暴力，这种暴力存在和使用的重要性在于保证实

① ［美］乔尔·S. 米格代尔：《强社会与弱国家——第三世界的国家社会关系及国家能力》，张长东等译，江苏人民出版社 2009 年版，第 5 页。

② Badie and Birnbaum, *The Sociology of the State*, Chicago: University of Chicago Press, 1985, p. 35.

现领土主权的完整性和国内秩序的稳定性。斯考切波指出主权的完整（sovereign integrity）及建立在行政—军事基础上的领土稳定是国家能力的首要因素。

第二是国家的规制能力。规制能力是一个国家对内调节生产关系和社会关系的能力，生产关系关乎国家经济的发展，社会关系关乎社会秩序的稳定。维斯与霍布森认为在经济上更具活力的国家都是强国家，但这种经济活力的提供和保持必须由国家来提供制度性的框架以规制市场中竞争主体的行为，其中，最有效的规约性制度就是清晰的产权界定和保护。为了实现社会秩序的稳定，国家的规制能力需要以强制性力量（军事、警力）为后盾，以法律法规为手段，规范人的行为，处理好人与人之间的社会关系，保证社会的稳定性及有序性。

第三是国家的汲取能力。汲取能力是指一个国家从社会中提取相关资源（包括财力、物力和人力）的能力。汲取能力是国家其他能力发挥作用的前提和基础，汲取能力下降会导致其他国家能力的弱化。无论如何定义国家能力的内涵，它都必须包含汲取能力。“任何对于国家能力的研究需要选择的基本要素都涉及国家财政收入的来源和数量，以及国家聚集并调度这些财政资源的可能的弹性程度。”[①] 任何国家要实现社会稳定，首先都必须从社会主体中攫取足够的资源用于自身的正常运行。其中，国家提取财政资源的能力尤为重要。“任何国家都要首先并主要是从社会中抽取资源，并利用这些资源来创设和支持强制组织和行政组织。”[②] 财政汲取能力是国家能力的重核心和底线需求，如果一个国家的财政匮乏，教育、养老、医疗等基本社会福利可能都会无法实现有效供给。现代国家的核心特征之一就是垄断税收的来源，“没有一个国家，如果其财政收入不及 GDP 的四分之一的话，能顺利实施其政策”[③]。财政汲取能力的强与弱同时映射出一个国

---

① ［美］彼得·埃文斯、迪特里希·鲁施迈耶、西达·斯考克波编著：《找回国家》，方力维、莫宜端、黄琪轩等译，生活·读书·新知三联书店 2009 年版，第 21 页。

② ［美］西达·斯考切波：《国家与社会革命——对法国、俄国和中国的比较分析》，何俊志、王学东译，上海人民出版社 2007 年版，第 30 页。

③ ［美］乔尔·S. 米格代尔：《强社会与弱国家——第三世界的国家社会关系及国家能力》，张长东等译，江苏人民出版社 2009 年版，第 19 页。

家渗透能力的强与弱。“正式的国家机构若无法增加在纳税人整体资源中汲取的比例（并非绝对值），那么行政将会是无效率的。”① 法国大革命爆发的原因之一就是由于税收负担的过重，但同时期英国的税收要高于法国，大革命没有发生在英国而是发生在法国，这实际上反映了两个国家在财政汲取能力方面的差异性。而存在这种差异性的关键就在于国家是以什么样的方式汲取社会资源，是以一种协调性/共识性方式汲取社会资源，还是以一种强制性/专制性方式汲取社会资源。

第四是国家的渗透能力。渗透能力是指一个国家对社会的渗透能力，主要表现为与社会力量之间的对话能力和协商能力。渗透能力强调的是一个国家对社会的嵌入性能力。一个国家的渗透能力的强弱主要表现在两个方面，一个方面是国家与社会的协商互动能力。国家与社会是处于不断变化的过程之中的两个变量，两者互相影响的结果会形成不同的国家—社会关系，其中，基于国家自主性能力的协商维度而形成的“治理式互赖”是国家建制性权力的理想形式。另一个方面是国家配置资源的能力。一个国家公共物品的供给能力与公共资源再分配能力是国家配置资源的核心方面，也是国家实现补偿性整合机制的关键。国家的公共物品供给能力是衡量国家实现基本职能、满足公民基本需求的主要标准。再分配能力是国家在不同群体之间对稀缺性资源进行权威性二次分配的能力，体现了国家通过收入/资源转移来纠正市场资源配置带来的不公正、不均衡的努力。

综合回归国家学派关于国家能力的探讨和定义，可以使用迈克尔·曼对国家自主性权力的划分进行收尾。迈克尔·曼认为国家自主性权力可以分为两种：“一是国家的专断性权力（despotic power），即国家精英可以在不与社会进行制度化的协商而开展活动的范围；二是国家的基础性权力（infrastructural power），即国家在其统治范围内渗透社会且有效实施其公共决策的能力。”② 专断性的国家权力以国家强

① Prasenjit Duara, *Culture*, *Power and the State*, Stanford: Stanford University Press, 1990, p. 74.

② Michael Mann, *States*, *War and Capitalism*, Oxford and Cambridge: Blackwell, 1992, pp. 5 – 8.

制力和暴力为基本支撑，基础性的国家权力以社会渗透能力为基本支撑。“专断性权力”和“基础性权力”也暗含了国家自主性与国家能力之间的关系，如果国家没有能力构建有效的官僚机构而推行公共政策，其统治职能依赖于专断性权力。以强制力为基础和特征的专断性权力使得国家摆脱社会各个阶级的直接控制而具有自主性特征成为可能。而与在“社会之上”的专断性权力不同，建制性权力凭借组织团体遵循程序化的制度，通过协商获得国家的授权而行动。[①] 基础性的国家权力使得国家维持甚至增强国家自主性成为可能。若以曼的两种权力来划分国家自主性理论强调的四种国家能力，前两种能力是国家的专断性权力，侧重强调国家能力的强制性和专断性；后两种能力是国家的建制性能力，侧重强调国家能力的渗透性和基础性。

三　国家自主性的基本特征

首先，国家自主性不是国家固定不变的结构性特征，国家自主性是不断变化的。国家自主性虽然具有普遍性，但“‘国家自主性’不是任意政府体系中的一种固定不变的结构性特征，它可以获得也可能丧失”。[②] 国家是一个动态的制度体系和组织架构，国家的偏好和策略会随着社会力量关系的变化而调整。由于社会政治结构环境的国别差异性和历史变动性，国家自主性在不同的国家、不同的政策领域和不同的历史时期也会存在差异性与变动性。国家自主性强与弱的程度只能在特定的社会政治结构和国际环境下来具体分析。所以，“没有理由事先假定国家在所有政策领域之内都是同样的强势或者同样的弱势”[③]。由于国家自主性不是一个常量，研究国家自主性并不能用非有即无的二分法来定性。对国家自主性的研究必须放置于历史研究之中，才能考察政体的结构变化和制度政策变革。只有通过切实的历史研究才能判断

---

① Michael Mann, “The Autonomous Power of the State: Its Origins, Mechanisms and Results”, in John A. Hall, *States in History*, Cambridge and Oxford: Blackwell, 1986, pp. 113 – 114.

② ［美］彼得·埃文斯、迪特里希·鲁施迈耶、西达·斯考克波编著：《找回国家》，方力维、莫宜端、黄琪轩等译，生活·读书·新知三联书店 2009 年版，第 18 页。

③ Stephen D. Krasner, *Defending the National Interest: Raw Material Investment and U. S. Foreign Policy*, Princeton: Princeton University Press, 1978, p. 58.

国家具有何种程度的国家自主性。

其次，国家能力具有动态性和不均衡性特征。一方面国家能力具有动态性，国家核心能力的演变是一个不断变化的过程，在探讨国家能力对于国家自主性的重要性过程中，关键不在于单独分析某一项国家能力，揭示国家核心能力的演变过程更为重要；另一方面国家能力具有不均衡性，国家介入社会经济领域的能力并不相等，国家能力不是一个均衡的国家自主性构成要素。在某一历史时期的不同国家能力或在不同历史时期的同一国家能力均会出现不平衡性情况。“这种在某一时刻（不同能力）或是不同阶段（同一能力）上的国家既有能力的不平衡现象，大概是理解国家会如何应对挑战所必须认识到的最重要的结构新特征。”① 所以在考察国家自主性时，国家能力的非均衡特征是一个非常重要的结构特征。

① ［美］彼得·埃文斯、迪特里希·鲁施迈耶、西达·斯考克波编著：《找回国家》，方力维、莫宜端、黄琪轩等译，生活·读书·新知三联书店2009年版，第478页。

第二章

基础与限度：国家自主性理论的中国适用性分析

探讨中国发展道路中的国家自主性实际是探讨一个处于发展和转型双重进程中的超大规模后发展国家如何动员和利用社会资源，从而实现按照既定目标前行的有效集体行动的可能性。中国特有的历史条件更加突出了国家自主性在中国发展道路中的作用，中国改革开放的过程也是其国家自主性不断调整和完善的过程，以国家自主性的变化理解中国的发展道路具有适用性。[①] 下面将从中国国家自主性生成的历史条件和适用性语境两个方面阐释国家自主性理论的中国适用基础。

第一节　中国国家自主性生成的历史条件

国家自主性作为国家有效干预经济的基本保障和重要条件，“国家必须具有一定程度的‘相对于’主导阶级的‘自主性’才能有效地推动经济转型”[②]。中国过去40多年持续的经济增长奇迹正是得益

---

① 杨雪冬：《国家自主与中国发展道路》，《社会科学》2006年第3期。杨雪冬认为中国特有的社会历史条件主要包括四个方面：一是中国的政治文化有遵从国家权威的传统；二是新中国成立后形成了高度集权的政治经济体制；三是党政体制下党的领导权具有普遍渗透力；四是国家在转轨过程中主导着社会的发育和市场机制的建构。

② ［美］彼得·埃文斯、迪特里希·鲁施迈耶、西达·斯考克波编著：《找回国家》，方力维、莫宜端、黄琪轩等译，生活·读书·新知三联书店2009年版，第66页。

于自主性国家形态的有效推动。那么，中国何以具有自主性权力和能力？国家基于自主性如何推动中国经济的发展及国家改革转型？要追问一个国家具备或者不具备某种权力或某种能力的原因，就需要重视历史分析和结构分析。因为国家自主性的形成是一个长期制度积累以及价值理念内化的过程。要理解某一个国家为什么具有某种特征或者能力，就必须从历史结构中探寻原因。体制是具有积累性的，在不同的体制积累中，国家与社会的关系、国家的行为能力都存在一定的路径依赖性。因此，我们首先需要追问中国国家自主性生成的历史条件。

一　历史革命红利与官僚组织发展

国家自主性首先体现为一种集体凝聚力量和动员力量的存在和调动。“国家的生存能力取决于多种因素，但是在为国家积攒实力的过程中没有一种能力比动员公众的能力更为重要。”① 政治动员是在社会内进行的有组织、有机构的奉献和支持的表现，是社会中认同和支持的集体性和结构性表达，这种表达可以通过政党、准政党等链接良好的组织结构表达出来。② 在国家/民族/人民利益的名义下，通过政治动员能调动民众对执政者及其政策的认同和配合，从而促进政策的执行。在中国，中国共产党在革命过程中积累了宝贵的价值、制度和组织资源，这些资源不仅成为国家建设的支撑基础，而且经过革命洗礼和考验的“军民鱼水关系”型群众基础以及在革命过程中形成并强化的官僚组织结构体系赋予国家强大的凝聚能力和动员能力。③ 而这种凝聚力和动员力在中国经济发展过程中转换成为有效的政策执行能力，这种政策执行能力一方面来源于革

① ［美］乔尔·S. 米格代尔：《社会中的国家：国家与社会如何相互改变与相互构成》，李杨、郭一聪译，江苏人民出版社2013年版，第53页。

② J. P. Nettle, *Political Mobilization: A Sociological Analysis of Methods and Concepts*, New York: Basic Books, 1967, p. 123.

③ 在中国政策执行过程中，政治动员能力是贯彻促进政策执行的重要驱动资源。政治动员能力在一定程度上弥补了中国行政组织系统自身结构和功能的不足及其导致的行政低效率。

命时代的政治历史遗产①，另一方面源于不断进行的改革进程。邓小平时代继承了毛泽东时代强大的行政力量资源和执政党资源，并成功地将这些资源加以运用来巩固市场经济秩序、实现社会稳定和推动经济发展。

回归国家学派认为内部团结、分布广泛的官僚组织体系是保障有效国家行动和执行政策的第一要件，国家自主性的实现和维系依托于一套强有力的官僚组织，“有效的国家必须拥有完善的官僚机器，忠诚且有技能的官员与丰富的财政资源是国家有效追求各类目标的基础。国家建设的历史就是在集中构筑这些国家权力的普遍来源”②。正确政策在缺乏有效官僚机构执行能力的情况下无法实施。即使一国的高层精英正确地判断出了国家经济发展所需要的干预范围和干预类型，并形成相应的政治意愿、调动行动所需的物质资源，但如果缺乏一套完善的官僚机构，目标仍然无法实现。研究第三世界国家的文献中有很多这样的案例。③ 具有有效干预能力的官僚体系不是可复制、可随时建构的，需要很长的历史建设过程。这种历史建设过程既包含基于制度层面的官僚机构体系的发展，也包含官僚制运转所需要的非制度性源泉，即凝聚力和集团主义精神。④ 而且，即使存在一套完善

---

① 中国共产党在取得政权过程中积累的特殊政治能力成为新中国政权的独特之处。其中，中国共产党与农民的关系是决定性的。当中国共产党在20世纪50年代巩固国家权力和推动国民经济发展的时候，中国共产党拥有布尔什维克缺乏的巨大优势，即与农民的政治联系。在中国共产党领导农民推翻地主阶级的经济与权力过程之中，其在基层建立了新的统治结构并积累了政治资源。由此，中国共产党基本摧毁了横在中央和基层之间的传统精英集团，以新型的共产党建立和控制的群众组织取而代之，把党和政府的官僚机构的影响力扩展到乡村一级。中国共产党的动员是“参与”式的，以说服和政治忠诚为特征。具体参见［美］西达·斯考切波《国家与社会革命——对法国、俄国和中国的比较分析》，何俊志、王学东译，上海人民出版社2007年版，第327—329页；A. Doak Barnett，*Cadres*，*Bureaucracy*，*and Political Power in Communist China*，New York：Columbia University Press，1967，pp. 418－429。

② ［美］彼得·埃文斯、迪特里希·鲁施迈耶、西达·斯考克波编著：《找回国家》，方力维、莫宜端、黄琪轩等译，生活·读书·新知三联书店2009年版，第21、66页。

③ Theda Skocpol，“Political Response to Capitalist Crisis：Neo-Marxist Theories of the State and the Case of the New Deal”，*Politics and Society*，No. 10，1980，pp. 160－195.

④ 中国共产党在夺取政权的过程中一直强调的意识形态纯洁性、密切联系群众、平均主义、高度服从中央等观念成为共产党根深蒂固的内在价值观，也成为影响其决策执行方式的重要非制度性遗产。

的激励体系，凝聚力也并不能简单地进行创造。中国在这两个方面都有其历史特性，而这种历史特性是解释必须认真对待国家干预能力的关键。中国革命之前的帝制型国家政权已经奠定并发展了官僚制传统和官僚制文化基础，“中国主要的历史遗产是优质的官僚体系”①。革命之后形成了更加有效的官僚体制，“中国革命经过阶级斗争和政治斗争，催生了一个更为庞大、更加强有力、更加官僚化的新型政权。负责行政管理的政府与负责决策、协调，以及监督的政党一起形成了一种有区别但是密不可分的组织层次体系”②。这种官僚组织体系使得中央推行的公共政策能快速有效地传达至社会基层。

但是，需要注意的一点是，中国革命过程需要激情和纪律以保证凝聚力，所以，革命过程中培养的是以忠诚、信仰和责任为主要特征的政治革命干部及战士。而中国经济的改革和发展需要大批以理性为特征的知识型和技术型官员。因此，党的十二大明确提出了“革命化、年轻化、知识化、专业化”的四项标准以吸纳经济发展事业亟须的技术型和知识性人才，“四化”标准推动了中国公务员队伍从革命型向技术型的转换。③ 他们的技术能力和务实理念对中国放弃意识形态化全能主义政治、减弱意识形态在经济发展中的掣肘、实现以经济发展为中心的现代政治转型、摆脱激进自由主义思想和教条主义思想对国家公共政策的干预具有重大意义。一方面，专业化基础上的技术能力使得公共官员具有专业知识判断市场、了解新兴产业，他们采取的是实用主义立场，更加关注问题解决和目标导向；另一方面，体制

---

① ［美］弗朗西斯·福山：《政治秩序与政治衰败：从工业革命到民主全球化》，毛俊杰译，广西师范大学出版社2015年版，第336页。

② ［美］西达·斯考切波：《国家与社会革命——对法国、俄国和中国的比较分析》，何俊志、王学东译，上海人民出版社2007年版，第314页。

③ 海外学者称之为技术官僚（technocrats），技术官僚与革命干部的区别在于：第一，提拔标准不同，前者基于能力，后者基于可靠性；第二，决策出发点不同，前者看重实用主义，看重决策的成本收益以及可行性，后者看重意识形态纯洁性，决策基于意识形态考虑；第三，改革态度不同，前者更为支持改革；第四，处理事务的侧重点不同，前者根据规则处理事务更有利于政治体系的制度化，后者受到密集的个人网络关系的影响。Hong Yung Lee, *From Revolution Cadres to Party Technocrats in Socialist China*, Berkeley: University of California Press, 1991, pp. 403 –405.

赋予的政治能力和权力保证公共官员协调并推行国家政策。

二 上层精英与高层战略领导

回归国家学派的国家自主性理论内含着两种层面，一是精英主义；二是国家制度主义。国家制度主义强调国家权力的集体性和制约性。精英主义强调国家精英对国家权力的控制和国家能力的运用，“建立一个强国家需要有一个精干的高层领导群体来充分运用有利条件”[①]。中国的高层领导是领头军力量，“从最根本的意义上来说，中国经济改革战略一直是由政治体制最高层领导的战略观念来领导的”[②]。

中国市场经济体制的确立和发展并不是自然结果，而是党和国家高层领导人有意识追求的结果。中国从“实践是检验真理的唯一标准”“改革开放战略”到“社会主义初级阶段理论”“市场经济体制的确立”再到“三个代表思想”“和谐社会”“中国梦”，中国共产党一直引领着国家的前进方向。

有两个方面需要进行补充说明。一方面，改革开放初期中国高层领导具有更高的“整体利益”观念。即高层领导能够在国家长远利益上达成一致。“中国经济改革初期拥有的一大优势来自，政治上的强势集团没有固化的经济既得利益。”[③] 政治领导都团结一心，共同致力于把中国建设成社会主义强国。另一方面，强调高层领导不是指建立在魅力型权威基础上的人格化政治体制，改革开放以来，中国在逐渐实现向制度化和民主化政治体制转型。

三 平均主义理念与平等社会结构

改革开放之前中国对平均主义理念的追求以及对平均主义政策的

---

① ［美］乔尔·S. 米格代尔：《强社会与弱国家——第三世界的国家社会关系及国家能力》，张长东等译，江苏人民出版社 2009 年版，第 287 页。

② ［美］李侃如：《治理中国：从革命到改革》，胡国成、赵梅译，中国社会科学出版社 2010 年版，第 252 页。

③ ［英］罗纳德·哈里·科斯、王宁：《变革中国：市场经济的中国之路》，徐尧、李哲民译，中信出版社 2013 年版，第 114 页。

实施塑造了一个相对平等均质的社会结构，可以从以下两个方面进行阐释。首先，意识形态方面对平均理念的追求。“从政治学的视角来看，任何意识形态所以称其为意识形态的主要特点包括：阐明现存权力关系，提供一个理想未来的模式，概述政治变迁何以发生并应如何发生。”① 新中国成立初期党和国家为全国人民提供了共产主义社会的未来奋斗目标，对平均理念的追求成为全国一致的，甚至是超越自己边界的普遍主义理想。与对平均理念的追求相关，在相关的制度②和政策设计上倾向于在维持平等主义的前提下考虑其他发展目标。因此，新中国成立初期国家对平均主义的追求超过对经济发展的考虑。其次，社会结构的同质性。土地改革消除了斡旋在国家与公民之间的地主阶级，“1949 年的革命以及随之而来的土地改革和工业的国有化在中国创造了一个平等的社会”③。社会层面形成了“两个阶级一个阶层”的单一的、高整合性的社会结构。

一个国家具有高度国家自主性的表现在于能够不受利益集团和社会支配阶级的左右而顺利推行符合整个社会公共利益的政策。中国在改革开放之初具有的平等社会结构为国家自主性提供了结构性支持力量。中国在平等的社会结构中由于利益集团对国家的掣肘较小，从而能够保证国家不会受利益集团的控制，推行有利于经济发展的政策制度。价格双轨制的推行和取消很好地证明了中国当时相对均质的社会结构对国家自主性的影响。但是，随着中国改革开放的推进，过分重视经济的发展模式导致了社会的不平等，中国也不可能回到新中国成立初期平等的社会结构和全国一致的超越自己边界的普遍主义理想之中，因为社会的分化及伴随的思想多元化已经使社会结构异质化了。特别是进入 21 世纪以来，中国不平等的社会结构的复杂化、多元化已经成为中国国家自主性的障碍和阻力。

---

① ［英］安德鲁·海伍德：《政治学》，张立鹏译，中国人民大学出版社 2006 年版，第 79 页。

② 以工资制度为例，新中国成立初期在全国实行统一的工资定级制度和工资标准，且地方政府和企业无权调整和变动。地方根据中央下达的平均工资计划和工资总额度虽然对工人实行八级工资制度，但工资级别之间的差距很小。国家统计局：《中国统计年鉴（1991）》，中国统计出版社 1991 年版，第 130 页。

③ 贺大兴、姚洋：《社会平等、中性政府与中国的经济增长》，《经济研究》2011 年第 1 期。

四　传统文化与中央集权历史观

任何社会的发展都不会与历史和文化传统割裂，历史文化中蕴含着社会个体对权力概念、个人关系、行为模式等方方面面的理解并通过传承塑造着一个社会发展的治理结构。因此，在运用国家自主性理论及其概念探讨中国国家自主性问题时，需要考虑特定的历史文化和政治现实对国家自主性产生的多方面影响。

首先，中国古代的农耕文明和千年帝制塑造的是国家权力对社会、经济、文化的主导性治理结构。中国古代的农耕文明塑造的是以家庭为中心、恪守礼仪、等级有序的臣民历史文化，与之相对应的是社会对国家权力的依赖与遵从。"东亚的国家—社会关系模式在历史上就显著的异于现代的西方模式，这种模式的独特性不会因工业化或者民主化就会简单地销声匿迹。"① 一方面，辛亥革命结束了帝国体系，但中国社会发展对国家权力的依赖属性并没有随之消失；另一方面，社会本身无力实现整合、支撑转型。这种依赖和无力决定了中国现代化历程的起点是建构国家权力核心，并通过这一核心建构基本的秩序。② 因此，中国传统的臣民文化与国家主导治理的历史传统塑造的是强国家—弱社会关系模式。

其次，在中国的国家观念中，中央集权主义历史观一直占据支配地位。在历史上，中国是一个一直实行官僚集权体制的国家，古代的中国铸造了一个强大的官僚主导的行政性帝国。"就行政而言，中国是最早建立起统一和完整的中央集权体制的国家"③，传统中国以中央集权为特征的官僚机构发端于两千多年以前的秦朝。无须考察中国历代王朝的兴衰过程中官僚集权体制发生了哪些变化，了解其基本特征及其培育出的文化观念，就能为理解当代中国提供丰富的历

① Xueliang Ding, "Institutional Amphibiousness and the Transitionn from Communism: The Case of China", *British Journal of Political Science*, Vol. 24, No. 3, 1994, p. 317.

② 林尚立：《政治建设与国家成长》，中国大百科全书出版社 2008 年版，第 9—10 页。

③ 姚洋：《作为制度创新过程的经济改革》，格致出版社、上海人民出版社 2008 年版，第 16 页。

史支撑。

最后，中国历史形成的是遵从国家权威的文化传统。一方面，在大一统文化的作用下，中央权力处于中心地位。特别是自汉代独尊儒术以来，建立和强化个人（政府官员和社会个体）对中央权力的向心力一直是儒家文化的核心观念。传统分散经营的农业生产方式、等级有序的儒家文化生活模式和历代国家政权对中央权力的强化使得认同中央权威的观念世代延续。[①] 另一方面，存在传统王朝体制外的个体对中央权威认同/服从的文化惯性。在中国传统王朝体制中，普通人民对国家政治并没有参与兴趣。[②] 前者逐渐演化为一种认同/服从中央权威、政治与己无关的文化观念。中国历史文化一直在倡导服从的观念以及个人对国家强大而公平的期望，中央提出的政策强而有力，不在于控制每一个环节的细节上，而在于能造成一种影响个人态度和行动的政策氛围上。

综上四点，本书的基本判断是：中国历史革命带来的红利以及官僚组织的发展、执政危机意识的推动与中国高层领导、平均主义理念带来的相对平等社会结构以及遵从国家权威的文化传统等历史因素，使得中国在改革开放之初就具有国家自主性特征和能力。

第二节　国家自主性的中国适用性语境

一　经济发展转型对国家引导的需求

关于发展型国家实现经济发展的主流经济理论主要有两种观点，第一种是以结构主义为核心的发展经济理论思潮，主张以发达国家的产业为参照，认为发展中国家实现经济发展的前提是拥有和发达国家一

---

① 周雪光、刘世定、折晓叶主编：《国家建设与政府行为》，中国社会科学出版社2012年版，第11—13页。

② 除了没有参与兴趣，也缺乏参与渠道。参与渠道的缺乏体现了个体与国家之间缺乏关联性制度，这也成为王朝式国家的劣势。不管是汲取资源还是日常管理都需要借助中间力量（地方精英）而无法与个体直接产生关联性，这也导致当其遭受到西方现代国家冲击时，无法有效动员社会资源。

样的资本型、技术型产业。以政府直接推动为前提，以产业政策为工具，通过进口替代战略来优先发展资本、技术产业的发展策略并没有有效改善发展中国家的经济绩效。第二种是以新自由主义为核心的发展经济理论思潮，主张以发达国家的市场体制为参照，认为发展中国家发展经济的关键是减少政府干预，推行私有化和市场化，在转型过程中采取休克疗法。结果推行“华盛顿共识”的发展中国家普遍出现了经济危机。两种经济理论在指导发展中国家的经济发展和经济转型方面作用有限。① 相反，20 世纪 50 年代至 70 年代的日本、韩国、新加坡，20 世纪 70 年代以后的中国、老挝、柬埔寨等没有遵循主流经济发展理论的发展中国家实现了较为成功的经济转型。“如果说早期西方工业化经济发展增长路径是市场中心的，那么后发的东亚经济增长路径是国家主义的。”② 因此，东亚经济发展中的国家地位和角色成为学界焦点。

关于东亚经济发展中的政府作用有两种立场比较有影响力③，一是国家推动发展论。国家推动发展论认为由于市场自身存在的缺陷，

① Justin Y. Lin and David Rosenblatt, “Shifting Patterns of Economic Growth and Rethinking Development”, *Journal of Economic Policy Reform*, Vol. 15, No. 3, 2012, pp. 1 – 33. 林毅夫、蔡昉、李周：《中国的奇迹：发展战略与经济改革》，格致出版社、上海三联书店、上海人民出版社 2014 年版，第 16—17 页。

② B. Jessop, “Beyond Developmental States: A Regulationist and State-Theoretical Analysis”, in Richard Boyd and Tak-Wing Ngo, *Asian States: Beyond the Developmental Perspective*, London: Routledge, 2009, p. 26.

③ 国家推动发展论与发展型国家理论相关，用国家推动发展/政府干预来理解东亚发展奇迹更容易被人接受，但这并不能证明政府干预的合理性。大部分表现不佳的拉美、非洲国家同样也存在政府干预，所以，不是干预支持了经济增长，而是政府干预本身与经济发展没有必然的关联性，对经济发展至关重要的不是政府干预本身，而是将干预转换为促进经济发展的国家能力。政府干预理论重在强调政府纠正市场失灵的必要性，但对政府能动性/国家能力的重视不够，而国家能力的差异性是理解东亚、拉美不同政府干预结果的重要因素。亲善市场论与以市场为中心的新古典主义相关，它关注的焦点是国家干预带来的负面性（扭曲市场、浪费资源、损害竞争、引发不均衡、招致寻租等）。亲善市场论高估了市场，低估了国家。市场也许是传递信息和组织经济生活的最佳方式，但不是唯一方式。市场交易和国家干预都需要成本，在国家干预成本低于市场交易成本的情况下，若能同样实现有效的配置效率，国家干预会比市场更有优势。例如在规则垄断、提供公共品、调整外部性方面必须诉诸国家。问题的关键不是要论证国家干预比市场机制更能促进经济发展，而是我们要认可国家干预能改变经济发展和资本积累的进程，促进经济活动的形成和发展。

国家干预必不可少。当经济发展过程中市场失灵时，政府可以成为市场协调的重要替代。协调的作用在于当事人能共享信息，从而降低或者消除信息不对称产生的不平等性，而政府协调的优势在于其承诺的可靠性和可信性。二是亲善市场论。政府的经济行为要限定在促进市场协调，政府不应干扰市场机制。[①] 两种立场都认可国家和市场是一种资源配置形式，但对国家和市场的关系定位呈排斥性。国家推动发展论认为国家是可以替代市场的一种机制，亲善市场论认为国家只能作为市场的补充（市场交易所需的法律基础）。两种立场扩大了国家与市场、政治与经济之间的对立性。在对两种立场批判的基础上青木昌彦提出的“市场增进论”更具有启发性。“政府应被视作是与经济体系相互作用的一个内在参与者，它代表了一整套协调连贯的机制；而不是附着于经济体系之上的、负责解决协调失灵（coordination failures）问题的外在的、中立的全能机构。”[②] 市场增进论意在超出传统国家与市场的二元对立以更好地阐释东亚奇迹。

中国经济发展对于国家的引导和干预需求不仅与特定的历史条件和社会结构相关，也与国家自主性息息相关。一方面，改革开放初期市场经济的培育和发展需要国家的引导。中国既缺乏自然进入市场经济的社会结构，也缺乏市场经济发展所需的基本制度保证，“如果不能将市场需要的规范性基础得到制度化的有效保障，市场‘交易成本’就会高到使市场无法有效地实现资源配置”[③]。对于中国而言，从“指令性”经济到社会主义市场经济的转型过程需要国家和政府作为主控性治理机制发挥作用。在市场保障制度尚未形成之前就促进经济自由化，在民主文化和参与制度尚未成熟之前就推行民主化，结果只会是增加出现政治动荡、经济衰退的可能性。因此，中国最初市场经济的培育和发展需要国家的引导。历史事实证明，中国政府的政策

---

① ［日］青木昌彦等主编：《政府在东亚经济发展中的作用——比较制度分析》，中国经济出版社1998年版，前言第7页、导言第19页。

② ［日］青木昌彦等主编：《政府在东亚经济发展中的作用——比较制度分析》，中国经济出版社1998年版，第2页。

③ Douglass C. North, “A Framework for Analyzing the State in Economic History”, *Exploration in Economic* History, Vol. 16, 1979, pp. 249－259.

可以理解为市场增进式的。[1] 中国从计划经济转向市场经济的发展过程，既不是恢复市场经济，也不是自然进入市场经济，而是在国家的引导下渐进性的推进过程。

另一方面，中国现代市场经济的发展和经济体制改革的推进必须配以有效的国家治理模式。从理论层面上来说，中国现代市场经济的发展需要国家发挥协调和管制能力。市场逻辑从根本上而言是积累而不是校正，一种能够中和和管制市场自发性活动的中央力量必须存在。从严格意义上讲，市场不能提供协调，经济的“衰退源自中央政府协调经济的失效，而且一个政治经济体越依赖市场去市场结构化变革，最后用强大的协调机制改变和阻止衰退的需求就越大”[2]。现代经济的发展需要“中央信息协调机构”[3]（central coordinating intelligance）的存在，即中央政府的协调能力。从现实层面上来说，中国成熟市场经济体制的继续推进必须配以有效的国家治理模式。中国市场经济体制建立的过程也是中国应对政治体制改革新挑战而进行的国家建构过程。“市场机制自身依赖于一套从属性的社会制度网络体系，它的运行方式则通常需要由国家来建构并维系”，[4] 国家引导经济发展的模式是中国区别于西方国家的一个鲜明特点，国家一直作为经济发展和社会转型的重要推动力发挥着国家自主性。在经济发展新常态时期，中国经济仍然面临巨大的转型压力，转型压力来自经济结构升级、社会自主性塑造和国家自身改革各个方面。化解经济转型压力和推进经济体制发展的重要条件仍然是国家建构问题。

---

① ［日］青木昌彦等主编：《政府在东亚经济发展中的作用——比较制度分析》，中国经济出版社 1998 年版，前言第 8—9 页。

② ［澳］琳达·维斯、约翰·M. 霍布森：《国家与经济发展：一个比较及历史性的分析》，黄兆辉、廖志强译，吉林出版集团有限责任公司 2009 年版，第 222 页。

③ 这一概念由格申克龙在其著作（Alexander Gerschenkron, *Economic Backwardness in Historical Perspective*, Cambridge: Harvard University Press, 1962.）中提出，霍布森和维森在其著作中作为核心论点进行论述，认为缺乏 CCI 与经济衰退直接具有相关性，唯一的区别在于程度不同而已。

④ P. Hall, *Governing Economy: The Politics of State Intervention in Britain and France*, Oxford University Press, 1986, p. 297.

二　社会转型销蚀国家自主性优势

后发展国家在经济发展和社会转型过程中遇到的挑战要比发达国家复杂，这主要是后发展中国家转型所处历史环境与现代化进程速度之间的困境所致。当后发展中国家忙于应对西方工业化时代所产生的社会问题和挑战时，后工业化已经开始，从而给后发展中国家带来新的挑战和压力。中国作为后发国家经历的是双重社会转型，而与之对应的也是更为复杂多变的治理压力和对国家自主性的更高挑战。

中国在改革开放之初面对的是一个平等均质、利益相对均衡的社会结构，因而社会中也不存在利益集团组织能够对国家政策/制度的形成和执行进行左右和俘获。而且，在改革开放初期的改革是严格的帕累托改进，即改革带来的社会收益使每个人的生活和福利都得到了改善。平等均质的社会结构、人民大众对国家的认同加上帕累托式的改革效益均有助于国家政策/制度的制定以及有效实施和推行。

然而伴随中国转型的发展，社会结构的分化与重组导致国家自主性最初的优势逐渐销蚀。一是平等均质的社会结构被打破，中国社会原有的“两个阶级一个阶层”的高整合性、单一的社会结构被瓦解。“一是原来单一性的社会结构发生了侵蚀性的变化，出现了众多的亚阶层和亚群体；二是众多社会成员从原阶层中分离出来，衍生出了介于原阶层之间的边缘阶层和群体，以及不同于原阶层的新生阶层和群体；三是不同阶层之间的身份原则被打破，社会成员的垂直性移动日益增多。”① 二是帕累托式改革效应的终止。近些年的中国改革更倾向于补偿意义上的帕累托改进，即改革带来收益但不是所有人的生活和福利都得到了改善，国家从而采取用所得收益补偿受损人群的策略抵消改革成本。国家改革由普惠型转向补偿型虽然在一定程度上缓解了利益损失群体的不满，但国家仍然面临着认同困境。三是利益组织通过各种方式影响国家政策的制定和执行。特别是地方强势利益组织左右和影响政府政策进程的能力呈现上升趋势，地方政府与新兴市场主

---

① 俞可平：《社会和谐与政府创新》，社会科学文献出版社2008年版，第134页。

体、地方利益集团的合谋行为必然导致地方政府行为偏离公共利益，也必然增加公共权力腐败现象的发生概率。

对比改革开放前后国家自主性面临的社会结构环境，能得出的一个基本判断是转型期社会结构的分化导致国家在改革开放之初具有的优势已经被破坏。转型期社会结构的分化导致国家自主性面临被削弱的困境，并产生新的种种制约因素。国家只有克服以上种种制约因素，才能维系国家自主性，从而为中国跨越转型深化期提供坚实的保障。

三　社会治理的复杂性挑战国家能力

对于一个国家来说，国家是否有能力对日益广泛和复杂的社会事务进行有效治理是国家能力建设的核心问题。中国经济发展和社会转型带来的社会治理之复杂性对国家能力的挑战是多方面的。

首先，转型期社会的分化速度快于社会整合速度会对社会稳定和国家整合能力形成挑战。中国社会转型中利益观念、利益格局处于不断更新、变化的过程中。经济转型、社会发展、政治现代化不断地产生新的群体，也将多元的理念和价值观注入社会。简言之，社会一直在日益的复杂化、异质化，这种局面给社会稳定造成极大的压力。既有的显性制度、隐性文化会稀释、吸纳、解决部分新问题，但更多的情况是社会多元性会对现行的行为规范和价值体系形成挑战，因为在现代社会，价值理念不可能变得更传统，不可逆的理念变迁需要一个整合机制的存在以实现社会团结。社会结构的分化、社会利益的多元，需要国家增强整合能力。

其次，社会不公问题的凸显对国家再分配能力形成挑战。中国的社会转型和经济发展过程中附带了很多社会不公问题，与之相关的是社会抗争事件的不断发生和增加，社会抗争事件的背后实际上是国家的合法性和认同性的式微问题。社会不公问题的加剧导致经济绩效已经不能成为支撑国家合法性的核心要素，公平公正已经成为中国社会的一个基本症结。公平正义的缺失一方面会带来社会矛盾和冲突的增加，另一方面会导致经济活力的不断下降。如果国家不能有效抵制和成功分解利益受损群体的社会不满，市场化改革和社会转型就无法继续深入推进。社会不公问题的凸显对国家的再分配能力形成挑战。

党的二十大报告指出，中国式现代化是全体人民共同富裕的现代化。分配制度是促进共同富裕的基础性制度。中国要构建初次分配、再分配、第三次分配协调配套的制度体系。对于目前的中国而言，增强国家再分配能力至关重要。一是因为市场经济、对外开放和先使一部分人富起来的经济发展策略在实现经济增长的同时给中国带来风险和挑战，而且全球化背景下急剧的经济变革会导致“分配冲突”的加剧。[①] 只有通过国家再分配能力[②]实现对受损利益群体的补偿、纠正经济发展模式的失衡，才能保证社会的相对公正和经济的可持续发展。二是因为社会建设与社会不公问题的交汇区域是提升国家公共服务供给能力的关键区域，而公共服务均等化的实现与国家的再分配能力息息相关。

最后，现代化进程中治理多中心趋势对国家治理能力形成挑战。经过40多年的改革开放实践，中国的经济发展速度让整个世界感到惊讶，一直被称为“中国经济奇迹”。但在这奇迹的背后，中国面临着另一个层面的发展困境与挑战，即中国的政治体制改革和社会建设滞后于经济发展步伐和现代化进程。一方面，社会建设和经济发展并没有实现同步，社会建设滞后于经济发展步伐和水平。伴随中国改革的不断深化，日益多元化的社会结构和日益复杂化的社会利益格局导致社会治理[③]的复杂性。而社会治理的复杂性是新时期国家治理能力建设面临的核心挑战。另一方面，政治体制改革和建设滞后于现代化进程。法治建设步伐缓慢、社会自主性程度不高、基层民主治理体制

---

① Shaoguang Wang, “The Social and Political Implications of China's WTO Membership”, *Journal of Contemporary China*, Vol. 9, No. 25, 2000, p. 373.

② 依据去商品化的程度，再分配可以分为援助性再分配、补偿性再分配、保险性再分配、公正性再分配和革命性再分配。王绍光：《波兰尼〈大转型〉与中国的大转型》，生活·读书·新知三联书店2012年版，第87—88页。王绍光：《安邦之道：国家转型的目标与途径》，生活·读书·新知三联书店2007年版，第169—170页。

③ 社会治理包括社会自治和社会管理，前者的主体是社会，后者的主体是以政府为核心的公共权力部门。

不完善等诸多问题阻碍了中国的政治现代化进程。这在另一个层面意味着中国以政治体制改革为关键点的国家治理能力建设面临诸多挑战。在现代化进程中治理多中心趋势背景下，构建多元协同治理体系是中国国家治理能力现代化的目标。这一目标的实现需要在国家与各主要经济团体之间形成一个“复杂的协同效应”[①]。在这一目标的实现过程中，无论是重塑国家、社会、市场在现代治理体系中的关系与位置，还是修正国家权力的范围与强度，都需要国家承担最关键的责任，不断提升国家治理能力。

综上，中国作为一个后发展中国家，国家在经济发展、社会转型和政治发展中的作用至关重要。国家不仅需要承担比发达国家更多的职责，而且面临着更大的困境与挑战。经济发展转型对国家引导的需求、经济全球化对国家自主性的挑战、社会转型对国家自主性优势的销蚀以及社会治理复杂性对国家能力的挑战四个方面构成了国家自主性的中国适用性语境。

第三节　国家自主性的中国适用性限度

国家自主性提出了不同于“社会中心论”的以国家为中心的研究范式，它将国家视为一个独立的行动主体，赋予国家行为和国家结构以因果变量的重要地位，重视考察精英和制度的重要作用，重点强调了国家建设的命题，这实现了对社会中心论的必要补充，有利于深化我们对国家在社会经济发展及变迁中作用的认识，其对于解释后发国家经济社会的发展产生了重要影响。但是，任何理论的解释都必须以特定的范围、经验为基本前提，用国家自主性概念解释中国的经济发展以及国家建设问题必须考察中国的历史背景和理论的适用限度。

一　对国家限度问题的忽视

回归国家学派经常被批评者贴上“政治决定论”（political determinism）

① Eric L. Jones, *Growth Recurring*, Oxford: Clarendon, 1988, pp. 138 - 139.

的标签，这是因为很多批判者把回归国家学派的“找回国家”等同于“踢走社会”。这一批判的另一层含义实际就是在批判国家的限度问题。中国学者时和兴指出“回归国家学派关注的是国家自主性和国家行动能力增长在政治发展中的意义，却有意无意回避了政治增长带来的负效应和最终导致的合法性危机”。① 这同样是在批判回归国家学派未能看到国家发展的限度问题。

回归国家学派运用国家自主性和国家能力概念研究国家的强度问题，关注了国家自主性及国家能力在国家发展过程中的重要意义，但有意无意地忽视了国家的合法性及限度问题。“因为忽视了合法性对于国家的意义，他们不由自主地接受了亨廷顿20世纪六七十年代的强国家的概念，成为黑格尔国家主义的当代代言人。”② 但国家的发展过程不是一个增加强度的过程，不能简单地将国家发展等同于国家自主性增强，国家发展内含国家的限度问题，而这一点正是回归国家学派所忽视的。把国家当作潜在的自主性行动主体来认真对待，不等同于把国家视为无所不能的实体组织，而是提醒我们要认真对待国家的影响力和行动能力。

任何理论分析和改革都要尊重政治传统和历史遗产，对国家自主性的研究要根据具体国境进行具体分析，回归国家学派在运用国家自主性分析西方国家时，其聚焦点更多地关注国家自主性的强度而较少探讨国家自主性的限度。在回归国家学派的国家自主性理论之中，暗含了一个基本逻辑前提，即西方的民主国家是“强社会，弱国家”状态，所以，国家自主性是需要强化而不是弱化的一方。但在中国则不能回避国家自主性的限度问题。首先是国家与社会关系层面的国家限度问题。中国与西方国家相反，中国的国家—社会关系是“弱社会，强国家”的状态。中国两千多年的君主专制制度的文化历史塑造了权力至上和官本位的思想传统，加上中国公民对政治的冷漠倾向反向强

① 时和兴：《关系、限度、制度：政治发展过程中的国家与社会》，北京大学出版社1996年版，第241页。

② 时和兴：《关系、限度、制度：政治发展过程中的国家与社会》，北京大学出版社1996年版，第241页。

化了国家权力的强度。改革开放之前中国计划经济体制下的国家与社会同构状态压制了社会的自主性，在改革开放之后，市场经济体制的引入、确立以及分权化改革改变了政府权力的“全权性”，这使得社会自主性有所提升，但中国社会仍然处于强国家弱社会的状态。其次是市场经济发展中国家权力的限度问题。中国市场经济发展属于内生型而非外生型，市场经济体制的发展并不是自生自发的结果，而是在国家主导性的推动和培育下逐步完善的，因此，可以说中国的政治权力塑造了经济结构。虽然中国在改革开放后为了充分发挥市场在资源配置中的作用和实现政府职能转变，进行了多次体制性和制度性改革，但仍然存在监管不到位、不当干预等问题，成为制约市场机制发挥资源配置功能的阻碍因素。因此，无论是社会自主性的提升，还是市场经济体制的进一步完善都与国家限度相关联。

需要注意一点，中国同样不能回避国家的有效性问题，中国的经济转型、政治发展和社会变革都离不开国家。强政府不一定是坏政府，弱政府一定不会是好政府。我们可以提取一个最基本的结论，社会秩序良好的维系需要一个“强政府”，强的首要含义是政府要有基本的自主性和控制力。福山在抛出“历史终结论”多年后开始反思、怀疑民主与市场的真正价值，西方世界提供的一组富有诱惑力的组合（市场经济的繁荣和自由民主的政治）是否具有普适性？后发国家的现实回答是弱国家、失败国家成为贫困、疾病等众多问题的根源所在，由此福山的关注焦点转向国家建构理论，在其新作《政治秩序与政治衰败：从工业革命到民主全球化》中福山的核心论点是一个保持良好秩序的社会需要三个核心构成要素，而且三者缺一不可，即强政府、法治和民主问责。其中，强政府是第一位的，政府和国家建设的位序要先于民主化进程。非洲和拉丁美洲已经发生的事实告诉我们一个脆弱的政府不但不能促进国家的民主发展，而且可能会使社会陷入混乱和无序。后发国家向现代化转型的重要前提条件就是以国家能力为基础的国家建构（state-building）。

国家自主性对处于经济、社会转型中的国家更为重要，国家不但需要充当经济发展的培育者和引导者，而且需要国家发挥比发达国家更多的功能。一个自主有效的国家是保证后发国家经济、社会转型的必要条件。因此，我们不能抽象地谈论增强中国政府权力还是弱化中国政府权力，而需要弄清楚政府权力的边界，分清政府能力应该强化的方向和领域。因此，对中国国家自主性的判断不在于无限度地抨击“大政府”、限制政府权力、弱化政府行为，而是思考中国国家自主性的范围（国家权力的边界）和强度（国家能力的有效性），思考如何塑造和实现一个有限性和有效性相结合的良治政府。

二　官僚体制概念的非契合性

官僚制（bureaucracy）原意与科层（hierarchy）相通，在西方学术传统中，官僚制作为一个中性概念，主要用来描述现代社会中各种类型的组织形态，如政府、企业、大学等。马克斯·韦伯开创了现代科层—官僚制理论并成为国家自主性理论的核心思想来源。基于韦伯的官僚制思想，国家回归学派认为官僚机构及其组成成员构成了国家自主性的组织基础。诺德林格从微观层面把对国家自主性的考察缩小到组成官僚体制的公职人员个体，斯考切波、鲁施迈耶、霍布森等学者从宏观层面对国家自主性的考察定位于官僚机构组织。虽然国家回归学派对韦伯官僚制思想的吸收点各异，但回归国家学派均强调官僚体系的重要作用。

在回归国家学派看来，第一，国家的定义需要通过官僚机构进行诠释；第二，官僚组织是国家自主性行为的载体，国家的偏好及行动必然依托于官僚机构；第三，国家自主性的提升关键在于构建完善的官僚组织体系。回归国家学派认为的国家自主性在很大程度上受韦伯式科层体制的完善程度影响，他们对日本通产省、韩国经济计划部等国家官僚机构和官僚队伍在推动国家经济发展的原因分析中，得出的基本结论是发展型国家机构符合韦伯式的理性官僚体制特征。由此可见，国家回归学派无论是对国家定义的阐释、国家偏好的生成，还是对国家自主性提升的探讨都折射着韦伯的官僚制思想。

中国的官僚传统就产生时间而言要早于西方，其历史久远性几乎与中国的文化历史同始终。“在中国，拥有韦伯式现代特征的中央集权国家出现于前公元前 221 年的秦朝，到西汉（前 206—9 年）获得进一步的巩固。”① 始建于秦朝的官僚制度经过几个世纪的发展，呈现与韦伯所说的近代现代官僚体系相似的许多特点：界定清晰的职位、官僚的良好教育背景、官僚的非人格化特征、基于功绩的任命、明确的报酬结构、职能的专业化、权力形式规章、正式的监察组织，等等。② 中国历史上的文官制度和科层化的官僚制度一方面并不完全适用于现代国家，另一方面也远远达不到与近现代国家的官僚组织相比较的标准。但中国官僚制度的发展说明了传统中国已经具备了现代国家的一些特征和因素，而且作为一种政治文化一直在发挥影响性。

与历史久远性相比，中国官僚体制与韦伯理想官僚制的差距、非契合性更加需要我们进行思考。官僚制作为一种理性的组织管理制度，以严格的精英选拔制度、制度化的行政权力、严格依据规范和制度行事、高效理性的行动能力、部门权能的清晰划分、等级层次有序的组织结构等为基本特征。它建立在法理型权威的基础之上，其中的公共官员具有理性、服从、可靠、专业等基本属性。非人格化原则构成了官僚组织的主要原则。理性官僚制之所以能提高行政效率在于公共官员严格服从非人格化的制度和法律规则，各级官员和组织的行动都以理性的规则为依据处理公务，并且能将国家所代表的利益与社会中各种集体/单个形式特殊利益相脱离。但中国官僚制与理性官僚制的以上特征均存在差距。

首先，官僚体制受到人格化权威的影响。在韦伯看来，在一个充分发展的科层体制中，正式的规章制度是约束官员行为的铁律和牢笼，官员因此都会遵章办事。但中国在向法理权威过渡的过程中，由于法理权威和卡理斯玛权威并存，公共官员的很多行为并非依赖于法律规则体系而是上级领导偏好，缺乏法理型权威信念，行为方式受人

① ［美］弗朗西斯·福山：《政治秩序与政治衰败：从工业革命到民主全球化》，毛俊杰译，广西师范大学出版社 2015 年版，第 354 页。

② ［美］李侃如：《治理中国：从革命到改革》，胡国成、赵梅译，中国社会科学出版社 2010 年版，第 12 页；［美］弗朗西斯·福山：《政治秩序与政治衰败：从工业革命到民主全球化》，毛俊杰译，广西师范大学出版社 2015 年版，第 336 页。

格化权力影响。中国政府体制改革必须定位于建立以法理权威为基础的理性官僚体制，但在这一目标的实现过程中，要警惕两种危险的防范和化解。“一是在法理型权威基础缺失的情况下，国家权力官僚化与历史惯性的融合导致官僚专制的支配方式，从而阻断中国社会的发展动力。二是官僚权力膨胀与国家权力式微互相强化，从而增加官僚体制与民众之间发生大规模冲突的可能性。”① 其次，官僚主义倾向普遍存在。以形式主义、本位主义、命令主义、主观主义等为代表的官僚主义现象的普遍存在，不仅导致产生政策执行效率低下、政府官员形象受损等负面效应，而且容易引发权力腐败、威胁社会公平、侵蚀制度建设等失范行为。最后，行政体制结构和功能不完善。行政机构组织存在权责分工不清、职能交错的问题。改革开放后中国先后进行过多次较大的行政体制改革，但仍然存在诸多问题。这必然偏离理性官僚制的要求，从而影响理性官僚制应该能够达到的行政效率。

综上，以韦伯的理性官僚体制标准客观衡量中国的官僚制，中国的官僚制的理性化特征存在多方面的问题，“讨论国家自主性问题一定要重新审视中国官僚制的‘官僚’有余而‘理性’不足的客观实际”②。因此，用它分析在社会结构、民主和法治条件都明显异于西方的中国时，我们要防止基于僵硬概念的简单套用。

三　警惕理论概念的误用

国家自主性理论及其概念主要产生于西方学界，无论是在理论层面对概念的准确把握方面，还是在实践层面的具备分析方面，我们都需要警惕对国家自主性理论核心概念的误用。

首先，关于国家自主性与国家能力概念。研究国家自主性以及国家能力时，我们特别需要注意以下几点。第一，国家自主性不是国家固定不变的结构性特征，国家自主性行为是不断变化的。国家自主性

① 周雪光：《国家治理逻辑与中国官僚体制：一个韦伯理论视角》，《开放时代》2013年第3期。

② 刘召：《国家自主性理论的批判与重构——基于中国实践的逻辑》，博士学位论文，南京大学，2011年，第99页。

虽然具有普遍性，但“‘国家自主性’不是任意政府体系中的一种固定不变的结构性特征，它可以获得也可能丧失”①。国家是一个动态的制度基体和组织架构，国家的偏好和策略会随着社会力量关系的变化而调整。由于社会政治结构环境的国别差异性和历史变动性，国家自主性在不同的国家、不同的政策领域和不同的历史时期也会存在差异性与变动性。国家自主性强与弱的程度只能在特定的社会政治结构和国际环境下具体分析。所以，“没有理由事先的假定国家在所有政策领域之内都是同样的强势或者同样的弱势”②。由于国家自主性不是一个常量，所以我们并不能用非有即无的二分法来对其定性。对国家自主性的研究必须放置于历史研究之中，才能考察政体的结构变化和制度政策变革。只有通过切实的历史研究才能判断国家具有何种程度的国家自主性。

第二，国家自主性不能仅仅强调“国家中心”而忽视“关系”。国家权力是一种社会镶嵌的关系性权力，国家权力的运作机制并不是一个简单的自输入—自输出机制，一个完全独立于社会的自主国家是不存在的，国家权力及其运作始终处于由变动的社会力量所塑造的关系网络之中。发展型国家被埃文斯看作是自主性国家的代表类型，而且发展型国家的自主性并不是在强调国家对于社会的分离，更多的是把嵌入性和自主性相结合。“发展型国家将自己嵌入具体的社会纽带中，这些纽带把国家和社会连接起来，并为政策和目标的持续性谈判提供制度化渠道。”③

其次，关于国家自主性与精英自主性概念。国家自主性概念与精英自主性是两个相区别的概念，“国家自主性可能与精英自主性没有太大的关联，而是与特定的政治制度的自律逻辑相关，这些特定的政治制度可能是在早先的权力斗争中产生的，然后变得制度化了，对后

---

① ［美］彼得·埃文斯、迪特里希·鲁施迈耶、西达·斯考克波编著：《找回国家》，方力维、莫宜端、黄琪轩等译，生活·读书·新知三联书店2009年版，第18页。

② Stephen D. Krasner, *Defending the National Interest: Raw Material Investment and U. S. Foreign Policy*, Princeton: Princeton University Press, 1978, p. 58.

③ Peter B. Evans, *Embedded Autonomy: States and Industrial Transformation*, Princeton, N. J.: Princeton University Press, 1995, p. 12.

来的权力斗争起着制约作用”①。曼的这一论断意在区别国家自主性概念和精英自主性概念，国家自主性更多地与制度自主性相关，而与精英自主性关联性不大。在这一点上，“尽管斯考切波及其合作者坚持说国家精英（官员、技术官员和政党领袖）拥有某些运作者的自主性，但他们更关注国家制度对一切政治运作者的主动影响”②。在斯考切波看来，精英的权力和统一性是一个变量，国家精英拥有运作者的自主性，而国家自主性更多地与制度和政治体制相关。

在使用国家自主性概念分析中国问题时，我们要警惕这一组概念的误用和错用。对比经济改革开放前后的国家自主性演变，我们可以有一个简单的判断。在经济改革时期，国家对经济绩效的追求更多的是“合法性”问题。特定的历史条件和历史境遇凸显了国家精英自主性的重要性及其能力。在政治改革时期，政治改革涉及更多的是“现代化”和制度自律逻辑的形成问题。制度自律逻辑主要指国家制度对一切政治运作者的主动影响。政治改革时期，国家会实现更大范围内（尤其是国家内部权力结构）正式的、合理的、例行的制度。因此，无论是从理论应用层面，还是现实分析层面，都需要准确区分国家自主性和精英自主性概念的适用语境和适用范围，防止概念的误用。

最后，关于国家与政府概念的说明。公共权力是理解国家与政府两者的一个连接点，政府是国家权力和功能的全权代表者。国家代表着一定地域的公共权力，但对公共权力的研究需要具体化为可观测的对象，因此，研究公共权力我们都会指向研究公共权力的执掌者，即政府。研究中国问题，如果论及国家或者政府概念而排除中国共产党的因素，我们根本无法准确地认识和理解中国的政府与政治。在西方国家和社会中心理论逻辑中，政党是社会性概念因素，西方政党是国家秩序和宪政制度的产物。在中国，中国共产党主导国家秩序重建、组织国家建设，党并不是一个社会概念，而是与理解国家权力、政府

① ［英］迈克尔·曼：《社会权力的来源（第二卷·上）》，陈海宏等译，上海人民出版社2007年版，第60页。

② ［英］迈克尔·曼：《社会权力的来源（第二卷·上）》，陈海宏等译，上海人民出版社2007年版，第60页。

体制、政治发展息息相关的核心概念。

因此，在中国的语境下理解国家与政府需要增加一个前缀即“政党”。

“政党”这一前缀一方面承载了中国的革命、改革、国家建构和发展历史。“在重建国家秩序的过程中，党把在战争年代形成的党—军关系自然转移为党—政关系，形成了以党为核心的国家权力组织体系。”① 另一方面也反映了中国政治发展的现实经验。无论是经济发展的推动，还是民主转型进程的开启，中国的发展和转型都以党的领导为核心。中国共产党在中国改革和转型过程中扮演着不可替代的角色。因此，“党政体制”是理解中国政治的关键词。

党政体制是理解中国政治运行的关键词，也是中国政治发展、经济社会改革过程中的不变量。经济改革会迫使国家重新配置权力，但以党为核心的国家权力体系不变。在中国的政治结构中，中国共产党是一个常量，不仅长期执政，而且具有与国家机构相对应的科层制结构，中国共产党已经成为嵌入政治结构的等级组织。“中国共产党建构了一个以自身为核心和中轴的国家政权结构。这一结构具有两个特点：一方面，执政党全面进入国家系统，占据了核心位置，履行着重要的政治和行政功能。另一方面，政党在进入国家结构的同时，又保留了自身的相对独立性。”② 从经济发展角度而言，党政体制不仅支撑了改革开放前的计划经济体制，也支撑了改革开放后的市场经济体制。从政治发展角度而言，在中国的发展历程中，中国共产党的自主性是中国国家自主性的核心与后盾。从社会治理结构角度而言，党的一元领导与多元治理不是对立的而是相辅相成的。中国的多元治理主

---

① 以党为核心的国家权力组织体系关键词是党委制、党组制、党管干部制度和归口管理制度。杨光斌：《政治变迁中的国家与制度》，中央编译出版社 2011 年版，第 229 页。

② 景跃进、陈明明、肖滨主编：《当代中国政府与政治》，中国人民大学出版社 2016 年版，第 4—8 页。嵌入的基本方式有：一、在非党组织的领导机关中设置党组；二、归口管理，以党中央的某个直属部门为主导，整合部分政府机构，建构一个局部性的复合体；三、设立高规格的常设性/临时性领导小组；四、党的中央领导人在国家机构中任职；五、党的组织和机构承担着国家和政府的实际职能，但并没有完全进入政府体系；六、党政合署办公。

体以党组织为主导，形成的是一种“以党领政”的公共治理结构。①党的领导成为国家治理能力现代化的助力。

因此，本书对政府采用广义的政府含义，即以公共权力为特征建立的所有国家机构体系，包含党委、人大、政府等领导班子与国家机关。

① 俞可平：《论国家治理现代化》，社会科学文献出版社2014年版，第109页。

第三章

国家—社会关系视角下的国家自主性考察

本章将首先分析改革开放前后国内外历史环境，然后从整体性的角度出发理解中国国家自主性的演变，比较改革开放前后国家自主性的变化。整体性视角以国家—社会关系为分析基础，涉及国家如何通过自身持有的资源将其意志、观念贯彻到整个社会之中，并且这种观念可以作为社会的引擎和规范。本章尤其关注变化的环节，以更好地在比较的视野下理解中国国家自主性与经济发展的内在关联性。

第一节 改革开放前后国内外历史环境分析

初始条件和外部环境都会影响国家的自主性和政策的有效性，“国家自主性的实际程度和后果，只能从特定的政治系统和特定的历史性国际环境的角度来分析和解释”。[①] 理解国家行为的第一步是确认构成国家所处的环境，特别是特定行为环境对国家及其组成部分形成的压力。现代国家作为一个有自身偏好的行为主体嵌置于国际政治与经济关系之中，要理解现代国家在经济发展中的作用，就需要把国家

① ［美］西达·斯考切波：《国家与社会革命——对法国、俄国和中国的比较分析》，何俊志、王学东译，上海人民出版社2007年版，第30页。

置于地缘政治目标和经济全球化背景下，考察国家跨越自身边界的政治和经济行为。上一章讨论了改革之初国家所具有的自主性条件，这一章的第一节重点分析国内外环境对国家策略选择产生的影响。

一　国内环境：计划经济体制的发展困境

改革开放前具有强烈赶超愿望的中国希望走一条快捷的工业化道路。一方面，国家沉浸在拒绝通过市场力量发展经济的苏联模式之中；另一方面，赶超型发展战略成为中国计划经济体制的逻辑起点。国家通过对经济和社会资源的全面垄断和控制以推行赶超战略。我们首先分析改革开放前国家的发展战略及实现路径。

中国计划经济体制形成的逻辑起点是重工业优先发展战略。重工业属于资本密集型产业，发展中国家重工业项目建设有三个基本特点，即周期长、投资大、建设初期设备依赖进口。而新中国成立初期中国的经济禀赋是：资本有限、外汇稀缺和经济剩余小，中国当时资本稀缺的禀赋要素与重工业资本密集特征之间的矛盾决定了不适合优先发展重工业。但当时中国政府仍然采取优先发展重工业的发展战略，这一发展战略实际上偏离了由经济的比较优势决定的产业发展结构。政府为了保证将有限的资源能投入重工业领域，通过计划与行政控制形成了扭曲的宏观政策环境、计划性的配置体系和微观性的管理体系。① 在经济结构并不适合发展重工业的条件下，国家仍然能动员、聚集资源推行这一发展战略的行为客观上证明了当时国家自主性的强度。

中国传统的计划经济体制在资本稀缺的前提下为了实现优先发展重工业的战略目标，必须采取指令经济和行政手段，通过国家的力量为优先发展重工业创造一个适宜的宏观经济环境。从而形成了以扭曲产品和生产要素价格的宏观政策环境、高度集中的资源计划配置制度，以及缺乏自主权的微观经济机制为特征的“三位一体”模式（见图 3－1）。②

---

① 林毅夫、姚洋主编：《中国奇迹：回顾与展望》，北京大学出版社 2006 年版，第 40—46 页。

② 林毅夫、蔡昉、李周：《中国的奇迹：发展战略与经济改革》，格致出版社、上海三联书店、上海人民出版社 2014 年版，第 40—41 页。

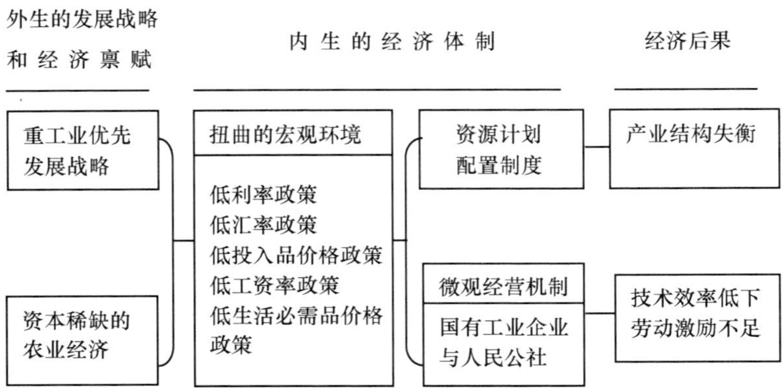

图 3－1　中国传统经济体制①

在计划经济时期推行的是一种指令性经济，政府通过“指令”直接分配资源，将经济发展置于整个国家发展战略之下。但基于国家指令的经济发展难以为继，计划经济体制不仅没有有效促进中国经济发展，反而导致中国陷入发展困境。

第一，中国的计划经济体制扭曲了价格体系。国家指令成为经济发展中的信号源，价格失去了指导资源配置的功能。计划经济如果能正确估算整个经济相互依赖的需求，经济运行能实现基本的物资平衡。但在当时的中国，首先，中国地域的庞大和生产者的多元使得政府无法实现正确的估算来协调经济。② 其次，国家为了工业化战略目标，政府运用自己的控制权有意识地推行价格偏差政策。政府在粮食强制征购政策的基础上，通过国家定价以相对较低的价格获取农产品供应并同时提高工业品价格，逐渐形成了国家指令控制下的扭曲的价

① 林毅夫、蔡昉、李周：《中国的奇迹：发展战略与经济改革》，格致出版社、上海三联书店、上海人民出版社 2014 年版，第 41 页。

② 在计划经济条件下，政府对国家经济活动发出指令时面临三项难以履行的任务。第一，政府难以获取大量有关其控制的全部企业的生产条件和消费者的需求条件，因此也就无法有效选择要生产的产品类型及生产配额。第二，即使政府获取了前面的信息，它也不能提供激励以有效扩大企业生产能力。第三，政府无法通过确定价格实现供需平衡、企业收支平衡和预算平衡。［美］邹至庄：《中国经济转型》，曹祖平等译，中国人民大学出版社 2005 年版，第 27—28 页。

格体系。最后，国有企业依靠国家保护形成企业利润。所有战略性和体制性的政策都是为了让资源最大限度地服务于工业部门，其中价格保护是最核心的政策取向。

第二，中国的计划经济体制扭曲了经济发展结构。国家为了工业化战略目标，首先，极度收紧消费以服务于工业投资，政府运用自己的控制权配以限制性的商品配给制度限制消费需求。[①] 其次，指令性的价格管制政策和人口流动限制政策抑制了农业和服务业的发展。这不仅打击了农民的生产热情，也形成了畸形的经济结构和不平衡的产业发展速度。[②] 如果从经济活动领域（第一产业、第二产业、第三产业）的就业结构来判断经济的发展情况，所有国家的经济发展的第一个阶段都有着共同的特点，即第一产业劳动力占比下降。在 1978 年计划经济末期中国农业劳动力占比为 71%，服务业占比约为 10%。这不仅仅是经济发展不佳的数据表现，更反映了政府强制分割城乡的行政体制带来的扭曲现象。[③] 最后，扭曲的经济发展结构导致经济的封闭性发展。这既不利于在国际贸易体系中发挥经济比较优势，也不能有效利用国际贸易体系弥补经济比较劣势。

第三，中国的计划经济体制扭曲了劳动力市场。一方面，国家以行政权力和国家单位为中心实现城市与农村的分隔管理。每个个体的身份只能从属于二者之一而不能流动。在城市单位不存在解聘和辞职现象，工人没有动机和理由再择业。在农村，城乡分隔发展政策把农民强行滞留在农业领域，国家通过各种制度性和政策性障碍把农民固定在土地之上。所以，在计划经济时代中国的生产者和消费者被剥夺了基本的选择权利，不存在流动的劳动力市场。另一方面，重工业优

---

① 1952—1978 年，资本总额年均增长率为 10.4%，1978 年比 1952 年增长了 13 倍，居民消费增长率为 4.3%。［美］巴里·诺顿：《中国经济：转型与增长》，安佳译，上海人民出版社 2010 年版，第 71 页。

② 1951—1980 年，工业的平均增长速度为 11%（其中重工业为 15.3%），而农业仅为 3.2%。林毅夫、蔡昉、李周：《中国的奇迹：发展战略与经济改革》，格致出版社、上海三联书店、上海人民出版社 2014 年版，第 52 页。

③ ［美］巴里·诺顿：《中国经济：转型与增长》，安佳译，上海人民出版社 2010 年版，第 132 页。

先发展的赶超战略所形成的畸形产业结构与劳动力丰富的资源结构形成矛盾，不仅抑制了产业结构对劳动力的吸收，而且背离资源比较优势。

第四，中国的计划经济体制面临信息困境。高效率经济发展体制能低成本传输信息，而且具有分散决策特征。但中国改革开放前形成的计划经济体制面临信息收集困境和信息监督困境。一方面，计划经济体制下国家很难收集真实、科学的供需信息。计划经济体制下，中央政府需要根据地方政府上报的供需信息制定价格，但中央却无法辨别上报信息的真实性和科学性，各级官员都有在传递信息的过程中引入偏好和扭曲信息的动机。因此，中央政府很难收集到真实、科学、客观的供需信息。另一方面，计划经济体制下国家面临高昂的信息监督成本。若把整个国民经济发展纳入计划链条，无疑会拉长国家管理的宽度和长度，增加中央需要监督的内容和对象的总数。但中央政府不可能像微观经营单位一样能快速准确地收集和处理微观信息。中央政府若要提升信息的时效性和准确性，必然面临高昂的监督成本。所以，在计划经济体制没有克服信息困境的前提下，即使中央进行分权化改革，国家也难以形成有效低成本的信息传递机制和实现分散决策。

与计划经济相捆绑的集权的国家形态并没有促进经济的有序发展，指令性经济抹杀消费者的差异性偏好，剥夺企业的自由生产权，所以出现既没有消费者主权，也没有生产者主权而只有计划者主权的局面，结果导致经济效率的低下，经济长期在社会生产可能性曲线以内运行。[①] 分析之前先看几个数据，1971—1976 年，粮食供给总赤字高达 1000 万吨。[②]

随着计划经济体制的难以为继，国家在改革开放初期具有的高效动员能力也开始减弱。中国革命催生和确立的是一个中央高度集权的国家组织形态，“中国革命缔造的国家无疑是高度集权、彻底官僚化

① 胡书东：《经济发展中的中央与地方关系——中国财政制度变迁研究》，上海人民出版社、上海三联书店 2001 年版，第 44—45 页。

② 姚洋：《作为制度创新过程的经济改革》，格致出版社、上海人民出版社 2008 年版，第 128 页。

的，但同时又能发动广泛而深入的民众动员”[①]。这种动员能力是新中国成立初期国家经济发展的直接推动力，在计划经济体制背景下，国家的高效动员能力确实推动了中国的工业化发展，但这种主要依靠动员能力来调动社会资源以发展经济的策略并不能持久维系。从 20 世纪 50 年代末开始，计划经济体制的动员力减弱，以计划经济为基础前提的两次放权实践都没有取得成功。因此，对共产主义的盲目崇拜、对赶超战略和平均主义理念的奉行以及基于意识形态激励的动员型经济发展道路并没有取得成功。

中国政府意识到国家绝对自主形态的危害性，意识到国家权力必须让步，并思考如何才能为人民群众提供切实的利益，以保证执政合法性的延续。新中国成立之初，国家领导人还能通过领袖魅力、意识形态和革命忠诚维系执政合法性，但当政治承诺无法兑现时，高层领导转向寻求实用主义基础上的执政合法性，即经济绩效。这种意识和执政危机感使务实精神占据经济发展的核心位置。

二　国际环境：经济全球化对国家自主性的影响

全球化进程中的国家自主性不仅受制于国内社会力量和政治结构，也受制于国际环境。做研究时必须将国家放到特定情境之中，国家是在两个交错的舞台中运转的，世界的舞台中，国家与其他国家、跨国企业、国际机构等进行互动，在第二个舞台中，国家则试图统治社会。[②] 所以，考察国家自主性，不仅需要考察国内社会结构，也需要透视国际层面中的国家，厘清处于国际体系和国内结构交叉点上的国家如何平衡传统国家利益与国际政治利益。考察一个国家行为与跨越其边界的经济和政治活动之间的关系是理解现代国家的必要途径。[③]

---

① ［美］西达·斯考切波：《国家与社会革命——对法国、俄国和中国的比较分析》，何俊志、王学东译，上海人民出版社 2007 年版，第 202 页。

② ［美］乔尔·S. 米格代尔：《社会中的国家：国家与社会如何相互改变与相互构成》，李杨、郭一聪译，江苏人民出版社 2013 年版，第 65 页。

③ Peter B. Evans, Dietrich Rueschemeyer and Theda Skocpol, *Bringting the State Back In*, Cambridge: Cambridge University Press, 1985, pp. 169 – 191.

当代经济活动的跨国性已经非常普遍，商品和资本的跨国流动发挥着日益重要的作用，经济全球化的发展使国家间的相互依赖关系不断加强。因此，一个国家重视在国际政治体系中的比较优势，不仅因为这关系到国家安全，还因为市场也是跨国性的。传统民族国家，特别是后发展中国家需要考虑和反思如何自处和应对经济全球化。因此，在现代国家的建构过程中，如何在融入全球化体系的同时，增强国家自主性是后发国家的重大课题。中国作为后发展中国家，经济全球化对国家自主性带来的挑战是多方面的。此小节以中国加入世界贸易组织（WTO）为例进行分析，并在分析的过程中考察经济全球化进程中的中国国家自主性。

中国加入WTO（以下简称“入世”）面临的挑战来自中国政治体制如何应对市场化、中国政府如何进行制度建设以对接国际规制、中国政府如何化解入世可能带来的社会动荡风险等各个方面。中国入世经历了15年的谈判历程，为了能成功入世，中国同意了许多比其他发展中国家所承诺的更严格的条件，其中有些承诺超过了发达工业国家的水平。即使在面临国内以“新左派”为代表的对经济全球化的反对、面临种种挑战和经济成本风险的情况下，国家仍然愿意积极主动加入WTO。那么，是何种偏好和动机促使中国在面临种种风险的情况下坚持通过入世？

对这个问题最合理的解释是中国把入世作为改革战略和融入经济全球化的关键部分。首先，通过“外部开放”策略推动国内改革。如果政治体系想要通过制度上的设计实现权力分配，中央政府有两个维度选择，一是地方政府；二是国际组织。在中国，前者相比较后者而言，更容易实现权力的回收。但后者身份一旦确定，中央不得不将一部分规制制定权转让，而且不能随意收回此种授权，否则会面临较大的惩罚成本。中国改革开放正是通过“外部开放”倒逼“内部改革”，促进了中国国内经济结构升级以及政府干预范围和力度的一系列改革。

其次，通过入世推动市场机制的完善，强化市场化趋势。从经济发展角度而言，中国对外开放至少存在以下几个方面的益处。第一，市场化提高资源配置率。国际贸易的开展有利于提高整体的资源配置率。第二，竞争化有利于提高企业生产效率。与外国公司的竞争不仅有利于改善企业管理模式，而且有利于促进国内企业提高生产效率。第三，促进中国国内经济结构升级。第四，中国加入WTO还有一层动机是利用外国竞争推动一直被保护和补贴的国有企业改革。传统的体制特征就是保护国有企业，特别是国有工业，但改革开放使得国有企业不能再依靠体制保护提高产出和利润，面对国内国外的双重竞争，国有企业失去了受政府庇护的市场，其唯一的选择是改善效率。中国加入世界贸易组织的承诺推动了市场机制的完善，塑造了公平竞争的环境，国家依靠价格控制资源和市场的做法受到限制。

最后，通过入世推动制度建设步伐。一方面，中国加入WTO首先意味着制度规则转化。一旦加入WTO就意味着中国需要按照承诺的法治化和制度化行事。这必然迫使国家进行制度建设，加快中国法律体制现代化的步伐。另一方面，中国的WTO成员国地位有助于创造一个更加规范的经济发展平台以促进法治建设。

下面进一步考察中国入世后的自主性行为和影响。首先，中国主动进行制度规则转化和建设。一方面，中国加入世界贸易组织承诺给予外国个人、企业和外商投资企业非歧视性待遇，承诺只执行已经公布的法律法规以遵守透明度原则。[①] 在《中华人民共和国加入议定书》中，中国承诺由市场力量决定货物和服务的价格。由国家定价的货物和服务，中国应在官方刊物上公布清单及变更情况。[②] 另一方面，中国推动法治建设步伐以适应入世需求。国务院319法令中废止的与WTO规则相违背的行政法规就有151部。2000—2003年，中国先后对海关法、专利法、商标法、外资企业法、中外合资企业法等一系列法律进行了修改。在2001年中国正式入世后的第一年，国家修改行政法规50件，停止执行行政法规34件，制定/修改/废除部门规章1000多件，废止地方规章4490件、修改1126件，停止执行党的相关

① 石广生：《中国加入世界贸易组织法律文件》，人民出版社2011年版，第44—45页。

② 石广生：《中国加入世界贸易组织法律文件》，人民出版社2011年版，第48页。

红头文件18.8万件。[①]

其次，入世强化了中国的市场化趋势，改革开放把中国从孤立的经济体变为全球经济的核心参与者和受益者。改革开放之前，中国的贸易/国内生产总值比率从未超过10%，最低的时候这一数字为5%。改革开放之后这一数字不断上升，特别是中国加入WTO后的2005年这一比率达到了64%。而美国、日本、巴西等大型经济体的这一比率大约是20%。[②] 2001—2007年，中国的出口额以每年28.9%的速率增加，之前的10年这一速率是14.5%。[③] 中国充分利用了经济全球化的发展机遇，不仅改善了国内经济结构，也强化了市场化、分权化、民营化趋势。

在经济全球化的背景下，国家的应对策略和应对能力可能会导致两种后果，一是国家权力资源受到侵蚀；二是国家成功再生权力资源。在经济发展压力和全球化挑战的背景下，有学者认为中国会陷入转型陷阱，[④] 并会导致第一种后果的产生。这种判断的主要依据是认为中国的政治体制难以应对全球化带来的挑战，持这一立场的学者低估了中国政治体制的应变性和调适性能力。事实证明，中国能正面应对经济全球化挑战。一方面，中国政治体制具有调适性能力，以适应逻辑积极主动融入经济全球化进程。入世表明国家能根据经济全球化进程和国际组织规制做出调整和改变，积极转变政府职能以适应全球化需求，从而从被限制和束缚的地位转变为主动适应和应对的位置。另一方面，中国政治体制具有创新能力，以创新逻辑实现以开放促改革的目标。制度化水平较高的国际制度会推动国家自主性的变化。中国加入WTO迫使中国在遵守国际规则的同时，突破改革的瓶颈。在

---

① 俞可平：《中国治理变迁30年：1978—2008》，社会科学文献出版社2008年版，第157—158页。

② ［美］巴里·诺顿：《中国经济：转型与增长》，安佳译，上海人民出版社2010年版，第339页。

③ 孙立平、郑永年、华生等：《未来中国的变与不变》，江苏文艺出版社2014年版，第39页。

④ Minxin Pei, *China's Trapped Transformation: The Limits of Development Autocracy*, Harvard: Harvard Uinversity Press, 2006; Gordon G. Chang, *The Coming Collapse of China*, New York: Random House, 2001.

未来，形成更加开放、平等的国际环境是经济全球化的基本发展趋势，与之相应的便是以增加经济开放度为目标的全球经济新规则。上海自贸区的改革试验①是新时期中国在经济全球化背景下，以开放促改革，借助全球经济新规则提升国内市场竞争质量和水平的基本策略。

第二节　绝对自主到有限自主：改革开放前后国家自主性形态的转变

一　经济绩效与执政合法性：国家自主性形态转变的内在动力

中国推行改革开放的动力是执政危机意识，执政危机意识是中国转变国家自主性形态的内在动力。“危机的确可以借由社会精英或行政管理者促成政府战略或政策的形成，这些精英或行政官员非借助危机不能动员出其采取自主性行动的潜力。”② 中国改革开放之前的经济建设和发展以“平均主义”和“集体主义”为价值理念，计划经济体制下的“大跃进”“人民公社”等经济建设实践带给人民的不是富裕和稳定，反而是普遍性贫穷和社会的动荡不安。新中国成立后长期推行的重工业优先发展战略的实际后果是不仅没有实现赶超目标，反而使国民生活水平的改善甚微。新中国成立后经过近 30 年的努力和发展未能兑现最初的政治承诺，一次次的政治运动并未把人民带向共同繁荣，反而使人民的建设激情消耗殆尽。这加剧了人民的失望和对国家最初承诺的怀疑，而失望和怀疑的背后便是人民群众的政治信任问题和执政的合法性问题。

意识形态合法性延续了革命逻辑，经济绩效合法性遵循的是发展

---

① 上海自贸区是中国进一步融入经济全球化，并借机探索国家经济发展新模式的改革试验。为推进上海自贸区的发展和建设，国家采取了具体的制度改革举措。一是推行“准入前国民待遇与负面清单”的管理模式以提升国内企业竞争力；二是扩大开放六大服务领域；三是建立与自贸试验区配套的外汇管理体制，推动金融改革。具体参见孙立平、郑永年、华生等《未来中国的变与不变》，江苏文艺出版社 2014 年版，第 240—293 页。

② ［美］彼得·埃文斯、迪特里希·鲁施迈耶、西达·斯考克波编著：《找回国家》，方力维、莫宜端、黄琪轩等译，生活·读书·新知三联书店 2009 年版，第 18 页。

逻辑，前者基于动员，而后者基于激励和制度。国家领导人意识到执政合法性必须建立在经济绩效基础之上而非意识形态之上，如若沿着计划经济发展道路继续前行，新中国成立以来的平等主义变革所憧憬的良好愿望不但无法实现，还有转变为风险的可能。因为基于意识形态化的执政合法性并不能带来现实的利益，计划经济体制下的经济建设并不能提高人民生活水平，中国必须找到发展生产力的有效途径，否则国家将面临严重的执政危机。中国就是在这种执政危机意识加剧的历史背景下，放弃了高度集中化、集体化经济发展方式，推行经济改革战略。从本质上说，这一改革转型实际是中国从意识形态执政合法性到经济绩效执政合法性的转变。

党和国家已经意识到转变执政合法性的必然性，并且当时中国的客观历史环境也为中国改革提供了支持性条件。第一，计划经济时期政府和人民付出了巨大代价。经过多年的计划经济之后，计划经济体制的弊端日益显现。第二，亚洲其他地区经济的成功发展客观向中国证明了市场经济比计划经济具有优势。第三，国内修正主义思潮的出现。计划经济体制的推行后果让党和国家机构领导人感到疑虑和不安，他们意识到经济问题的严重性和重新调整发展战略的重要性。第四，绝对国家自主性理念指导下的国家自主性行为对社会的伤害不仅是经济性的，也是政治性的。人民迫切希望政府发起改革，他们渴望一种新的体制，改革已经具备社会支持条件。

在计划经济时代，与中国高度集权的计划经济体制相对应的是一种“总体性社会”（Totalitarian Society）①，国家呈现的是一种政治、

① “总体性社会”（Totalitarian Society）最早由政治学家邹谠（Tsou Tang）提出，主要是指国家对社会的全面控制而形成的国家社会同构状态。主要有三个基本特征，一是国家垄断绝大部分社会资源，除了生产资料和生活资料，也包括机会资源；二是社会简化为“国家—民众”两层结构而没有中间层，民众直接面对国家；三是政治结构中心、经济结构中心以及意识形态中心分化程度低，处于高度重叠的状态。这一概念与T. H·里格比提出的“单一组织的社会”（mono-organizational society）有一定的类似性，他用来阐释苏联的体制，在单一组织社会里，存在一个单一的政治结构控制着社会，几乎所有的社会活动都是由单一的政治机构在统一的指挥和命令下安排的。具体参见 T. H. Rigby，“Stalinsim and the Mono-organizational Society”，in Robert C. Tucker，*Stalinsim*：*Essays in Historical Interpretation*，New York，W W Norton & Co Inc：1978。

经济、意识形态高度重叠的绝对自主形态。这种绝对自主形态下的经济以命令性和计划性为特点，这不仅不能促进经济发展，反而会阻碍经济发展，使得在低效率、无物质激励机制的计划经济体制下，几乎控制所有经济资源的国家陷入了合法性困境。执政危机意识迫使国家从绝对自主形态转向有限自主形态，追寻基于经济绩效的执政合法性。“有限自主”（bounded-autonomy）①可以作为改革开放前后中国国家自主性形态变化和经济发展的一个有效解释概念。

中国的改革开放不仅在推进经济发展，亦在重塑国家—社会关系。建立在动员能力基础上的计划经济体制之弊端在于中央权力的绝对自主性，而国家在从绝对自主向相对自主转变的过程中释放了资源和自由，这一转变刺激着中国的经济发展，而且在转变过程之中，中央一直拥有的以集权为特征的宏观控制能力为经济的发展保驾护航。如果国家不能抵制和分解改革过程中利益受损群体的社会不满，经济改革就无法推进。而中国政府能暂时搁置一部分群体的利益要求，以经济发展为核心推行市场化改革，这本身就体现了国家的自主性。

二　绝对自主：改革开放前的国家自主性形态

（一）国家社会同构：改革开放前国家—社会关系的基本判断

在人类历史上不同的国家形态中，不存在统一的国家—社会关系模式。国家社会的消长关系（reciprocal relation）从抽象的层次来划分，存在四种可能性。一是强国家弱社会模式；二是强国家强社会模式；三是弱国家弱社会模式；四是弱国家强社会模式。在中国，国家—社会关系在历史上就与西方国家具有显著的差异。审视古代中国长达几千年的封建社会，其中不乏主张扩大社会制约国家的思想，但

---

① Dingxin Zhao and John A. Hall, “State Power and Patterns of Late Development: Resolving the Crisis of the Sociology of Development”, *Sociology*, Vol. 28, No. 1, 1994, pp. 211 – 230. 这里的有限自主（受约束性自主）基于国家的绩效合法性。赵鼎新教授把国家的合法性类型界定为：法律选举型、绩效型和意识形态型，详见 Dingxin Zhao, *The Power of Tiananmen: State-Society Relations and the* 1989 *Beijing Student Movement*, Chicago: University of ChicagoPress, 2001。

从总体上而言，国家—社会关系主要表现为行政权力支配社会的国家本位主义特征。近代中国的主题是反帝反封建，以孙中山为代表的近代思想目的在于建立独立、自主和富强的民族国家。新的民族国家的建立需要一个集中性的政治权力，与此相伴的是强国家思想。

新中国成立后，一方面是传统政治文化存在惯性，国家与社会之间的关系模式通常具有持久性的特征。“国家研究需要历史的深度，这是因为国家研究不仅与多种社会结构密切相关，还与这些社会结构具有统一特征：历史的韧性与连续性。”① 中国农业社会时期国家行政权力支配社会的惯性、传统文化中社会长期缺乏自主性发展延续、新中国成立前对强国家的客观需求导致以“国家本位”为中心的国家—社会关系的持续。另一方面是新中国成立后对快速发展的渴望。以苏联为榜样的对社会主义的崇拜，导致政府无视当时适合中国的劳动密集型经济发展模式，仿照苏联的“指令性”经济，积聚资源集中用于资本密集型企业以大力推进工业化战略。对发展的渴望、苏联模式的影响、对市场经济的排斥加上传统政治文化的惯性，使得中国建立了全能国家模式，全能国家模式下形成的是国家社会同构关系。

国家与社会同构局面下国家几乎垄断了所有社会资源并限制着个体的活动自由空间。在改革开放之前，国家很多行为具有掠夺性，这种掠夺性是国家绝对自主性的体现。对于经济发展和经济转型来说其负面效果多于正面效果。对于社会发展来说，国家与社会的同构局面以牺牲社会的自主性为代价。对于国家建设来说，国家与社会合为一体，国家虽然具有很强的动员能力和凝聚能力，但国家结构是僵硬的。改革开放之前以“国家本位”为中心，以平均主义为基本理念，实行高度集中的计划经济，中国形成了一种“总体性社会”。国家绝对自主性形态主要表现为计划经济体制下国家权力的高度集中性和国家对资源、个人的绝对性控制。

---

① ［美］彼得·埃文斯、迪特里希·鲁施迈耶、西达·斯考克波编著：《找回国家》，方力维、莫宜端、黄琪轩等译，生活·读书·新知三联书店2009年版，第474页。

改革开放之前的计划经济体制从表面上看是国家社会的高度同构，但从根本权力配置上而言，其本质是权力超然于市场和社会之上，以国家强制性力量为基础，形成的是高度规制的管理制度，“在这种制度下，预期被严格‘计划’和管理：国家牢牢掌握着社会资源的分配，对个人占有的生活资源采取既封顶也封底的全面控制”。[①] 因此，国家社会同构局面确立的是政治权力支配经济发展形式和社会发展方向的基本框架。

（二）总体性社会：以行政权力和国家单位为中心的社会控制

改革开放前国家以行政权力为基础实现了对社会的政治整合，通过对结构和资源的控制冻结了资源和人口的流动。国家对社会的控制主要依托于国家单位（在城市是单位体制，在农村是人民公社[②]）。国家单位成为国家控制社会的主要工具，这些单位不仅承担着政治职能，而且承担着经济职能。在计划经济体制下，工人和农民对国家是一种全面依赖的状态。

在城市，国家依托单位体制实现对社会的控制。单位是在城市产生的一种把劳动制度、身份制度和户籍制度等相互配套在一起的特殊组织形式。在单位体制中的个人要想获得超越家庭的社会意义必须通过单位，单位对个人进行着无所不含的支配与控制，工人在经济方面、政治方面甚至个人生活方面都依附于单位。一方面，国家几乎垄断了所有的社会资源；另一方面，国家以单位组织为纽带实现对这些资源的配置。在统配统分的计划经济体制中，个人的生存和发展不取决于自己而取决于单位和国家，而国家对个体职业的提升标准依据不是财富而是政治。个体不管是在物质层面对利益的需求，还是在精神层面对自我发展的需求，都对国家形成依赖关系，因为单位组织是个体接近并获取资源的唯一渠道。所以，改革开放前城市中的个人对单位组织是一种全面依赖状态。

在农村，国家依托人民公社实现对社会的控制。人民公社实际上

① 孙立平、郑永年、华生等：《未来中国的变与不变》，江苏文艺出版社 2014 年版，第 14 页。

② 以乡镇为单位成为公社，村称为生产队，1984 年人民公社解体。

是一种政治、经济功能结构合一的集权组织。在集体所有制基础上的公社作为组织结构，有着基本的经济、政治和社会功能。首先，人民公社是国家对农村地区实现整合和控制的政治性单元。人民公社实际上包含了当时国家的多层政治性目标，第一，国家通过人民公社重构农村的生产关系和组织模式。第二，国家通过人民公社将国家权力嵌入农村基层，实现对农村经济和政治生活的全面控制，并有效地将农民控制在土地之上。公有产权下的农民被束缚在人民公社之中，而且户籍制度的存在限制着城市与农村间的信息和资源流动。第三，国家通过人民公社实现对农村的政治控制。有效的社会控制取决于对资源的集中管理，并有效利用符号赋予社会关系以意义。国家对农业的生产、资源分配的集中控制导致农村经济对政治的依赖。为了有效调动农民的积极性并降低监管成本，人民公社以工分分配为基础采用了很多符合社会主义价值理念的分配方式，历史证明集体公社在政治控制方面的功能是有效的。

其次，人民公社是农村的基本生产单元，国家对农村社会的控制以公社经济结构为基础。国家通过人民公社实现农业集体化发展以支持工业优先发展战略。“农业承担了社会主义进行原始积累的基本功能”①，国家从农业发展中汲取工业所需资源，就需要建立一种可控制的农村基层组织。国家建立了对农产品的垄断控制，控制农产品的出售，以保证农村生产资源投入国家要求的生产领域，农业收入和生产积累控制在国家的财政收入中。

但集体公社在经济发展方面是低效能的。改革开放前国家的工业化战略和计划经济体制决定了集体公社的决策自主权被严格限制，从而不具备对市场经济信号和市场刺激进行自主的反应和决策的条件。所以，它不能发展成为有效的组织生产体系。同时，农民没有提高粮食产量的经济动机。“政府制定的粮食低价和粮食统购基本是一种隐

---

① Tang Tsou, Marc Blecher, and Mitch Meisner, “The Responsibility System in Agriculture: Its Implementation in Xiyang and Dazhai”, *Modern China*, Vol. 8, No. 1, January 1982, p. 41. 李炜：《农业剩余与工业化资本积累》，云南人民出版社 1993 年版。

性税，它使农民为工业化付出了更多的间接成本。”[①]

单位制度实际是国家通过政治手段干预社会自然流动，将社会按照政治立场组织化的一个过程。一方面，国家通过单位制度实现对社会的全面控制。“单位制确立了所有社会要素所依赖的路径，国家的行政指令、组织的科层等级、市场的价格规制、资源的封闭控制、成员间的庇护关系乃至人们的生活方式和伦理意识，都通过单位制这种主导性逻辑来决定。”[②] 另一方面，单位制集各种职能于一身，成为个人与国家关系连接的唯一渠道。一是资源分配有了一个连接个人与国家的组织通道。二是单位将城市中几乎所有社会成员吸纳到组织体系中，实现了社会高度组织化，为社会动员提供了组织保证。三是个体对单位形成了一种组织化依赖，无论在经济上、政治上还是个人问题上，单位的个体成员都要依赖于其所在的单位。单位制使得组织成员高度依赖单位，为社会控制奠定基础。四是社会成员通过单位组织才能确定身份，社会整合从属于政治整合。[③]

三　有限自主：改革开放后的国家自主性形态

（一）国家社会分离：改革开放后国家—社会关系的基本判断

改革开放之前的经济改革一直陷于行政性放权和收权之中，改革内容始终围绕着部门和地方的行政性管理权限的调整。“由于计划经济实质是一种政府垄断和管制的经济，向市场经济转变就是要减少和解除国家权力对社会经济生活的垄断和管制。”[④] 要建立社会主义市场经济体制，就必须分离国家和社会，赋予社会自主性。要减少国家权力的垄断就必须释放权力和资源。始于 1978 年以经济建设为中心的

---

① ［美］巴里·诺顿：《中国经济：转型与增长》，安佳译，上海人民出版社 2010 年版，第 213 页。

② 周雪光、刘世定、折晓叶主编：《国家建设与政府行为》，中国社会科学出版社 2012 年版，第 239 页。

③ 孙立平：《断裂：20 世纪 90 年代以来的中国社会》，社会科学文献出版社 2003 年版，第 112 页。Ting Gong, The Politics of Cortemporary China: An Analysis of Policy Outcomes, New York: Praeger, 1994. p. 125.

④ 杨光斌：《中国经济转型中的国家权力》，当代世界出版社 2003 年版，第 83 页。

改革将调整内容改为扩大农民和企业的生产经营自主权，跳出了之前循环往复的条块之间行政管理权限调整的窠臼。[①] 改革开放开启了以利益为基础建构社会秩序的历史进程，而且也成为改造国家—社会关系的一种途径。“经济发展创造出了巨大的政治收益，不仅因为她提高了政权的政治合法性，更重要的是，它改变了国家空间的结构。”[②] 改革开放实现了国家与社会的基本分离。

改革开放的成功在于一方面打破了政治权力支配经济发展形式和社会发展方向的基本框架，中国从全能体制过渡到后全能体制[③]。另一方面使得中国充斥着禁锢的社会向着充满活力的社会转型，各种社会力量在改革开放的过程中不断发展起来。国家社会分离后释放出的自由流动性资源和自由活动空间提升了个体和社会的自主性，社会具备了相对自主地提供信息、资源和机会的能力，政权和产权的分离催生了一个具有相对自主性特征的社会。

（二）社会自主性的提升：实现以家庭/个人为中心的社会基本单元转换

改革开放后，经济的持续增长不仅是因为国家释放了资源，更重要的是国家释放了个人，个人、企业对国家依附性的减弱增强了经济活力，而且形成了以物质利益为目标的私人领域。首先，个体自主性得到提升。改革开放打破了两个封闭性（区域封闭性和职业封闭性），弱化了一个依附性（单位依附性）。农村中的农民作为边缘群体最先受益。农民不再仅仅靠依附于集体而生活，获得了两项

---

① 林毅夫、蔡昉、李周：《中国的奇迹：发展战略与经济改革》，格致出版社、上海三联书店、上海人民出版社 2014 年版，第 100 页。

② 郑永年：《全球化与中国国家转型》，郁建兴、何子英译，浙江人民出版社 2009 年版，第 71 页。

③ 后全能体制具有以下三个基本性特征：第一，后全能体制存在一个有限的多元化社会。改革开放前，中国的全能体制社会是高度一元的，经过市场经济改革后，已经逐渐形成了非政治领域的自主社会空间。第二，在意识形态领域，社会主义的基本符号体系仍然是党的组织整合基础和党内凝聚基础。但意识形态符号内涵有所变化，即放弃教条主义的平均共产主义目标，转向以经济实效性来作为社会聚合的基础。第三，后全能体制继承了全能体制下执政党的国家动员能力资源。这种动员能力成为中国实现现代化和体制变革的权威杠杆。具体参见萧功秦《中国社会各阶层的政治态势与前景展望》，《战略与管理》1998 年第 5 期。

自主权，一个是对土地的经营自主权，家庭联产承包制打破了农民集体劳作的生存生活状态，实现了从以集体为中心向以家庭/个人为中心的转换。另一个是对自身劳动力的自主使用权。私有财产比公有财产更具有利益动机，个体自主比集体劳作更具有激励作用。在比较利益的引导下，自主经营的产权制度和劳动力的自由支配权刺激了个体的活力和发展积极性。中国的经济发展改革不是首先发生在中国社会经济体制的中心而是在中国经济相对薄弱的农业环节，“边缘革命”① 促使并带动着中国进入现代市场经济。

在农村，家庭联产承包责任制实现了土地产权的分割和利益原则的调整，国家下放土地产权的经营权，激发了农民的生产积极性。家庭联产承包责任制释放的经济能量成为中国经济发展的起点。家庭联产承包责任制代替农业集体化的制度性变迁是农业在改革开放之初快速增长的主要原因。国家在保持汲取能力不变的情况上，实现了国家资本的积累。家庭联产承包责任制具有市场经济条件下私人耕种的经济特征，这意味着实际上建立了一种新的经济组织形式，而这种组织形式通过增加农民的自主权有利于提高生产单位的效率。② 并且在提高生产效率、矫正劳动力就业分布结构③的同时出现了剩余劳动力，剩余劳动力的出现为乡镇企业的发展提供动力和支持。因此，家庭联产承包责任制带来了物质激励和经济自由，从而实现了农村经济的多元化。④

---

① 家庭联产承包和乡镇企业，两者加上个体经济、经济特区，有学者称它们为来自民间的“边缘革命”。中国经济转型中，国家引导的改革与边缘革命的双重存在是无可争议的事实。［英］罗纳德·哈里·科斯、王宁：《变革中国：市场经济的中国之路》，徐尧、李哲民译，中信出版社 2013 年版，第 213、219 页。

② 经济增长的源泉一般可以划分为三种类型，一是增加有形投入（资本、劳动力）；二是提高效率（技术效率、配置效率）；三是增加无形投入（管理方法、生产组织形式）。家庭联产承包责任制属于第三种类型，通过重组生产组织形式达到了提高效率的目的。而且家庭联产承包责任制的实行和市场改革的结合会产生连锁反应，农业生产率的提升使得劳动力在农业和工业之间流动成为可能，乡镇企业在 20 世纪 90 年代的贡献是最好的佐证。

③ 1978 年至 1997 年，从事农业的劳动力占比从 70.5% 下降到 49.9%，从事非农产业的劳动力占比从 29.5% 上升到 50.1%。国家统计局：《中国统计年鉴（1998）》，中国统计出版社 1998 年版，第 128 页。

④ Vivienne Shue, “The New Course in Chinese Agriculture”, Annals of the American Academy of Political and Social Science, Vol. 476, No. 1, Novermber 1984, p. 74.

在国家权力与农村社会的关系变迁过程当中，经济层面和政治层面是密不可分的。在中国这一特征尤为显著，家庭联产承包责任制对农村的影响不仅涉及经济层面，也直接影响着政治层面。一方面，家庭联产承包责任制打破了国家通过官僚体系对经济权力的集中性控制。“如果说共产党革命摧毁了农民的封建性人身依附关系的话，那么改革开放则可以说是摧毁了农民的行政性人身依附关系。”[①] 家庭联产承包责任制通过削弱经济层面农民对国家权力的依附性，侵蚀了计划经济体制下人民公社赖以存在的经济基础，这使得原本与农村经济交织在一起的国家权力面临收缩压力。中国农村的治理模式面临调整和重构的压力，从政治层面上改变农村社会与国家权力的关系成为必然。从这个层面而言，国家权力与农村社会经济关系的变迁构成了两者政治层面关系变迁的基础。

另一方面，家庭联产承包责任制在乡村社会引发了影响深远的政治制度变革。[②] 随着人民公社制度的解体，国家权力在乡村社会的政治控制力必然衰弱，国家在农村面临重新组织政治秩序的挑战，国家在基层农村面临合法性和治理能力的双重危机。家庭联产承包责任制成为后来以“村民选举”为核心的乡村自治制度出现的经济起因，农村选举会带来中国自下而上的民主化。“农民选举”代表了家庭联产承包责任制在乡村社会所引发的以国家权力收缩、农村社会自治能力提升为特征的政治体制变革。

在城市，工人对单位制的依附性减弱，并且职业封闭性被打破。改革开放前单位制的存在阻碍着城市里的职业流动，而户籍制度阻碍着人口在地域间的流动。改革对单位制的削弱使国家不能再像改革开放前那样，把思想控制、工作环境控制以及福利分配紧密连在一起。改革开放后，一方面，以职业为基础的新兴社会阶层分化凸显。私营企业、合资企业、外资企业为个体择业和职业流动提供了平台和机会。从20世纪80年代开始，国家对第三产业的鼓励和提倡更是增加

① 郑永年：《中国模式——经验与困局》，浙江人民出版社2010年版，第217页。

② 闫健：《中国共产党转型与中国的变迁——海外学者视角评析》，中央编译出版社2013年版，第171—181页。

了职业流动的选择性。另一方面，国家对物质利益的认可刺激了个体的积极性。随着市场化进程的推进，个人经济收入的多元化渠道和途径使得个体摆脱了对国家的收入分配依赖，个人对单位的依赖主要体现在政治层面。个体工作地点和劳动力自由流动对改变之前的国家—社会关系模式具有根本性的影响。而且，单位制的解体使得社会事务回归社会成为可能和需要，城市社区自治和社会组织为满足这一需要而得以逐步发展。

其次，企业自主性得到提升。在中央集权的计划经济体制之下，国家行政命令控制着产品的数量、产品的价格和产品的销售方向，企业没有自主决定权。由于产权和政权的二合一体制加上国家对决策制定权的垄断，企业的身份成为权力制度的一个组成部分。企业的角色被扭曲为政治组织而不是以利润为目标的经济组织，政治诉求高于经济诉求的体制现实决定了企业不可能有动力去创新和发展经济。特别是国有企业被赋予了太多的福利性的社会目标和责任，政治目标成为国有企业的优先考虑，而生产效率则成为次要考虑，其没有盈利性也在预期之内。不同于自由市场经济下的企业，中国的国有企业普遍背负着政策性负担（社会性政策和战略性政策）。[①] 一方面，社会性政策导致国有企业承担着过多的社会功能。在计划经济时期，国有企业就类似于一个提供多功能社会服务的“小型的福利国家”，缺乏与市场相关的个体能力。另一方面，优先发展重工业的目标导致国有企业承担着战略性政策负担。在国家传统的发展战略约束下，国有企业必须投资当时中国不具有比较优势的资本密集型产业，这对企业发展来说必然是一种隐性负担。

没有竞争环境和激励结构的存在加上国家对国有企业的保护，国有企业在软预算约束[②]环境下就不仅不存在发展经济的动力，而且存在道德风险隐患。由于国有企业产权和经营权的分离必然导致信息不

① 林毅夫、姚洋主编：《中国奇迹：回顾与展望》，北京大学出版社 2006 年版，第 130 页。

② 软预算约束由科尔奈（Kornai）提出，主要是指企业即使在亏损的情况下仍然能获得融资从而得以生存的现象。这一现象在社会主义经济中更为普遍。

对称问题，政府没有办法清晰地分辨国有企业的亏损部分中哪些是由于企业经营不善导致的、哪些部分是由于国有企业的社会福利负担导致的。因此，政府的一般策略是补贴国有企业的亏损，预算软约束也成了国有企业道德风险隐患的根源。

随着放权让利型改革的推进，国家通过改革治理结构赋予企业自主权。在实现了企业所有权和经营权的分离的同时，企业获得了一定的自主权以及可以自主支配的资源。企业不再是国家行政力量的一环，也不再是行政命令的消极执行者，而演变成为积极的、主动的经济活动主体。因此，所有权和经营权的分离和企业自主性的提升使得企业从行政指令导向型转变为利润导向型。

表 3－1　　中国工业企业转型①

	纯粹计划	转型第一阶段（1979—1993 年）	转型第二阶段（1996 年至今）	纯粹市场
组织形式	行政分级体制中的一个组成部分	“激励化的”行政体制组成部分	重组为企业	多种形式的战略合作
管理目标	完成计划与单位利益	合同利润与单位利益	有限制条件的利润	利润以及未来利润流的贴现值
价格体系	计划价格	双轨价格制	有政府干预的市场价格	有规制的市场价格
预算约束	软	软	有限制条件的硬	硬

第三节　有限自主与经济发展的内在关联

一　自主性与经济发展的内在关联

回归国家学派认为，国家对社会的渗透及国家对社会经济政策的

① ［美］巴里·诺顿：《中国经济：转型与增长》，安佳译，上海人民出版社 2010 年版，第 277 页。

贯彻执行等，其根本性的决定因素是国家和国家制度，[①] 以制度为基础的国家干预是市场顺利转型的基本条件。因为“市场需要足够多的规范性基础才能正常运转。若这些规范性基础不能得到制度化的有效保证，‘交易成本’就会高得使市场无法有效地进行配置资源”[②]。改革开放以来中国的经济发展是内生型而非外生型，中国的经济增长主要得益于基于国家能力的有效干预，这种国家干预即国家自主性行为及能力的体现。考察经济发展中的国家自主性主要是考察政策的产出和实施结果。一方面，要考察中央顶层塑造政策的能力；另一方面要考察中央如何通过官僚层面把政策付诸实践。因此，下面我们从经济政策制度供给能力和经济政策制度执行能力两个层面进行考察。

（一）有效干预与经济政策制定主导权

中国经济改革是由政府自上而下推动的，这首先体现在其制定或支持经济政策的主导权上。中国改革开放 40 多年的经济增长成就是基于自主性的国家制定或支持有效的经济增长政策，之所以用“制定或支持”而不仅仅用“制定”的原因在于有些有效促进经济增长的政策并非来自上层的制定和推行而是来自下层的创新和实验，“中国经济转型中，国家引导的改革与草根改革的双重存在是毫无疑问的”[③]。但这些自下而上的政策/制度创新只有得到中央政府的承认后才能获得合法性，从而得以推广和发展。其中，比较典型的两个代表是曾被称为中国农民的伟大创造的家庭联产承包和乡镇企业，二者加上经济特区、个体经济，被有的学者称为来自中国民间的“边缘革命”。以非公有制经济拉动经济增长的策略被称为“增量改革”[④]。20 世纪 80 年代中国的经济增长主要是由非国有制经济推动的，并且成

① Timothy Mitchell, “The Limit of the State: Beyond Statist Approachs and Their Critics”, *American Political Science Review*, Vol. 85, No. 1, 1991, p. 89.

② Douglass C. North, “A Framework for Analyzing the State in Economic History”, *Exploration in Economic* History, Vol. 16, 1979, pp. 249 – 259.

③ ［英］罗纳德·哈里·科斯、王宁：《变革中国：市场经济的中国之路》，徐尧、李哲民译，中信出版社 2013 年版，第 214 页。

④ ［英］罗纳德·哈里·科斯、王宁：《变革中国：市场经济的中国之路》，徐尧、李哲民译，中信出版社 2013 年版，第 213 页。

为中国以后经济增长的强劲力量。那么中国非国有制经济的出现和发展何以成为可能？关于这一点具体将在讨论有限性与经济发展内在关联时展开。

国家自主性在经济政策制定方面的主导地位不仅体现在对新经济政策的规划制定和认可层面，也体现在对经济政策的破旧立新层面。改革开放以来中国经济的持续增长，关键不在于制定并推出了某项经济政策，而在于经济政策的有效执行以及对旧有经济政策破旧立新的能力，当一个经济政策不再能促进经济发展，或其负面因素不断凸显时，国家能突破各种阻挠而出台新的政策。政府通过自主创造条件（政策、制度、策略），保障经济改革的继续推进。价格双轨[①]制的出台和取消是一个很好的例证。20 世纪 80 年代为了激励国有企业的发展，中国政府推出价格双轨制，价格双轨制在一定程度上确实促进了国有企业的发展，同时为非国有企业提供了机遇和市场。双轨制是新旧经济体制交替时期客观存在的一种体制，[②] 政府采取的是一种中间状态的制度安排。随着价格双轨制的进一步推行和发展，其弊端日益显露，最大弊端在于价格双轨制制造了寻租空间，[③] 而寻租的主体往往是掌握计划资源的政府官员和国企管理者，从而出现了一个寻租利益集团，这必然不利于经济的发展和改革的推进。20 世纪 90 年代初政府成功取消了价格双轨制，而并没有受到利益集团的左右。

---

① 中国的制度改革落后于经济发展，但临时的创新不断填补着制度方面的空白，双轨制度就是这样的创新。价格双轨制是从计划经济过渡到市场经济时期的一项重要举措。与计划经济相比，在价格双轨制下，一方面，固定价格保护了之前的既得利益者，减少了对抗面。就农业领域来说，政府在保证粮食供给的基础上，同时刺激了农民的积极性。另一方面，效率成为可能，市场价格的存在不仅带来利润，也培育了一批拥护市场的民众。随着经济发展和民众对市场的认可加强，自由市场份额占比逐渐扩大，市场也必然向着单一市场过渡。虽然价格双轨制容易产生腐败并成为社会不稳定的一个重要因素，但就资源配置而言，它比计划经济要有效。因此，在中国特定的历史背景下，双轨制的意义不仅仅是“价格”层面的，其更重要的意义在于成为释放自由流动资源、催生社会活力的制度性动因。

② 厉以宁：《非均衡的中国经济》，中国大百科全书出版社 2015 年版，第 5—6 页。

③ 计划价格和市场价格之间的差额形成的为经济租。据统计，1988 年由控制商品价格、利率和汇率所导致的经济租至少占国民收入的 21.5%。林毅夫、姚洋主编：《中国奇迹：回顾与展望》，北京大学出版社 2006 年版，第 55—56 页。

（二）国家能力与经济政策执行有效性

经济的发展首先需要好的经济政策和激励性经济机制，但经济政策的推行需要国家能力的保障，前者需要国家制定经济政策的自主性，后者需要国家执行经济政策的有效性。相对于国内非政府行为主体与结构带来的经济发展障碍，国家具备哪些能力和特征才能够改变这类行为主体的要求以保证经济的发展？答案不仅来自国家自主性的意愿和偏好，更来自国家在资源与权力上与非政府性行为主体的优势，此种资源与权力的优势就是国家能力，而国家官僚体系以及央地关系是理解中国经济政策执行力和国家能力的切入点。

国家自主性的哪些特征会使国家干预经济的行为以及经济政策执行更为有效？有效的官僚组织是解开国家干涉能力之谜的钥匙，一套有效运行的国家官僚体系是理解有效干预的关键。这至少涉及官僚体系内部的凝聚力、资源汲取及再分配、中央和地方的分权等相关问题。中国的经济以放权让利为起点，在改革开放的初期，重点就是通过放权增加地方自主性能力以促进经济发展，大量经济决策权的下放确实调动了地方积极性。“分权限制了中央政府对经济的控制，引入地方竞争，限制地方政府的行为并促使它们发展地方经济”。[①] 地方对经济绩效的追求刺激了经济的快速发展，经济绩效背后的另一层动力是政治绩效。中国官僚系统之所以能有效执行来自上层的经济指令，其驱动力是经济绩效和政治绩效，而后者更为关键。那么，地方自主权的发展是否会分化中央权威？地方自主性的增强是否会稀释国家的整体自主性？地方权力和自主性有这种潜在扩展性，在经济改革过程中也存在地方挑战中央权威的现象，但中央政府有能力保证政治上的集权结构和国家的整体自主性。这种能力的强弱取决于中央的控制力，其中人事和财力是两个最主要的控制途径。

财政是一个国家的神经，一个有效能的国家必须具备很强的汲取能力，尤其是财政汲取能力。汲取资源的能力是国家保证强制力和提

---

① 郑永年：《中国模式——经验与困局》，浙江人民出版社 2010 年版，第 142 页。

供公共服务的基本前提，也是中央控制地方的主要手段，20 世纪 80 年代放权改革带来的中央财力下降的局面[①]威胁中央权威，中央政府在 20 世纪 90 年代在经济领域通过分税制改革的推行成功实现重新收权。分税制改革提高了中央的财政汲取能力和宏观调控能力。中央控制地方的另一个重要途径是人事的选拔及任命，干部考核、任免和调动都由上一级决定，人事权成为中央对地方进行制约的核心手段。因此，具有政治绩效激励和集权结构特征的官僚组织体系能够保证经济政策的有效推动和执行。此部分内容将在第三章探讨“央地博弈过程中的国家自主性维系”章节具体展开。

二　有限性与经济发展的内在关联

国家自主性形态从绝对向有限的转换对中国经济发展具有关键作用。伴随分权改革的推进，国家实现了从革命型逻辑到发展型逻辑的转换。有限国家自主形态促成了有效的经济发展激励机制，政治体制释放的空间足以让市场力量在改善国有企业效率、发展非国有经济、提升地方政府积极性方面发挥作用。在社会层面社会自主性得到提升，分权改革释放的自由的流动资源和活动空间为经济发展提供了活力和创新力；在政治体制层面地方自主性得到提升，受市场引导和双重激励驱动的地方政府成为促进中国经济增长的重要因素。

（一）分权驱动：国家自主形态转变和经济发展的起点

在计划经济时期，中国国家的绝对自主性形态主要体现为一种全能主义政治。绝对国家自主性以权力高度集中为核心特征实现着对社会的全面渗透和控制，不仅禁锢了个人、企业、地方政府的活力，而且导致决策的集中、信息的封闭，这都成为阻碍经济发展的因素。经济发展的缓慢甚至停滞实际上是以计划经济为核心特征的中央集权制的失败，而想要改革这种体制自然就得需要从分权开始。“中国的改革开放正是从农民个人，到基层组织，再到地方，一步步扩大其自主

① 1984 年中央财政收入占比 40.5%，而到 1994 年下降到 22%，中央财政支出占比也从 52.5% 下降到 28.3%，参见郑永年《中国模式——经验与困局》，浙江人民出版社 2010 年版，第 146 页。

权，增强其自主性而取得的成效。”① 中国的分权化改革重塑了中央—地方、国家—社会之间的权力配置，并打破了全能主义国家形态，开始向监管型国家形态发展（如表3－2所示）。分权化改革不仅从政治权力结构中释放了流动性资源，而且同时也释放了个人。再加上中央对追求物质利益的认可以及由此形成的激励结构，构成了刺激中国经济发展的基本要素。伴随分权化改革而来的是中国国家自主性形态的转变，即有限国家自主性。国家在经济发展过程之中对经济绩效形成的依赖，以及基于分权改革形成的新型中央—地方关系、国家—社会关系使得市场经济的发展成为一个不会以个人意志而改变、不可逆转的道路选择，这一发展趋势本身就对国家权力形成了一种制约。

表3－2　　　　全能主义国家和监管型国家的比较②

	全能主义国家	监管型国家
干预的范围	全面的	有选择性的
法规的本质	行政指令	通行的法律
法规的实施	被监管者	被监管者和监管者
执行人的位置	内部	外部
执行的方式	劝说和行政惩罚	罚金和刑事惩罚

（二）利益激励：有限国家自主形态促成了有效的经济发展激励机制

个体以及企业只有具备相应的经济动力才会活跃，马克思用剩余价值解释资本主义社会发展的动力来源。在新制度经济学中，类似的解释概念是剩余索取权（residual claim）。③ 经济持续发展的核心就在于能设计并塑造出一个合适的激励结构机制。在改革开放之前，国家垄断着绝大部分的资源，加上政权和产权的二合一特征，企业以及个人没有剩余索取权，自然就没有主动发展经济的动力。经济发展唯一

① 沈德理：《非均衡格局中的地方自主性——对海南经济特区（1998—2002年）发展的实证研究》，中国社会科学出版社2004年版，序言第12—13页。

② 王绍光：《安邦之道：国家转型的目标与途径》，生活·读书·新知三联书店2007年版，第362页。

③ 剩余索取权是产权经济学的说法。

的推动力来源于国家意识形态的激励和人民建设新中国的热情，而这种激励能力是革命战争时期形成的高度动员能力和体制的延续。与苏联相比，中国的动员方式异于苏联的命令式动员，是一种参与式动员。中央能利用严密高效的行政组织体系将全国的人力、物力、财力调动起来努力完成既定目标，但基于意识形态激励的国家全能主义理念并没有促进经济发展、改善人民生活水平。党的十一届三中全会正式结束了“以阶级斗争为纲”的时代，国家对于物质激励给予了认可，对非平均主义的分配制度的认可激励了更多的创造和发展。新中国成立后的30多年，国家通过一系列的思想运动建立了一种非物质主义价值体系，改革开放和市场经济的引入使得物质主义价值观盛行，并且成为社会交换行动准则的主要部分。经济发展激励实现了从意识形态激励到物质激励的转变，这对于激活个体和企业的活力具有至关重要的作用。下面以乡镇企业[①]为例分析中国私营部门的发展。

在改革开放初期，乡镇企业成为中国经济增长的主要构成力量。在1985—1990年、1990—1994年两个历史时间段，从国家税收增量来看，乡镇企业的国家税收净增占比分别为21.6%和39.4%。从第二和第三产业的国民生产总值增量来看，乡镇企业的增量占比分别为30.1%和53.8%。[②] 而乡镇企业的发展意义不仅仅在于对于经济增长的数字贡献。

首先，乡镇企业的出现推动了中国经济的市场化进程，促使中国经济从指令型向市场型转变。乡镇企业作为市场发挥作用的产物，成为推动市场化改革的重要推动力量。乡镇企业的发展有力地冲击了传

① 乡镇企业存在两种定义标准，第一种是基于物理空间，涵盖农村地区中的所有非国有企业，包括乡办、村办、联户和个体四种形式的企业。具体参见周黎安《转型中的地方政府：官员激励与治理》，格致出版社2008年版，第279页。第二种是基于产权界定，指的是乡镇（含村庄和村民）所拥有的企业，划分为集体所有企业和私有企业两种形式。大部分乡镇企业归地方政府所有，但乡镇企业的发展更像是私有企业。

② 国家统计局：《中国统计年鉴（1993）》，中国统计出版社1993年版，第50、396页；国家统计局：《中国统计年鉴（1995）》，中国统计出版社1995年版，第32、218、365—366页。

统经济体制中的计划轨，减少指令性经济计划的范围，使价格双轨制中的市场轨不断壮大，使得并轨在较低风险的条件下渐进性完成。其次，乡镇企业的发展缓解了中国经济结构的失衡困境。乡镇企业多为符合中国当时资源禀赋的劳动密集型企业，这也在一定程度上矫正了中国优先发展重工业导致的偏斜性产业结构，缓解了中国优先发展重工业所导致的经济结构失衡困境。最后，乡镇企业打破了农村就业结构的单一性局面，成为中国农民就业结构转换和吸纳农村剩余劳动力的主要力量。在吸纳就业能力方面，1985 年，全国 1222 万个乡镇企业中私有企业数量达到 1050 万个，1996 年乡镇企业数量达到 2336 万个，雇员从 1978 年的 2800 万人增长到 1.35 亿人，其中的集体所有乡镇企业雇员仅仅占比 44%。[①] 在拉动经济增长方面，乡镇企业在 1978 年在国内生产总值增长中的占比为 6%，到了 1996 年这一占比增长到 26%。[②]

中国私营部门的发展所带来的经济影响在于对中国市场化改革的推动，政治影响在于对中国国家与社会关系以及中国民主化的影响。中国私人领域的出现和发展虽然属于非政治领域，但它有着重要的政治意义。首先，减弱了政治冲突的强度，减轻了党和政府的政治负担。在改革开放前，在以意识形态为基础建立起来的社会秩序中，所有的经济利益分配都需要通过政治手段，经济活动被政治原则控制。社会成员的行为都与政治相关，这必然增加了政治体系的负担。改革开放后，在以利益为基础的社会秩序中，社会成员可以保持一种无政治风险的“非政治性”，并把精力放在经济活动上，政治激情向经济激情的转变大大减弱了政治冲突和政治负担。其次，增强了社会秩序和经济发展稳定性。以利益为基础的社会秩序比以意识形态为基础的社会秩序更可预见，更容易治理。以意识形态建构为基础的社会秩序，任何政治变化都会影响经济活动，但以利益为基础的经济活动较少受到政治变

---

① Ya Sheng Huang, *Capitalism with Chinese Characteristics*: *Entrepreneurship and the State*, Cambridge: Cambridge University Press, 2008, p. 77.

② ［美］巴里·诺顿：《中国经济：转型与增长》，安佳译，上海人民出版社 2010 年版，第 244 页。

迁的冲击。[①] 而且私营企业的发展意味着更多的就业机会，这缓解了国有企业改革带来的失业问题，从而降低了改革风险，增强了社会的稳定性。最后，私营部门是推动中国民主化的重要力量。

（三）资源释放：有限国家自主形态实现了国家与社会的分离

上一小节中提及中国非国有制经济的出现和发展何以成为可能，这还要回归到中国改革开放前后国家与社会基本关系的转变上寻找答案，二者关系转变的基本特征就是全能国家的消解，国家—社会关系实现了从同构到分离。

新中国成立初期，在“国家本位”观念支配下，中国实行高度集中的计划经济[②]，国家全能主义模式下的国家社会同构不仅禁锢和压制了社会的自主性和活力，阻碍了中国的经济发展，而且对党的执政合法性提出了挑战。改革开放以后，社会主义市场经济体制的确立使社会的利益单元由以集体为中心转换为以个人/家庭为中心，产权制度的确立刺激了个体的积极性，社会自主性得到提升。一方面，这种体制继续保持着中央宏观调控的政治优势并强化这种能力；另一方面，这种体制减少了国家权力的职能范围，更多是通过市场体制而非国家分配来激发个体积极性。由意识形态激励到物质利益激励的市场经济导向体制，有学者称之为“后全能主义型的新权威主义”[③]。如图 3－2 所示，Y 轴代表国家能力，X 轴代表国家的职能范围，如果一个国家的职能范围沿着 X 轴向右移动，必然不利于经济的发展。但若国家的职能范围接近原点，意味着国家连最基本的制度保障也不能提供，同样不利于经济的发展。从经济学的角度看，最糟糕的是第Ⅳ象限，最好的是第Ⅰ象限，在该象限内国家职能范围小但国家能力强，中国的改革开放历程是不断从第Ⅱ象限向第Ⅰ象限移动

① 郑永年：《全球化与中国国家转型》，郁建兴、何子英译，浙江人民出版社 2009 年版，第 66—75 页。

② 计划经济在特定的历史情况下也能够产生积极的效果（例如 20 世纪 30 年代苏联的工业化），但它以巨大的人力和资本为代价，而且不能促进生产要素的有效配置。经济活动在市场经济之下运行要比在计划经济下运行更为理性，从而能创造更多的财富。

③ 萧功秦：《中国的大转型》，新星出版社 2008 年版，第 89 页。

的过程。①

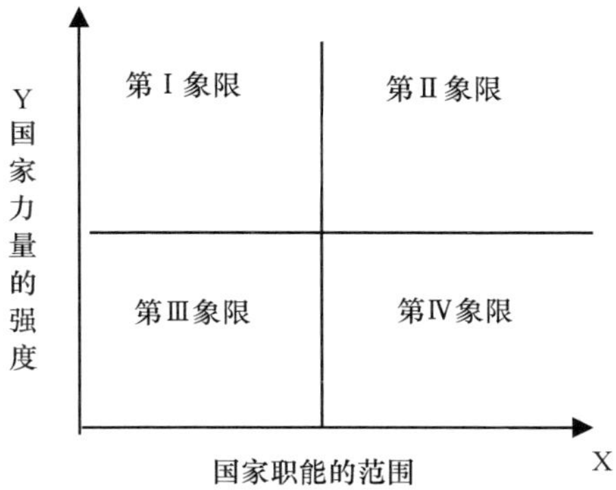

图 3－2　国家活动范围与国家力量强度②

改革开放以前，“国家本位”观念形成的是国家社会同构的局面，国家几乎垄断着所有主要资源，对物质资源的垄断决定着个体的生存状态，对信息资源的垄断决定着个体的发展前景。社会处于国家的全面控制之下而几乎没有自主性和活力。国家全能主义历史背景下的国家社会同构特征禁锢着整个社会的自主性，阻碍了中国经济的实质性发展。改革开放以后，国家释放的不仅是流动性资源，而且释放了个体活动的自由空间。中国社会的利益单元实现了从以集体为中心向以个人/家庭为中心的转换，产权制度激发了个体和社会的活力。市场经济体制的确立和发展为社会自主性的提升提供了条件，传统国家与

① 俄罗斯在 20 世纪 80 年代位于第Ⅳ象限，之后滑向第Ⅲ象限，原因就在于国有企业的私有化推行需要以相对完善的市场经济机制和较高水平的国家能力为基本前提，但当时的俄罗斯并不拥有这种国家能力以保证经济改革的推行。“华盛顿共识”的主张是国家职能范围沿着 X 坐标轴不断从右往左移动，其具体主张是通过私有化、削减关税、放松管制等措施减少国家对经济事务的干预，减少国家干预这一点本身没有问题，真正的问题在于以下两点，一是减少国家干预市场发展和削弱国家能力不能画等号，需要区别国家职能的范围和国家力量的强度，而且这一区别是至关重要的；二是国家职能范围在某些领域需要弱化以促进经济和社会的发展，但是有些领域国家职能必须强化，国家最起码要具备维稳的能力。另外，如果一个国家缺乏最基本的制度性框架，经济自由化只能带来不好的结果，甚至比不实行经济自由化更加糟糕。中国经济发展的成功之处就在于国家职能的减少而国家能力并未减弱。

② ［美］弗朗西斯·福山：《国家构建——21 世纪的国家治理与世界秩序》，黄胜强、许铭原译，中国社会科学出版社 2007 年版，第 11 页。

社会同构局面的打破产生了一个相对独立的社会领域。独立性的表现之一就是社会成为与国家并列提供资源和机会的主体。分权和放权使社会和地方政府成为制度创新的源泉，而改革开放时期的制度创新力量与中国经济发展直接相关，地方和社会的制度创新能力成为造就中国经济奇迹的关键因素。

（四）权力下放：有限国家自主形态重塑了中央—地方关系

分权化改革使中国的地方政府从改革开放前的政策执行者逐渐发展为拥有独立性权力和独立性利益的主体。改革开放前，中央—地方关系是命令—服从型，地方政府作为服从的一方并无独立性的利益追求。分权化改革在政治和经济两个方面调动着地方政府的经济发展积极性。“在政治的维度上，中央政府将相当部分的决策权力下放给各级地方政府，使地方政府享有一定的自主性，从而形成一个类似于联邦制的框架。该框架对经济的高速增长做出了巨大的贡献。”① 一方面，地方政府有发展经济的经济动机。因为地方政府成了经济剩余分享者，分税制的实现强化着地方政府发展经济的动力；另一方面，地方政府有发展经济的政治动机。因为地方政府是政治权力的竞争者，经济增长速度与官员晋升的直接关联性是刺激地方政府发展经济的另一层动力。经济利益分享者和政治权力竞争者的双重身份和双重动机形成了中国地方政府大力发展经济的内在驱动力。

从国家—社会关系的视角来看中国经济发展过程中的国家，国家自主性主要体现在回应性逻辑、因果性逻辑和功能性逻辑三个方面。第一，回应性逻辑主要体现了国家对社会/历史环境的主动回应/调整。主动回应/调整首先体现为意识形态的动态调整性。意识形态演进是中国改革逻辑的主轴，中国市场改革过程的顺利推进的主要原因之一就是党和政府对意识形态持务实主义的主动、动态和大胆的调整。意识形态包括两个层次，即核心部分和运作部分，前者包括了人与人、人与社会之间各种关系的抽象概念和命题。后者由意识形态持有者相信未来达到核心信念所需要的一系列规则构成，这些规则与一

① 郑永年：《中国模式——经验与困局》，浙江人民出版社2010年版，第139页。

系列相互关联的制度相关。[①] 意识形态演变在两个层面都可以发生，但运作部分更加容易发生演变。中国在意识形态和制度两个层面的调整和主动适应表现出了很大的灵活性。中国的改革之路采取的就是以务实主义为基本理念，逐步调整意识形态运作部分以推动改革的策略。党的十一届三中全会是意识形态引发制度变迁的典型范例。以改革开放为转折点，国家把工作重心转向经济发展，选择发展社会主义市场经济，建构“五位一体”的发展格局。事实证明以务实主义为特征的意识形态调整不仅能促进中国经济的发展，而且塑造了中国特色社会主义发展道路。第二，因果性逻辑主要体现了国家启动经济/政治变革的主动性。政治体制的适应性和调适性能力成为考察国家自主性的重要变量。[②] 在政治发展层面，中国国家自主性在经济改革的过程中体现为对经济发展向政治体制提出的需求主动进行回应和变革，为经济发展提供相应的政治环境和条件。中国在进行经济基础制度及环境创新的同时，也在政治体制改革方面稳步前行。无论是国家的政策制定能力，还是政策执行能力，都表明国家具有适应社会经济环境变化的主动调整意识和主动调整能力。第三，功能性逻辑主要体现了国家在保持自主性的前提下推动变革而运用/发展/建设各项国家能力的行为。中国从计划经济体制向社会主义市场经济体制的转型看似是一个经济问题，但实质上它是一个系统的社会机制和社会规范，已经远远不仅仅是一个经济领域的问题。国家需要对社会保持较强的独立性，但同时需要应对来自社会的挑战。所以，国家在保持相对自主性的前提下需要不断增强国家能力建设。

---

① 姚洋：《作为制度创新过程的经济改革》，格致出版社、上海人民出版社 2008 年版，第 63、69 页。

② 中国的国家体制具有很强的适应性，能通过国家制度的重构应对转型过程中的种种挑战。在中国经济发展过程中，面对转型困境和危机，政府并没有退缩，而是积极调适和应对。双轨制的推行和取消、针对国有企业“抓大放小”的改革以实现转制、面对社会分化分层采取的吸纳新阶层政策和制度调整、转变政府职能应对 WTO 挑战等，均说明一方面经济发展和改革产生的种种困境和挑战需要通过国家主导来化解；另一方面，中国具备可利用的治理资源和化解能力应对转型困境。Andre Laliberte and Narc Lanteigne, *The Chinese Party-State in the 21th Century: An Adaptation and Reinvention of Legitimacy*, New York: Routledge, 2004; Dali Yang, *Remarking the Chinese Leviathan: Market and the Politics of Governance in China*, Stanford: Stanford University Press, 2004.

第四章

中央—地方关系视角下的国家自主性考察

本章将从解构性（纵向）角度出发理解中国国家自主性的演变，比较改革开放前后国家自主性的变化。解构性视角以中央—地方关系为分析基础，通过中央—地方关系的互动以及变化来分析国家自主性。一方面，从地方政府视角出发，以地方自主性为分析概念，从一个更加整合的角度考察地方政府的行为逻辑，对改革开放前后的分权化改革和地方自主性特征进行比较分析。另一方面，从中央政府视角出发探讨央地博弈过程中的国家自主性维系策略。

第一节　地方自主性：理解中国经济发展中地方政府行为逻辑的一个视角

中国的经济改革成绩令人感兴趣，也令人迷惑不解。从中央—地方关系视角分析中国的市场化转型一直是学术界的焦点之一。在中国市场化转型和经济发展的过程之中，地方政府的角色是至关重要的。借鉴国家自主性理论及其相关概念研究地方政府的自主性行为，为更好地理解中国经济发展中的地方政府行为逻辑提供了一个研究视角。

地方政府自主性是理解中国经济发展的一个基本命题，也是理解中央—地方关系的一个基本命题。

一　地方自主性概念的界定

地方自主性概念并不是源于回归国家学派，而是国内学者以国家自主性理论为基础，结合中国实际引申出来用于分析中国地方政府行为的一个拓展性概念。但国内学者的分析侧重点各有不同，沈德理强调的是地方政府基于制度创新而具有的能动性和自主性。[①]何显明强调地方政府作为一个权力实体有扩展自身自主性的动力机制、制度环境、基本策略以及内在逻辑，地方自主性需要从地方政府与社会、地方政府与中央两个方面进行分析。[②] 胡大平、翟俊生重在反思地方自主性与政府责任的关系。[③] 何艳玲以回归国家学派的“嵌入式”概念为基础，重点探讨的是中央—地方关系中的地方治理问题。[④] 因此，国内学者关于地方自主性的概念并没有形成一个共识性的定义。

虽然国内学者对地方自主性的定义和研究内容各异，但仍然可以从中提炼出一些共性的内容。地方自主性指的是地方政府超越上级政府和地方社会力量的制约，运用其掌握的各种资源和策略，按照自身意愿实现特定目标的行为逻辑和行为能力。从构成要素上分解，地方自主性概念包含以下两个方面：第一，地方政府有异于中央和社会的利益结构和效用目标。异于的含义不是指相反，而是指地方政府相对独立的偏好和目标。第二，地方政府有追求其目标的能力。这里的能力包括地方政府的财力、地方自治权、地方政府同上级政府以及同级

---

① 沈德理：《简论地方政府自主性》，《海南师范学院学报》（社会科学版）2003年第4期；沈德理：《中国非均衡格局中的区域发展——转型期地方自主性的回顾与展望》，《社会主义研究》2006年第2期。

② 何显明：《市场化进程中的地方政府行为逻辑》，人民出版社2008年版，第97—115页。

③ 胡大平、翟俊生：《地方自主性和政府的社会责任——当前中国城镇化公正难题的两极》，《国际社会科学杂志》（中文版）2013年第4期。

④ 何艳玲：《“嵌入式自治”：国家—地方互嵌关系下的地方治理》，《武汉大学学报》（哲学社会科学版）2009年第4期。

政府的博弈能力等，这些能力为地方政府行为创造了一个弹性的空间，增加了地方政府自主选择不同策略的可能性。从限制因素上看，可以从以下两个维度分析地方政府自主性概念。纵向上涉及与上一层政府的关系，主要指地方政府在何种范围内、何种程度上摆脱上级政府控制的意愿和能力。横向上涉及地方政府与社会的关系，主要指地方政府在何种程度上摆脱地方社会力量控制的意愿和能力。[①] 地方自主性应该以中立性、公正性为价值导向，超越地方利益群体和社会组织的干预和左右，最大化实现地方公共利益。

中国地方自主性概念的出现与改革开放紧密相关。首先，中国改革开放进程赋予了地方政府关键性的自主权。改革开放实践过程中，中央为能调动地方政府积极性而进行的分权改革，不管是行政性放权还是经济性放权[②]，都赋予了地方政府很多自主权力。"政治发展中的自主性是相对于国家统一意志和强制性而言的个人、团体和地方自主行为，与自主决定地方事务的自主权和自治权密切相关。"[③] 在中国改革开放进程中，地方政府在如何征用国家分配的或者自己积累的资源等问题上享有关键性的自由裁量权。其次，中国改革开放进程中地方政府面临的是硬性指标和软性约束并存的外部环境。在中国的渐进式经济改革和发展过程中，对地方政府的要求以经济目标导向为核心，这种结果导向机制意味着刚性任务指标和软约束并存。软约束就是中央对地方自主性的一种默许和认可，在地方政府能完成指标的情况下，即使下级政府出现一些不规范、违反中央政策的行为，中央政府也会冷处理。刚性指标的约束导致地方自主性的扩展不仅仅取决于自身的意愿和利益结构，为完成中央政府的任务而被迫扩大其自主性以解决面临的困境和增加自主选择的余地也是重要的影响因素。最后，

---

① 何显明：《市场化进程中的地方政府行为逻辑》，人民出版社 2008 年版，第 99—101 页。

② 这两个概念与费正清提出的描述中国央地关系的两个概念类似，分权模式Ⅰ和分权模式Ⅱ。分权模式Ⅰ中权力的下放对象是生产经营单位，分权模式Ⅱ中权力的下放对象是地方行政机构。

③ 徐勇：《现代国家建构中的非均衡性和自主性分析》，《华中师范大学学报》2003 年第 5 期。

与第二点的软约束相关，中国改革开放进程为地方政府自主性扩张提供了一个弹性的行为空间。中国改革开放以经济发展为核心目标，但中国并没有可以遵循或者仿照的发展道路，局部试验成为一个风险和成本较低的最佳策略。与此相关，中央政府需要地方政府的创新性和积极性，从而赋予地方政府自主权的同时，并不能严格限制地方政府的行为边界。自主权的赋予加之以经济发展为核心目标，实际上导致了地方政府行为边界的模糊性和地方政府权限边界的弹性化。模糊性和弹性化意味着地方政府行为选择的多元化的可能性，从而为地方政府自主性扩张提供了一个弹性的行为空间。

关于地方自主性的理解和探讨需要强调以下几点。第一，地方自主性在不同的历史发展阶段有着不同的关联概念。在计划经济体制向社会主义市场经济体制转型过程中，地方自主性更多地与经济发展、经济发展权相关联。在政治改革阶段，地方自主性内涵更多地与治理、服务、地方社会治理权相关联。第二，地方自主性在中国不同的发展阶段有着不同的表现形式和内涵。在计划经济体制向社会主义市场经济体制转型过程中，国家通过分权化改革为地方政府提供了一个弹性的发展经济和制度创新空间，从而地方政府行为边界的模糊性和地方政府权限边界的弹性化成为地方自主性的表现形式。在市场经济体制规范完善阶段，地方政府行为边界的明晰化和地方政府权限边界的制度化成为地方自主性的表现形式。

二　地方自主性：理解和判断央地关系的基本变量

中国持续性的经济发展吸引众多学者探讨其背后的原因，很多学者以央地关系为切入点分析中国的经济发展。从这一视角研究中国经济发展比较有影响力的是钱颖一和 Weingast 等人提出的“中国特色的联邦主义”概念（federalism，Chinese style）①，即行政性的分权化在

① Ying Qian and Barry Weingast, “China's Transition to Markets: Market-Preserving Federalism, China Style”, *Journal of Policy Reform*, Vol. 1, No. 2, 1996, pp. 149 – 184; Gabriella Montinola, Yingyi Qian and Barry R. Weingast, “Chinese Style: The Political Basis for Economic Success”, *World Politics*, Vol. 48, No. 1, 1995.

中国形成了一个特殊的维护市场的经济联邦体制。① 这一观点认为在中国的M型②层级制下实行分权化改革能有效激励和引导地方政府发展经济。学者周黎安则从官员激励理论出发阐释中国的经济发展，他总结了中国政府治理的两个最基本的特征，即行政分权化和官员激励市场化。财政分成、属地管理、晋升竞争和行政逐级发包是解释中国地方政府推动经济增长的四个核心概念。③ 荣敬本等提出的压力性体制概念在分析地方政府经济行为表现方面也有较高的影响力。④ 还有其他学者从地方法团主义理论⑤、财政制度变迁理论、地方性国家统合主义、委托代理理论等角度分析中国经济增长现象。中国经济发展的奇迹从国家角度而言与中央尊重地方政府积极性和创造性有关，是中国政治体制适度集权主义和经济体制适度联邦主义相结合的结果。从地方角度而言则是地方政府灵活性的运用权变理论增强地方自主性的结果。

---

① 这种体制是一种权力的垂直分离方式，具有五个基本特征和条件：一是权力范围清晰的政府等级制度，每一级政府在其权力范围内是自主的（地方政府的自主性和独立性）；二是地方政府具有负责经济事务的权力（地方经济控制权）；三是中央政府维护统一市场的权力，保障商品和要素跨地区自由流通的权力（中央管理共同市场权）；四是各级政府财政收入分享和借款受到约束和限制（预算硬约束）；五是责任和权力分配的制度化，中央和地方都不单方面改变（承诺的可信性和持久性）。［日］青木昌彦等主编：《政府在东亚经济发展中的作用——比较制度分析》，中国经济出版社1998年版，第302—306页。

② 计划体制存在M型（muti-divisional model）和U型（unitary model）两种组织结构，M型模式作为一种水平分割结构，组织结构被分解为较为独立的单位，决策的形成可以由具有相对独立性的地方分散进行。U型模式作为一种垂直分割结构，决策的形成和协调功能只能由中央统一完成。Eric Maskin，Qian Yingyi and Xu Chenggang，"Incentives，Information，and Organizational Form"，*Review of Economic Studies*，Vol. 67，No. 2，2000，pp. 359 - 379. 中国属于M型，苏联属于U型。

③ 周黎安：《转型中的地方政府：官员激励与治理》，格致出版社2008年版，第19—24页。

④ 荣敬本、高新军、何增科、杨雪冬：《县乡两级的政治体制改革：如何建立民主的合作新体制》，《经济社会体制比较》1997年第4期。

⑤ Jean C. Oi，*Rural China Takes Off*：*The Institutional Foundations of Economic Reform*，California：University of California Press，1998；Jean C. Oi，"Fical Reform and the Economic Foundation of Local State Corporatism in China"，*World Politics*，Vol. 45，No. 1，1992；Andrew G. Walder，"Local Governments as Industrial Firms"，*American Sociological Review*，Vol. 101，No. 2，September 1995；David L. Wank，"The Institutional Process of Market Clientelism"，*The China Quarterly*，No. 147，September 1996.

地方自主性是理解中国经济发展过程中地方政府行为逻辑的一个关键分析变量。地方政府作为中央政府和地方公众的双重代理人，处于一个双重委托代理机制之中。在中国的语境下，地方政府处于维系国家整体自主性的关键地位。首先，地方政府作为中央政府的制度/政策执行角色，能否有效贯彻和落实国家政策是判断国家意志是否真正实现的基本标准。其次，地方政府在执行国家政策时，中央政府能否有效监控和引导地方政府在预期轨道上行为是重要标准。最后，地方政府能否超越地方社会特殊利益群体的左右体现出公正性是关键。

中国的地方政府在改革开放经济发展过程中所表现出来的积极性和热情在全世界都是少有的。为何中国地方政府官员会有异于其他国家地方政府官员的这种热情？为何中国地方治理指向以经济发展为中心的目标？地方政府行为背后的内在驱动力是什么？中央政府何以实现对地方政府行为的控制以防止其偏离国家偏好？地方政府将面临怎样的约束机制与社会期待？地方政府自主性不仅能作为解释中国市场化进程中地方行为模式的分析变量，也能作为探讨中国地方政府差异化发展模式的解释变量。

第二节　封闭性自主到约束性自主：改革开放前后地方自主性形态的转变

“在中国经验的语境中，地方政府发展经济的积极性被认为是中国经济成功的关键。”① 计划经济失败的症结在于高度集权和无效激励，那么，经济改革的出发点必然是从放权开始，在放权让利的过程中，中央和地方的关系得到了重塑。改革开放前，伴随财政分权进行的两次分权改革均没有成功，失败的原因在于计划经济体制禁锢之下的分权带来的地方政府的封闭性自主。改革开放前后分权的差异就在于市场机制的引入打破了地方政府的封闭性自主状态，而呈现约束性自主状态，受中

① World Bank, *The East Asian Miracle: Economic Growth and Public Policy*, New York: Oxford University Press, 1993.

央控制和市场经济引导的地方政府成为促进中国经济发展的主力军。

改革开放之前，中国进行的两次分权化实验都没能够成功促进经济的增长，以 1978 年为分界线，比较中国改革开放前后的分权、地方政府与经济发展的关系可以得出，改革开放前后分权的最大不同之处在于中央市场机制的引入和对外开放政策的实施。市场机制的引入和确立促使地方政府从封闭性自主向约束性自主转变，而这种受市场引导和中央控制的约束性自主成为促进中国经济持续发展的原因之一。

一 封闭性自主：改革开放前的地方自主性

改革开放前，中国的两次分权改革实践分别发生在 1958 年和 20 世纪 70 年代初，这两次分权改革扩大了地方政府的自主权力，中央除了向地方下放了财政权，还相应地向地方下放了计划决策权和事权。但两次分权化改革并没有促进经济的有序发展，结果是以“块块”为主的地方政府自给型体制的形成。失败的主要原因在于两个方面，一是计划经济体制下的分权强化了纵向联系，但切断了横向交往，割断了地方之间的联系，由此带来一个蜂窝状体制。在这种蜂窝状体制中，地方政府各成体系。伴随分权而来的是地方政府偏好于小而全的短缺经济和自求经济体系平衡。二是以经济发展为核心目标的导向加剧了地方保护主义。地方政府为了发展本地区的经济，不希望本地区的资源和信息外流，地方政府均倾向于自求经济的平衡性，地区封锁行为导致重复性建设和资源配置率低下。地方政府凭借分权化改革赋予的权力使得地方保护主义凸显。

以经济发展为核心目标驱动和地方分权一方面赋予了地方政府自主权；另一方面，计划经济体制的禁锢性导致这种地方自主权的封闭性。地方政府为了完成指标，演变成为热衷于追求经济增长的一个个独立共同体，实质上稀释了国家的整体权威，“碎片化”成为封闭性地方自主的附带品。伴随分权化改革而来的是地方政府行为表现为自求经济体系平衡和追求“小而全”的短缺经济。中国在计划经济体制下的分权改革实验不成功的原因就在于这种地方政府的封闭性自主特征。

高效率的经济发展体制的基础和前提是市场信息和资源要素的自

由流通，而计划经济体制下的分权改革割断了各个地方之间的经济联系，全国的经济以地方政府为单位被隔离成很多块分块。不同地域和企业不能在共同的市场规则下竞争，竞争失去了对企业的刺激和规范作用，从而导致资源错误配置中的低效率。资源的封闭性、信息的不对称性以及地方保护主义促使地方政府各自为政、各成体系，分权改革之前中央集中决策被次一级的集中决策所取代，结果只能是形成以重复性建设和资源配置率低下为特征的“诸侯经济”，所谓的“诸侯经济”导致中国市场的碎块化。在计划经济体制的前提下进行的分权改革，只能是形成以“块”为主的自给型地方经济发展体制。地方政府的经济发展不是作为国家整体经济发展的一部分，而是成为“小而全”的单独经济主体，这种具有封闭性特征的地方自主不仅导致全国形成了“蜂窝状”[①]（honeycomb-structure）封闭体系以及中国经济发展的碎块化，而且同时也削弱了中央综合控制能力和平衡能力。

二　约束性自主：改革开放后的地方自主性

改革开放市场机制的引入打破了地方政府的封闭性，分权改革驱动的地方竞争在中国原有的体制结构中引入了市场竞争机制。那么，分权驱动的地方竞争为何能有效引导地方政府致力于经济发展?

（一）分享与竞争：地方自主性与经济发展的内在驱动力

经济剩余分享者和政治权力竞争者的双重身份和双重偏好构成了地方政府自主性的内在驱动和动力。经济剩余的分享和政治权力的竞争内在地激励着和引导着地方政府行为。“行政管理的分权化和地方官员激励的市场化，这是中国行政体制的灵活性、动员能力的重要来源。”[②] 中国分权化改革的进程中，地方政府不仅能够分享财权，也能够分享诸多事权，财权和事权的下放提升了地方自主性，也增强了地方政府调动资源和发展经济的动力。人事制度的改革[③]则

① “蜂窝状”由许文慧提出，主要解释了改革开放前，在计划经济体制和中央集权背景下，地方政府的相对独立性带来的中国社会的分割状态。具体参见 Vivienne Shue，*The Reach of the State*：*Sketches of the Chinese Body Politic*，Stanford：Stanford University Press，1988。

② 周黎安：《转型中的地方政府：官员激励与治理》，格致出版社 2008 年版，第 23 页。

③ 1984 年，下管一级的人事制度开始执行，中国的人事制度从下管两级变为下管一级。

赋予了地方政府控制下级官员的政治权威资源，这对于引导次级地方政府行为至关重要。因此，事权、财权加上以政治晋升为目标的竞争构成了地方政府发展经济的动力组合，并驱使地方政府在已有自主权基础上扩大自身自主性空间，增强其自主性能力。

首先，经济剩余分享者的身份构成了地方自主性与经济发展的第一层动机。改革开放以来，财政分权使地方政府有动力和能力追求独立的利益目标。财政分权使得地方政府从中央政府那里获得了很重要的财政自主权，促使地方政府有很强的动机发展地方经济，因为这是它们增强其财政实力的途径。而财政实力和财政自主权[①]的增强反过来会增加地方与中央进行博弈的砝码，财政分权构成了地方政府发展经济的第一层动机。

随着财政权力的下放，中央同时向地方下放了一系列与经济发展相关的事权，如利用外资的审批权、外贸管理权、国有企业管理权、项目审批权、物价管理权等，独立的财权配备独立的事权，使得地方拥有了调动地方资源、发展地方经济的能力以及增强自主性能力的条件。概括而言，相对独立的财权不仅代表着地方政府相对独立的利益，而且代表着地方政府按照自身偏好行动的能力。

其次，政治权力竞争者的身份构成了地方自主性与经济发展的第二层动机。政治晋升竞争是藏匿于地方政府经济竞争之中的另一层重要动机，地方政府之所以关注经济发展，是因为发展经济不仅可以增加地方自身掌控的资源和财力，而且会增加被提升的概率。中国官员对晋升的追求和偏好是解释中国经济发展的一个核心概念。“改革开放之前，中国形成了一种政策企业家精神的传统，改革后，地方的快速发展把当地官员推到了等待被认可、提升和奖励的队伍之首。”[②] 经济分权和经济剩余分享不足以构成中国地方政府推动经济发展的全部

① 从中央和地方政府的关系来看，伴随分权实验，新中国成立以来中国经历了四次财政分权改革，改革开放前两次，改革开放后两次。分别是 1958—1961 年、1970—1976 年、1978—1993 年、1994 的分税制改革，改革开放前后财政分权的最大区别是市场机制的引入。

② ［美］劳伦·勃兰特、托马斯·罗斯基：《伟大的中国经济转型》，方颖、赵扬等译，格致出版社、上海人民出版社 2009 年版，第 14 页。

内在动力，经济绩效背后的政治动力是政治绩效和政治晋升，因为经济业绩能够增加官员晋升的机会。特别是在20世纪80年代初期，中国地方官员的晋升机会与地方经济绩效直接挂钩。政治激励是中国积累的有关非物质激励的宝贵经验和财富，政治动机在很多时候比经济动机更能影响地方政府行为逻辑，因为地方官员为了晋升而努力。所以，政治晋升是地方政府行为的另一个内在激励因素。

官员对晋升的追求在中国官员治理和经济发展中是不容忽视的一个环节和因素。“在中国，财政上的高度分权体制需要与官员治理的中国模式相结合才能更好地解释地方政府官员的作为和中国的经济业绩。”[①] 在一般的市场经济理论中，地方政府的基本角色是执行而非决策，地方政府的基本职能是提供地方性的公共服务产品。市场经济的主体是中央政府和企业，而在中国的经济发展过程之中，除了中央和企业两者，还存在竞争性的地方政府体系。中国的地方政府成为切切实实推动经济发展的重要经济主体，有学者称之为“三维市场体制”[②]。“中国特色社会主义市场经济体制是一个包含了战略性中央政府、竞争性地方政府和竞争性企业系统的三维市场体制”，[③] 这种三维市场体制是解释中国经济发展的一个重要因素（如图4－1所示）。

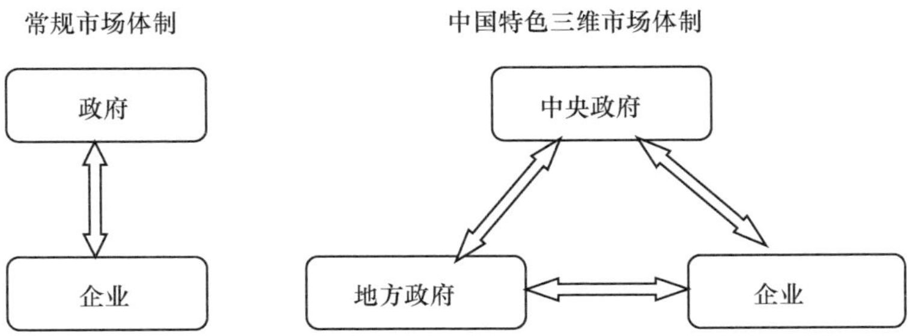

图4－1　中国三维市场体制[④]

① 张军、周黎安：《为增长而竞争：中国增长的政治经济学》，格致出版社2008年版，第15页。

② 史正富：《超常增长1979—2049年的中国经济》，上海人民出版社2013年版，第35—36页。

③ 史正富：《超常增长1979—2049年的中国经济》，上海人民出版社2013年版，第2页。

④ 史正富：《超常增长1979—2049年的中国经济》，上海人民出版社2013年版，第36页。

而且，下管一级的人事制度改革赋予了地方政府能够有效控制和引导下级政府的政治权力，增强了其控制下属一级政府贯彻自己意志和偏好的能力。改革开放之前，与高度集权的管理模式相对应，中国在人事制度上实行的是“下管两级”的管理体制，对官员的选拔和任命直接延及地厅级。在之前下管两级的体制中，地方政府的人事被架空。1984 年“下管一级”的管理体制扩大了地方政府的官员调配权限。“下管一级”赋予了地方政府任命下级官员的政治权威，地方政府从而能有效控制和引导下级政府的行为，约束下属一级不偏离上级政策核心。特别是涉及政治前途的任务会激起下属一级更高的执行力。

从下管两级到下管一级的人事改革打破了人事权的旧有格局，扩大了地方政府的干部任命权力，赋予各级领导任命下级官员的政治权威资源。一方面，下管一级的人事制度与压力型体制相结合，必然有利于引导下属一级遵循上级政策目标。另一方面，也会导致下级政府有选择性地执行上级政策，主要体现为对关涉自身政治前途的任务指标会全力去完成，而对与政治前途关系不大或无关的任务则忽略敷衍，这体现了地方政府的选择性执行行为，与其背后的激励内容直接相关。

（二）约束性自主：改革开放后地方自主性分析

分权化、市场化和对外开放是中国改革开放以来经济发展层面的三个核心主题。分权驱动的地方政府竞争在中国实现从计划经济向社会主义市场经济转变过程中，一方面，分权改革继续赋予地方政府获得自主性的条件和能力；另一方面，市场机制的引入和对外开放的实行则打破了计划经济体制下地方政府的封闭性。在原有官僚体制结构中成功引入市场竞争机制是中国经济得以持续发展的秘籍之一。“中国改革从一开始，就采取了一种不是整体的变革，而是维持原有主体经济不做根本性变动的条件下，在国有经济以外推进的增量改革战略。”①

---

① 吴敬琏、樊纲等：《中国经济 50 人看三十年——回顾与分析》，中国经济出版社 2008 年版，第 20 页。

而这样的增量改革必然需要依托地方政府和社会的创新力及自主性。

政治绩效激励传统和中央集权结构特征的官僚组织体系，再加上市场机制的竞争性，三者的结合有效防止了地方自主性的封闭性和绝对性，而形成一种地方政府的约束性自主。在以经济绩效为导向的基础上，维护市场的经济联邦制引入地方政府之间的竞争，有效促进了地方政府发展地方经济。但经济绩效导向的片面发展主义和地方自主性失衡附带很大的社会代价，这要求未来的地方政府改革以社会建设能力的提升为核心内容之一。国家需要改变地方政府发展经济的动力组合，提升地方政府治理能力。

中国经济发展的事实证明，很多成功促进经济发展的体制创新均来源于地方。但这种自主性必须是一种受约束的自主，封闭自主性导致重复建设、资源浪费和地方保护主义，绝对自主性又会威胁中央权威，稀释国家的整体自主性，所以，约束性自主才能保证地方政府有序按照国家目标逐步前行和保持中央权力的控制力。“中国式的集权模式有利于经济的成功转型。”[①] 因此，如何保证中央与地方权力的关系处于平衡状态、如何确保地方自主性的扩展和强化不会稀释中央政府权威和国家整体自主性一直是中国改革过程中的另一个主线。

三　地方自主性与经济发展的内在关联

中国改革开放进程中所呈现的经济持续增长奇迹必然与中国独特的央地模式有着深刻的内在联系。地方自主性为理解中国经济发展中的地方政府行为逻辑提供了一个很好的研究视角。经济剩余分享者和政治权力竞争者的双重性身份构成中国地方政府扩张其自主性的内在驱动力。伴随分权化改革的推进，市场机制的引入打破了地方政府的封闭性自主，同时受市场引导和中央适度控制的地方政府形成了一种约束性自主，而这种约束性自主成为促进中国经济增长的重要因素之一。

---

① Olivier Blanchard and Andrei Schleifer, “Federalism with and Without Political Centralization: China Versus Russia”, *IMF Staff Papers*, *Palgrave Macmillan*, Vol. 48, No. 4, 2001.

首先，分权化改革过程中地方自主性的增强提升了地方政府推动经济发展的能力。在计划经济体制下，地方政府是中央指令的严格执行者，地方经济也只是中央计划经济的一种空间分布形态单元。地方虽然也有自身的利益偏好，但不具有独立的地位，故其利益偏好并不能独立化，而是被整合到中央计划经济的范围。之所以如此，最关键的原因是地方政府没有实现其利益偏好的条件和能力。改革开放后的分权化改革过程中，地方自主性的增强使得它在如何管理地方经济发展方面具有很大的自主调整能力和空间。而且与西方国家的地方政府相比较，中国地方政府拥有西方国家地方政府不具有的资源，如国有企业资产、土地财政。综上，中国地方政府有发展经济的能力和条件。

分权化改革及地方自主性的增强有利于促进地方政府进行制度创新。有效制度的创新和变迁是中国经济发展过程中的一个重要特征。分权化改革背景下促进地方政府进行制度创新的原因和条件包含以下几个方面，第一，相较于中央政府，地方政府具有信息优势。计划经济体制下的中央缺少收集真实信息的能力，因而无法基于真实信息做出决策。第二，地方政府之间的竞争促进其寻求更加有效的制度，以提高自身的竞争力。第三，硬预算约束迫使地方政府探索更有效的经济增长政策和方式，从而促进制度创新。第四，分权有利于地方政府进行制度性试验。地方政府之间的竞争和制度试验可以使中央政府辨别好的制度，这降低了中央选择无效或者低效制度的概率。①

其次，维护市场的经济联邦制引入地方政府之间的竞争能有效促进经济发展。在以经济绩效为导向的基础上，维护市场的经济联邦制引入地方政府之间的竞争至少会带来以下几个方面的经济效果。第一是地方竞争促使地方政府改善基础设施，提供优良公共产品以吸纳生产要素；第二是预算硬约束迫使地方政府谨慎对待财政使

① 姚洋：《作为制度创新过程的经济改革》，格致出版社、上海人民出版社2008年版，第27—37页。

用；第三是地方竞争能防止其垄断经济政策制定权并能够调动地方政府改革试验的积极性；第四是地方权力的增加会对中央形成一定的制约，防止中央偏离市场化改革方向；[①] 第五是地方会有多样化的政策选择促成他们的经济目标并会反馈局部试验的效果。而且中央政府通过分权向地方政府提供潜在利润时，也让地方政府承担了一定的改革风险。而且稳定性聘用制度和可预见的职业升迁路径能增强官僚人员对国家规划及政策的强烈认同感并提升其行动能力。中国改革开放后的官僚升迁概率指向经济绩效，这必然促使地方官员全力发展经济。

最后，中央向地方政府的分权过程中地方自主性的增强以及市场化改革使得地方政府与市场的依存关系成为对中央集权倾向的一种制约。中央政府虽然是把市场机制引入中国经济改革的主导者，但中国的经济发展是社会微观主体、地方政府经济制度创新的过程，是地方经济发展模式获得中央认同并且普遍化的过程，是中央地方博弈权力配置的过程。在计划经济体制下，由于权力配置和资源配置都在中央一层，地方政府仅仅是执行环节，没有能力和动力与中央博弈，因此，也就不能制约中央政府。而在分权过程中，地方政府的角色定位从“代理型经营者”嬗变为“谋利型经营者”，地方政权获得了谋求自身利益的行动空间和动机。[②] 地方政府逐渐演化为拥有独立的利益目标和自主性的机构，“国家的基层越来越多地掌握了主动权，在很多情况下限制了高层渗透地方，以及从地方官员获得支持和资源的能力”[③]。中央—地方之间不是一种命令—服从关系，而是一种合作中带有博弈的制约关系。而且经济发展成为合法性的主要基础，中央对经济绩效的依赖性增强意味着引导中央政府采取支持市场的政策选择，这限制了中央政府对市场的大量干扰，并且促进地方政府之间的竞

① 张军、周黎安：《为增长而竞争：中国增长的政治经济学》，格致出版社 2008 年版，第 37—39 页。

② 孙立平、郑永年、华生等：《未来中国的变与不变》，江苏文艺出版社 2014 年版，第 159 页。

③ ［美］李侃如：《治理中国：从革命到改革》，胡国成、赵梅译，中国社会科学出版社 2010 年版，第 315 页。

争。以上两点形成了对国家绝对自主性的一种制约。

第三节 央地博弈过程中的国家自主性维系

一 中央集权：国家自主性维系的主轴

（一）集权与分权对立：简单二元化的思维误区

央地关系发展是一个创造动力与约束的过程，央地博弈有利于新规则、新制度的形成，为体制改革创造动力和条件。因此，在中国的改革进程中，缺乏改革动力时首先都会从中央—地方关系中寻找切入点，从集权与分权的限度与边界中寻找平衡点。央地博弈过程中中央政府以集权和控权为主线，地方政府以反控和分权为主线，由此很多学者认为集权与分权是对立的一组概念。通过分析改革时期中央向地方的分权化改革，能得出两个基本结论：一方面，无论是集权还是分权，均体现了特定历史时期的现实需要；另一方面，集权与分权的均衡性是促进中国经济发展的关键。因此，集权与分权相对立的观点是一种简单二元化的思维误区。研究过程中需要正确对待中国国家建构、发展过程中的集权与分权需要，不能纠缠于集权与分权对立这样空泛的二元矛盾之中。

集权与分权的另一层含义是协调与激励之间的平衡性。分权在于激励，集权在于协调，分权和集权的均衡才能在保证国家自主性不失的前提下，有效引导地方政府行为方式。现代化建设的客观需求和中国改革的历史经验证明，集权与分权既存在各自的底线，也存在均衡状态。"'分权'的底线是保证国家统一以及党的一元化领导，而'集权'的底线是要充分发挥地方积极性，追求资源分配的效率。"①中央与地方关系应该是中央层面的适度集权和控权、地方层面的适度分权和自治相结合的关系。

一方面，国家需要分权以改善国家的治理结构，优化中央—地方

① 景跃进、陈明明、肖滨主编：《当代中国政府与政治》，中国人民大学出版社 2016 年版，第 202 页。

关系。国家治理结构的优化重点在于重构国家、政府、社会之间的关系，通过重塑国家自主性推动政治现代化进程。央地关系的优化在于实现两者的均衡性和合理性，“建立与市场经济相适应的、符合现代社会政治经济结构要求的、集中与分散有机结合、分工合理、相互监督、相互协调的新型的中央与地方关系”。①

另一方面，国家需要适度集权以守护、推进自由市场的发展和社会公正的实现。适度集权的含义是中央集权需要有选择性和有效性，选择性指的是有选择性的集权和放权，国防、外交等领域，国家法律、宏观调控等权力必须由中央控制，而同时把涉及地方治理的领域放权给地方。有效性指的是中央政府有效维持中央集权的能力。“到目前为止，中国转型中最与众不同的特点要算是中央集权的政治层级体系一直延续了下来。”② 中国一直具有大一统中央集权的历史文化和背景，改革开放打破了国家在经济和社会领域的垄断局面，但国家并没有从经济和社会领域完全退却，而是不断地通过体制改革来推动经济发展和社会转型。不同于西方国家，中国中央政府的宏观调控能力以及中央权威并不是简单地建立在财政数字上。在经济转型中不变的政治权力结构可以弥补由于财力不足而导致的对宏观调控能力的负面影响。③ 中央集权是中国转型的特色之处，具有其内在的必要性。

（二）中央适度集权的必要性

中国20世纪80年代的改革，来自上层的放权和来自基层的推进成功地冲击了旧体制，打开了改革的突破口。但随着改革的深化，新体制的建立不应该是自下而上的，而应该是自上而下的，必须由强有力的中央政府适度集权，以保障中国改革的推进、引导政府转型并通过顶层设计对整个改革进行统一的规划、协调和实施。

首先，中央集权是推进中国全面改革的基本保障。一方面，中央

① 周光辉：《论公共权力的合法性》，吉林出版集团有限责任公司2007年版，第219页。

② ［美］劳伦·勃兰特、托马斯·罗斯基：《伟大的中国经济转型》，方颖、赵扬等译，格致出版社、上海人民出版社2009年版，第108页。

③ 杨光斌：《中国经济转型中的国家权力》，当代世界出版社2003年版，第128页。

集权才能保证社会稳定。中国每一次迈出改革的步伐都会引起社会利益格局的重新调整和分配，社会各阶层之间、政府与民众之间在观念和利益层面的冲突不断发生。“决不能设想一个国家没有强大的政府集权会生存下去，尤其是会繁荣富强。”① 如果缺乏一个强有力的中央权威进行引导和调控，社会冲突的累积就会诱发社会的无序和混乱。另一方面，中央集权才能保证改革有序开展。从现代化过程来说，早发国家的现代化路径是从社会分工到政治整合的一种自然顺序，而作为后发国家的中国，其现代化路径是政治整合—国家权力—社会分工（现代化建设）的建构顺序。这意味着中国必然也承担着更多的压力，面临更多的复杂性。② 从社会转型模式来说，西方社会转型模式是“二分范式”，与之相对应的转型逻辑是单层转型，而中国异于西方的“二分范式”，社会转型经历的是“三分范式”的双重社会转型。③ 同时，中国的社会转型面临着国内外的双重历史环境，社会全面变革的国内背景和全球化的国际背景以不同的表现方式对中国带来挑战。这样一个复杂、全面的改革要想有秩序地开展，必须在中央统一权威的领导下逐步推行。中国通过国家顶层发展战略、中期发展规划与政策制定和经常性经济运行的调度及宏观调控相结合，形成了分层整合的长期国家发展管理体系，从而超越了西方常规市场经济中的被动式宏观干预。④ 中国的实践也证明了顶层设计和中央集权的重要性。

其次，中央集权是引导政府转型的客观要求。中国目前形成的国家体制不同于传统集权模式，也不是西方意义上的联邦制度，而是一种导入地方发展自主权的一体化政府。⑤ 一方面，分权化改革后中央

---

① ［法］托克维尔：《论美国的民主（上卷）》，董国良译，商务印书馆2012年版，第97页。

② 杨光斌：《中国经济转型中的国家权力》，当代世界出版社2003年版，第202页。

③ 通常认为1978年是中国社会转型的历史分界点，中国的社会转型除了指乡村向城镇、农业向工业、封闭向开放、传统向现代的转型以外，还特指中国从计划经济体制向社会主义市场经济体制的转型。

④ 史正富：《超常增长1979—2049年的中国经济》，上海人民出版社2013年版，第133—139页。

⑤ 史正富：《超常增长1979—2049年的中国经济》，上海人民出版社2013年版，第166页。

对地方存在调控乏力现象，在央地关系制度化建设滞后于市场经济体制和社会保障体制建设的情况下，在没有建立起完善的对地方政府的监督和约束机制前，需要中央集权以规范地方政府行为。另一方面，分权化改革后地方自主性的增强带来负面问题。行为短期化、腐败现象的滋生、地方保护主义、地方发展不平衡等问题助长了地方的离心倾向。为有效引导地方政府从“建设型”向“服务型”转变，需要中央集权引导地方政府实行转型。

最后，中央集权是中央通过顶层设计实现对改革进程宏观调控的内在要求。中国经济改革的动力和创新大部分都自下而上地来自地方，但涉及国家层面的制度建设均都自上而下地来自中央。顶层设计的两个重要功能在于：一是提炼地方经验上升为国家制度或政策，并在全国范围内推广；二是中央以适度集权为基础对中国整个改革进程进行统一的规划、协调和实施。

表4－1　　　**中国改革的“顶层设计”（1978—2013年）**①

	第一次	第二次	第三次	第四次	第五次
中央全会	党的十一届三中全会	党的十二届三中全会	党的十四届三中全会	党的十六届三中全会	党的二十大全会
时间	1978年12月	1984年10月	1993年11月	2003年10月	2013年11月
决定名称	中共中央关于加快农业发展若干问题的决定	中共中央关于经济体制改革的决定	中共中央关于建立社会主义市场经济体制若干问题的决定	中共中央关于完善社会主义市场经济体制若干问题的决定	中共中央关于全面深化改革若干问题的决定
框架和内容		10部分	10部分，50条	12部分，42条	16部分，60条
基本依据		党的十二大报告第二部分；在公有制基础上的有计划的商品经济	党的十四大报告第二部分；社会主义市场经济体制	党的十六大报告第四部分	党的十八大报告；社会主义现代化“五位一体”总体布局

① 胡鞍钢：《中国国家治理现代化》，中国人民大学出版社2014年版，第49页。（有作者增减变动）

续表

	第一次	第二次	第三次	第四次	第五次
阶段	发动阶段	全面开局阶段	建立新体制阶段	完善新体制阶段	全面社会改革阶段
经济领域改革关键词	家庭联产承包责任制	双轨制，多种所有制经济形式	市场经济	效率优先，兼顾公平	深化经济体制改革，市场在资源配置中起决定性作用

任何一种现代经济都要求宏观调控权集中于中央，任何国家的制度体系建设都需要通过自上而下的过程来完成。如表 4－1 所示，中国改革的顶层设计一直引导着中国的改革进程。党的二十大报告提出以中国式现代化全面推进中华民族伟大复兴。在经济领域强调构建高水平社会主义市场经济体制。坚持以推动高质量发展为主题，加快建设现代化经济体系，推动经济实现质的有效提升和量的合理增长。为实现新时期的改革目标，来自中央层面的制度设计和宏观指导对国家治理能力现代化尤为重要。一方面，中央需要摆脱利益集团和地区利益的束缚，以国家整体利益为导向进行全局性的宏观规划和制度设计；另一方面，中央需要增强中央集权能力，通过自上而下的制度供给能力有效引导体制改革。“碎片化、短期行为、政出多门以及部门主义和地方主义，是我国现行治理体制和公共政策的致命弱点，它们严重削弱了国家的治理能力。”① 中国现行治理体制困境的解决之道的关键就在于通过顶层的设计进行制度化规范和引导。

中国的改革进程遵循的是一条放权让利的渐进式道路，但中国的改革者并没有将所有注意力仅仅放在分权与经济发展之上，而是同时一直寻求中央政府权力与地方政府权力的平衡。中央政府对地方政府的控制和对国家整体自主性的维系主要依托于中央的核心控制力，而在中央的控制力来源中财力和人事是最核心的两个途径。

① 俞可平：《论国家治理现代化》，社会科学文献出版社 2014 年版，第 9 页。

二　财政收权：中央财政汲取能力的提升

财政能力是现代国家最核心的国家能力。“除非政府拥有了信息处理的能力以及高质量的税收征管体制，它才会停止扮演掠夺者的角色。”① 财政能力不仅是国家强制能力和公共服务供给能力的基本前提，而且财政能力与调控能力直接相关，是中央控制地方的主要手段。财政关系是中央—地方关系的核心，税收的汲取和分配从根本上影响着政府之间的关系。中国政府历次的财政改革反映了中央政府寻求有效税收管理体制的努力（如表4－2所示）。

表4－2　**改革开放前后中国不同时期的财政体制变动：1950—1994年②**

时间	财政管理体制基本特征	财政管理体制特征描述	特征总结
1950年	统收统支	1. 所有地方财政收入上缴中央 2. 中央确定所有地方的财政支出 3. 各地收支是否平衡并不确定	
1951—1957年	统一领导，分级管理，收入分类分成	1. 集中计划 2. 三级预算管理 3. 收入分成	
1958年	下放财政管理权；以收定支，五年不变	1. 地方寻找新的收入来源 2. 中央和各省的收入分成比例五年不变	
1959—1967年	定收定支，收支挂钩，总额分成，一年一变	1. 中央和各省收入分成 2. 每年有所调整 3. 地区间财政转移支付	

① ［日］青木昌彦等主编：《政府在东亚经济发展中的作用——比较制度分析》，中国经济出版社1998年版，第35页。

② Wei Yehua, *Regional Development in China*, London and New York: Routledge, 2000; 姚洋：《作为制度创新过程的经济改革》，格致出版社、上海人民出版社2008年版，第17—18、23页（表2.1和表2.2）；胡鞍钢：《中国国家治理现代化》，中国人民大学出版社2014年版，第195页（表6－3）。

续表

<table>
<tr><th>时间</th><th>财政管理体制基本特征</th><th>财政管理体制特征描述</th><th>特征总结</th></tr>
<tr><td>1968 年</td><td>同 1950 年模式</td><td>1. 收支两条线
2. 财政收入全部上缴中央</td><td rowspan="5">改革开放前的计划经济体制时期的财政体制的基本特征：
1. 财政体制在集权与分权之间徘徊
2. 中央一直持有很强的控制权
3. 财政体制并没有完全按照中央严格的计划制度运行</td></tr>
<tr><td>1969—1970 年</td><td>类似 1959—1967 年模式</td><td></td></tr>
<tr><td>1971—1973 年</td><td>收支基数固定，盈余和赤字包干制，逐年调整</td><td>1. 财政包干体制
2. 定收定支、收支包干、保证上缴、结余留成或者全额分成，收入留成
3. 1973 年试行固定比例留成办法，超收按比例分成，支出按指标包干</td></tr>
<tr><td>1974—1975 年</td><td>支出包干制</td><td>1. 收支挂钩，总额分成
2. 收入保留比例固定
3. 计划之外盈余分成</td></tr>
<tr><td>1976 年</td><td>类似 1969—1970 年模式</td><td></td></tr>
<tr><td>1977 年</td><td>分权实验</td><td>1. 地方不同收入分成设计实验
2. 江苏模式和四川模式
3. 试行固定比例包干制，确定收入上缴，留成比例，地方自求平衡，多收多支，少收少支</td><td rowspan="4"></td></tr>
<tr><td>1978 年</td><td>地方试验</td><td>十省试验：
1. 收支计划挂钩
2. 增收分成：中央和地方共享计划外收入
3. 分成比例三年不变</td></tr>
<tr><td>1979 年</td><td>地方试验</td><td>广东和福建试验：
1. 两省向中央上解定额收入
2. 财政包干办法五年不变</td></tr>
<tr><td>1980 年</td><td>全国财政改革：划分收支，分级包干</td><td>1. 分灶吃饭：不同级别独立预算
2. 中央和地方分成比例五年不变
3. 五种主要包干办法</td></tr>
</table>

续表

<table>
<tr><th>时间</th><th>财政管理体制
基本特征</th><th>财政管理体制
特征描述</th><th>特征总结</th></tr>
<tr><td>1985 年</td><td>改进 1980 年模式</td><td>1. 三种收入：中央、地方、中央地方共享
2. 三种分成计划
3. 不同分成比例</td><td rowspan="2">改革开放初期的财政改革基本特征：
1. 地方财政自主权的扩大
2. 财政包干制度的多变性和多样化
3. 中央控制权减弱</td></tr>
<tr><td>1988 年</td><td>六种包干办法</td><td>总额分成包干制、收入递增包干制、定额上解包干制、上解额递增包干制、定额补助包干制、总额分成加增长分成包干制</td></tr>
<tr><td>1994 年</td><td>分税制改革</td><td>中央税、地方税、共享税</td><td></td></tr>
</table>

改革开放前，税收收入主要通过控制价格以确保国有企业部门的大量利润，然后把这部分利润归为国家使用。改革开放前的计划经济体制时期的财政体制呈现财政体制在集权与分权之间徘徊、中央一直持有很强的控制权、财政体制并没有完全按照中央严格的计划制度运行等基本特征，财政制度本身非常薄弱和不稳定。

改革开放初期，中央政府向地方政府逐步放权，推行财政包干体制。1980 年中国开始实行的财政包干不利于提升中央政府的宏观控制能力和财政汲取能力。一方面，其会形成中央依赖地方财政局面；另一方面，财政汲取能力具有不稳定性。共享收入原则的多样性和弹性比较大，而且地方政府的谈判能力也会成为影响分享比例的重要因素。1988—1993 年，在与中央进行独立预算协议的 30 个省份和 5 个城市中存在 6 种共享方案。因此，改革开放初期的财政体制呈现地方财政自主权的扩大、财政包干制度的多变性和多样化的基本特征，但此阶段的次财政性分权导致中央财政收入比重出现持续下滑局面，并且中央控制权减弱。

为了提升中央政府的宏观调控能力，1994 年中央实行分税制改革以进行财政收权。分税制改革不仅提高了中央政府财政汲取能力，而且增强了中央政府的宏观调控能力以及危机应对能力，但从财政包干到分税制改革所产生的成效不止于此。

第一，分税制提高了财政汲取方式的制度化水平。一方面，税收体制更加具有透明性。分税制使得中央和地方政府的财政行为可以预测，两者均可以做出相对长期的规划，同时也有利于改变容易诱发腐败的含糊不清的利润分成体制。另一方面，分税制使得税收负担更趋向公平。分税制改革通过实施增值税和所得税结束了利润分享和利润包干的激励方式，替换了传统的收入上缴体制。而且伴随分税制改革的推行，信息基础设施、会计制度等相关领域的发展推动中国朝着更加完善的现代税收制度体系方向迈进，而不是朝着依靠政治方式处置资源的制度迈进。

第二，分税制也重塑着中央与地方政府之间的关系。首先，分税制改革是中央实现“再集权”的分水岭。中央政府之前中央税收依赖地方的局面得到根本转变，这种根本转变不仅表现在数字收入上的占比上，也表现在代表中央的权威机构的设立上。1994 年政府的财政改革最重要的三个方面是新税种、分税制和国税局。其中，国税局作为中央政府新的税收代理机构，是一个拥有实际权威的中央税务机构。对中央政府而言，中央税保证了固定的税收来源，国税局的建立改变了之前中央依赖地方政府汲取税收的局面，共享税和税收返还制度保证了中央能征收大部分税收。以上几点均有利于中央财政能力的稳定、财政汲取能力的提升和地方控制力的增强。其次，分税制实现了中央和地方政府之间财政资源的分离。对地方政府而言，由于中央政府不再直接干预省市的税收事宜，而且地方政府有自己的税种和税权，这赋予了其实在的财政自主权调控本地经济发展。但在地方政府财政自主权增强的同时，地方政府的博弈砝码也有所增强。改革开放前高度统一的财政体制和利益结构决定了单向度的命令—执行关系，伴随财政体制改革，地方政府自主性的提升过程中形成了独立的利益结构，中央与地方之间的关系中新增加了很多交易和博弈成分。

第三，分税制有利于形成一个公平、竞争的全国性市场。首先，新税种简化了原来复杂的税收种类，增值税对产品税的取代扭转了原税制造成的价格扭曲，有利于单一价格体系和全国市场的形成。

其次，统一税种和税率有利于抑制地方政府保护主义，改善了地域公平性。增值税对产品税的取代弱化了地方保护主义诱因，也有利于将之前各自为营的地方市场环境转换成为一个竞争性、全国性的市场环境。最后，财政体制改革为企业创造更加公平的竞争基础，统一税种和税率降低了由于不同税率/税种而带来的差异性的税收负担。

第四，分税制改革有利于政府更好地发挥再分配能力，特别是在公共服务供给和分配领域。税收的基本功能是收入和调节，中央税收份额的增加和税收控制权的重新集中有利于政府发挥好税收的调节功能，更多地关注公共服务的提供与分配，特别是在实现基本公共服务均等化方面。

需要补充的一点是，与西方发达国家相比，中国的财政管理体制具有一定的优势。西方发达国家的发展过程一般都是先土地私有化，后工业化与城市化，其实质是通过完成土地私有化，再从私有土地升值中积累工业化资金。这一顺序基本决定了土地增值收益权的归属，从而固化了社会的长期性财富结构。国家财政的构成对税收的依赖性较强，而国家财政的支出受资本所有者的认可所制约。而中国在工业化启动之初就实现了土地公有化，中国经济的发展过程不同于西方，先工业化、城市化，然后才是土地使用市场化。这产生了两个效应：一是当土地性质从农业用地向工业、商业用地转化时，产生的土地原始增值反映了工业化与城市化成效；二是土地原始增值主要归国家所有，成为政府财政运行的重要依托。①

与西方公共财政相比，中国国家理财体系有两个比较优势：一是社会财富结构中国家、社会、私人之间相对平衡，而有利于避免西方私人资本独大的财产垄断。这就从根本上保障了国家决策的相对自主，使其不受资本寡头的控制，也不被利益集团绑架。二是增强了国家通过政策工具的调控力度，扩大了国家的调控余地。中国政府可以

① 史正富：《超常增长 1979—2049 年的中国经济》，上海人民出版社 2013 年版，第 147—148 页。

通过包括国有资本运作在内的资产负债管理，从国家理财中获得资产性收入，有利于降低税收压力，同时增强政府解决民生问题、调整不平等分配的能力。①

三 人事制度：中央对政治绩效激励来源的控制

中国政府的中央权威和宏观调控能力不仅仅建立在财政资源占比上，中国在经济转型过程中对地方政府保持了有效的政治控制，能有效引导地方政府的行为取向，整体上维系了政治上的中央集权。② 人事决定权是有效进行政治控制的决定因素，这一权力能够平衡中央因财力不足而带来的宏观调控能力的负面影响。这也是为什么中央财政收入在 1994 年之前虽然一直呈下降趋势，中央政府仍能够有效地控制地方政府行为，让其配合中央的宏观计划的原因。很多学者认为经济分权是解释中国经济发展的一个核心要素，但仅仅经济分权不能解释中国的经济增长，中国的成功之处在于将经济分权和行政集权相结合，后者能够起到有效抑制前者缺陷的作用。③ 中国行政集权的主要表现就在于中央对人事任免的严格控制。

人事制度是中央政府控制地方政府的一个核心手段。"如果想保持国家机构的一体性，使其能多少一致的行动，所有的国家领导者必须找到能对抗他们的机构的离心力的向心力。"④ 在改革开放之前，这种向心力主要来源于意识形态激励，在改革开放之后，政治晋升成为主要的向心力，而与政治晋升直接相关的就是中央对人事任免的严格控制权。人事制度既与地方政府的激励来源相关，也与中央政府的控制来源相关。

---

① 史正富：《超常增长 1979—2049 年的中国经济》，上海人民出版社 2013 年版，第 149—150 页。

② 而俄罗斯转型失败的原因就在于中央在政治上丧失了对地方政府的基本控制力。政治上中央集权的有效性是布兰查德和希雷弗论证俄罗斯与中国产生不同分权效果的关键差异因素。Olivier Blanchard and Andrei Schleifer, "Federalism with and Without Political Centralization: China Versus Russia", *IMF Staff Papers*, *Palgrave Macmillan*, Vol. 48, No. 4, 2001.

③ Olivier Blanchard and Andrei Schleifer, "Federalism with and Without Political Centralization: China Versus Russia", *IMF Staff Papers*, *Palgrave Macmillan*, Vol. 48, No. 4, 2001.

④ ［美］乔尔·S. 米格代尔：《强社会与弱国家——第三世界的国家社会关系及国家能力》，张长东等译，江苏人民出版社 2009 年版，第 220 页。

改革开放后，人事制度为满足经济体制改革的需求，不断地进行调整，干部管理制度也不断地科学化和民主化。但党管干部的基本原则始终是中国人事制度的不变因素，中央政府始终掌握着对地方官员的任命和调动权力。党对干部任免权的控制是为什么在经济发展不平衡的背景下，中央政府还能保持地方的遵从的一个最重要解释因素。[①]党管干部原则在保证中央自主把握改革进程、推行政策方针和维系中央权威方面具有实质性的作用。虽然地方政府作为具有独立偏好的利益主体，若中央的政策及宏观调控行为有悖于地方政府经济利益时，地方政府就会有抵抗中央政府的可能性。但这种抵抗主要集中在经济领域，“只有当中央宏观调控的经济行为转变为一种政治行为时，地方政府的经济抗衡才会被迫转变为政治性服从”[②]。从这个层面而言，人事制度在保证中央自主把握改革进程、推行政策方针和维系中央权威方面具有实质性的作用。

改革开放进程中，有几项干部人事制度和举措不仅对中国的官僚系统和治理模式影响深远，而且对中国经济体制的转型至关重要。

一是邓小平提出的“革命化、年轻化、知识化、专业化”四项标准的制度化。[③] 政治人力资本的更新是中国经济成功转型的重要保障。因为革命人才以忠诚信仰为特征，而经济发展需要技术型与知识型人才，四项标准吸纳了更多的技术型和知识型官员。他们的务实精神和技术能力对于中国从意识形态化的全能主义政治向以经济建设为中心的现代政治的转型，对于摆脱保守教条主义和激进自由主义对公共政策的干预具有重要意义。“国家的精英官员和组织化环境的特性在理解国家如何取得自主上同样重要。官僚人员和内部组织的性质与优秀

① Pierre F. Landry, *Decentralized Authoritarianism in China: The Communist Party's Control of Local Elites in the Post-Mao China*, New York: Cambridge University Press, 2008.

② 周振华：《体制变革与经济增长——中国经验与范式分析》，上海人民出版社 1999 年版，第 166 页。

③ 1982 年中央颁布《中共中央关于建立老干部退休制度的决定》，通过这一决定一方面实现了官僚系统的更新；另一方面形成了省部级干部 65 岁退休的惯例，客观上增强了中央对高级官员的控制能力，这两方面实际就是对邓小平四项标准的制度化举措。

官僚的素质和独立见解之间有重要的关系（能提高干预的效果）。”①从推动官僚机构人员从革命性向专业性转变角度看，四项标准的改革意义不可忽视。

二是官员异地交流制度。② 除了对地方官员的任命权力外，1990年开始实行的官员异地交流制度是中央政府有效制约地方自主性膨胀的重要方式和人事制度。异地交流是一种对官员的隐性治理，异地交流一方面对克服官员的惰性有利，有助于改善政府效率，提高政策执行力。另一方面激励官员有所作为，在任期内的经济绩效与其晋升机会呈正比例关系的正面激励会促进自下而上的经济增长。

三是政治吸纳制度。“一个正在进行现代化的制度必须具有将现代化造就的社会势力吸收进该体制中来的能力。”③ 中国在这个方面是成功的，中国对社会新增精英的吸纳至少能起到以下几个方面的作用。首先，增加现行政治体制的合法性和稳定性。新生社会精英的发展是中国市场经济改革的一个重要现象，如何对体制外新生社会精英的参与需求进行有序满足成为党和政府面临的一大挑战。排斥或者压制必然不利于社会稳定和经济发展，所以，有序进行政治吸纳成为国家的首选策略。政府有意识地把新生的经济精英吸纳到现有的政治体制之中，不仅增强了政治体制的政治认同性和合法性基础，而且能有效地控制因新生力量和阶层而形成的政治挑战，防止新经济精英内部有组织性政治行为的发生，④ 从而保证政治稳定性。其次，增加现行政治体制的包容性。吸纳新社会精英意味着国家通过扩大政治和决策的内部边界以调整与社会的关系，为国家权力提供再生资源。这一策略表明了党试图把更多的社会利益融入政治体系之中，体现了体制的

---

① ［澳］琳达·维斯、约翰·M. 霍布森：《国家与经济发展：一个比较及历史性的分析》，黄兆辉、廖志强译，吉林出版集团有限责任公司2009年版，第185页。

② 1990年7月中央颁布的《中共中央关于实行党和国家机关干部交流制度的决定》是官员异地交流制制度化的标志，其基本定型于1999年由中组部颁布的《党政领导干部交流工作暂行规定》，2006年更新为《党政领导干部交流工作规定》。

③ ［美］塞缪尔·P. 亨廷顿：《变化社会中的政治秩序》，王冠华、刘为等译，上海人民出版社2008年版，第119页。

④ Margaret M. *Pearson*, *China's New Business Elite*: *The Political Consequences of Economic Reform*, Berkeley: University of California Press, 1997, p. 141.

包容性。[①] 再次，中国在政治体制上通过吸纳专业精英有利于推进中国政治体系的制度化。技术官僚以理性和务实为特点，在决策过程中对规则和程序的重视高于个人权威，这对于政治体系的理性化和制度化具有重要推动意义。[②] 最后，中国在政治体制上通过吸纳专业精英所做的变革增强了他们收集信息和分析信息的能力。中国的发展不再是革命问题，专业人员以参与者的身份表达观点，这改进了决策的质量。

---

① He Baogang, "Intra-Party Democracy: A Revisionist Perspective From Below", in Kjeld Erik Brodsgaard and Zheng Yongnian, *The Chinese Communist Party in Reform*, London: Routledge, 2006 p. 199.

② 技术官僚的优势和长处是务实和理性，但其缺点是只能在既定的政治框架内解决问题，无法应对中国总体政治架构转型问题。中国政治转型仍然需要具有政治智慧和政治想象力的政治家来推动。郑永年：《改革及其敌人》，浙江人民出版社 2011 年版，第 5 页。

第五章

经济全球化视角下的国家自主性考察

世界历史的进程总是充满了各种挑战，2016 年的英国脱欧公投、特朗普上任后宣布退出 TPP 并采取一系列贸易保护主义政策让全世界开始忧心全球化的未来发展。2020 年的全球新冠疫情大流行更是让我们看到了全球主义与国家主义之间的巨大张力。经济全球化进程始于西方发达国家的推进，曾经捍卫全球自由贸易主张的美国开始向国家主义退缩，而曾经对经济全球化有所抗拒的中国在通过“一带一路”、达沃斯论坛等向前推动经济全球化。角色和态度的反转背后实际上是国家主义和全球主义的博弈，国家主义关心在经济全球化进程中国家自主性的维系，而全球主义追求建立一个无国界，甚至是无国家的世界。国家主义和全球主义两者谁也取代不了谁，但二者的张力始终存在。

经济全球化的内在特征要求跨越地域性边界在全球范围内进行资源配置，而这必然在多个层面冲击国家及其自主性。国家作为国际体系中独一无二的建构性因素面临着排他性权威分流困境、政治认同削弱危机和民主赤字难题等现实挑战。经济全球化带给国家的种种挑战一直吸引学界对国家角色的关注，围绕国家自主性的发展趋势形成了不同的理论分野，回归国家学派的立场是国家强化论，而新自由主义者的立场则是国家销蚀论。两种观点背后实际上是国家主义和全球主义的博弈，两者谁也取代不了谁，但国家主义和全球主义的张力始终存在。未来经济全球化时代国家理论的主流话语是国家建构，后发国家是否拥有适当的国家自主性，直接决定着国家建设的成败。

第一节　销蚀还是增强：不同理论流派的分野

经济全球化的发展带给国家的种种挑战引起学界对国家角色的关注，特别是20世纪90年代以来围绕经济全球化和国家两个核心概念衍生了一系列相关研究议题。经济全球化与国家的关联研究之所以能够聚焦学者们的关注，是因为他们有一个共性认识，即“全球性的变迁必然导致国家理论的重建”。[①] 国家无论是以被动方式还是主动方式卷入经济全球化进程，其都需直面经济全球化带来的挑战，在这一点上学者们没有分歧，他们的分歧体现为在融入经济全球化的进程中，国家自主性会销蚀还是增强？

一　国家强化论：回归国家学派的立场

依据现实主义[②]和国家中心主义学者的观点，只要能客观地评估经济全球化，就不会推演出经济全球化与国家权力衰弱或国家自主性销蚀之间是一种因果关系的结论。经济全球化进程中国家的治理能力会遇到新议题，国家的政治权力面临分流也是不争的事实，但即便如此，诸多实质性挑战与国家自主性弱化之间也不能画等号。以回归国家学派为代表的核心观点是国家强化论，即国家作为一个行为主体，在回应经济全球化的进程中其自主性会增强而非削弱。

第一，经济全球化进程会刺激国家角色的扩张。回归国家学派认可一个基本的事实，即以跨国经济组织为载体的超国家经济联系的强化必然会弱化国家的国内积累能力，并对国家的管控范围提出挑战，

---

① ［英］马丁·阿尔布劳：《全球时代：超越现代性之外的国家和社会》，高湘泽等译，商务印书馆2001年版，第272页。

② 现实主义学者如Robert Gilpin、W. Ruigrok、R. Van Tulder、David Held、Anthony McGrew、David Goldblatt、onathan Perraton等。

“当在跨国层面发生的私人交易创造日益增多的权力和财富时，国家想要维持在全球层面上的优越行为主体形象就会变得更有难度。”[①] 但这并不会弱化国家的核心地位，国家自主性也不会被销蚀和弱化，相反，经济全球化会刺激国家角色的扩张。

一方面，经济全球化进程对国家角色的扩张刺激主要体现为跨国性威胁会合法化国家的干预机制。当跨国性经济贸易、资本流动给国内经济秩序带来威胁时，国家为了保护本国国民经济，政治干预成为优先性的应对策略，因而会合法地发展国家的干预机制。Rodrik 对 125 个国家的数据研究支持经济发展对外依存度与政府开支规模两者呈正相关的论点。[②] 尤其对于发展中国家而言，与跨国经济联系增强趋势相伴随的是国家角色的扩张效应，“在第三世界，与贸易和资本流动相联系的并不是消极的、受到限制的国家机器，而是国家的国内角色的扩张”。[③]另一方面，基于国家自主性的国家干预能力是一种潜在优势。国家不是社会中心主义所设定的因变量，而是具有自我偏好和行为逻辑的自为组织。“东亚国家的成功实践证明有效参与经济全球化进程不以限制国家角色为前提，国家干预也可以成为有效手段，高度的国家性与在经济全球化中获取成功两者之间存在正相关的可能性。”[④] 当然，回归国家学派强调这一立论的前提是国家需要拥有一套有效运转的官僚体系和国家具有一定的自主权。

第二，国际因素能够刺激发展主义。回归国家学派一直把国家放置于国内和国际的交叉点分析其自主性，因为他们认为国际关系的变动对一个国家的内部平衡性至关重要，既可以对国家自主性产生弱化影响，也可以为之提供支持性机会。但国际关系对国家自主性的影响

---

① Peter Evans, “The Eclipse of the State? Reflection on Stateness in an Era of Globalization”, *World Politics*, Vol. 50, No. 1, 1997, p. 65.

② Dani Rodrik, “Why do More Open Economies Have Bigger Government?”, *Journal of Political Economy*, Vol. 106, No. 5, 1998, pp. 997 – 1031.

③ ［美］彼得·埃文斯、迪特里希·鲁施迈耶、西达·斯考克波编著：《找回国家》，方力维、莫宜端、黄琪轩等译，生活·读书·新知三联书店 2009 年版，第 294 页。

④ Peter Evans, “The Eclipse of the State? Reflection on Stateness in an Era of Globalization”, *World Politics*, Vol. 50, No. 1, 1997, p. 70.

分析局限于历史分期，最根本的决定因素是国家如何应对国际环境所带来的压力或者机遇，这取决于国家内部结构特征、体制能力积累所导出的国家自主性程度。

国家中心主义模式下经济发展存在两条路径：无计划的市场影响（unplanned market influence）和市场促进战略（market-promoting strategy），这两条发展路径都有可能与国际因素产生关联。国际因素刺激发展主义的情况主要概括为几种类型，一是军事主义对财政资源的需求推动经济发展。其中最为重要的影响因素是战争，英国是最好的案例，被称为“战争国家”的英国在早期的国家建设过程中，采取的核心战略是军事主义和外部扩张，与此直接相关的是军事开支对财政资源的需求度上升，而这一需求刺激了英国金融行业的快速发展。二是国家安全需求推动经济发展。东亚新兴发展型国家归属此类，国家执政当局在国际安全压力的历史背景下，基于赶超意愿和领土安全的双重考虑必须采取相应策略发展经济实力。罗纳德·多尔把东亚发展经济的意愿称为“发展意愿”，拉美和东亚之间的差异性主要体现在后者以经济发展为优先目标导向，而这种导致两者差异性的发展意愿与军事竞争和地缘政治之间存在密切关系。[①] 从这个层面上来说，国际安全压力刺激了东亚经济发展，是东亚经济发展的助力而非阻力。

二　国家销蚀论：新自由主义者的预判

在经济全球化进程中，国家自主性面临两种结果，一是国家自主性销蚀；二是国家成功再生权力资源，新自由主义代表前一种立场预判。新自由主义是经济全球化的理论基石，依据新自由主义学者的观点，经济全球化的进程就是国家不断销蚀的一个过程。一方面，经济全球化进程意味着“去国家化”。新自由主义学者认为在经济全球化的进程中，“必须放弃国家这一概念，在跨国化世界中不

① Ronald Dore, “Reflections on Culture and Social Change”, in G. Gerdffi and D. L. Wyman, *Manufacturing Miracles: Paths of Industrialization in Latin America and East Asia*, Princeton, NJ: Princeton University Press, 1990.

会存在‘国家’”①。国家是一个逐渐销蚀的概念，国家销蚀产生于国家和市场相互作用的国内和国际两个层面。经济全球化以国际经济组织为载体建立跨国网络，从而实现了生产、资本、贸易、金融的自由流动，在全球范围内实现资源配置，这必然导向经济领域的“去国家化”。另一方面，市场机制在世界经济中亦能实现自我调节。新自由主义的基本原则是市场原教旨主义，主张贸易经济自由化和私有化，否定国家干预和福利国家。其推演逻辑始于理性与契约，根据这一逻辑，市场植根于人类自然本性之中，市场自动产生秩序，社会和国家都是理性个体为满足目标的产物，而经济全球化只是把这一逻辑的适用范围从国家扩大到了超国家范围。国家中心主义学者认为新自由主义学者对市场抱有过多的期望，过于夸大了市场的自发调节能力。维森和霍布森指出：“在国家发展的成功或者失败的问题上，新自由主义和其他一些理论观点夸大了世界经济和市场机制的重要性，亦因此低估了国家能否调动国内资源的不同自主性与能力。”② 市场机制在一国之内的自发调节已然存在问题，而把市场自发调节的范围扩展到全球水平的层次是一种非常危险的幻想。

跳出国家销蚀论和国家强化论立场，我们需要客观分析经济全球化与国家自主性两者之间的关系。第一，经济全球化趋势不可逆转。经济全球化是一种客观发展结果，还是主观人为推动使然？经济全球化始于西方发达国家的有意识推动，而在延伸发展的过程中，人类相互依赖程度的增强使之无法逆转。当经济全球化打通地域隔阂后，各国交互影响的领域除经济之外涉及政治、文化和社会等诸方面，以逆全球化之名实现隔离式发展之图已经成为妄想。无论是以被动还是主动方式卷入这一过程都是每一个国家不可避免的抉择。在经济全球化的进程中国家自主性会受到一系列变量因素和不可控因素的影响和限

① Ernst-Otto Czempiel and J. N. Rosenau, *Global Changes and Theoretical Challenges: Approaches to World Politics for the 1990s*, Lexington, MA: Lexington Books, 1989, pp. 117 - 134.

② ［澳］琳达·维斯、约翰·M. 霍布森：《国家与经济发展：一个比较及历史性的分析》，黄兆辉、廖志强译，吉林出版集团有限责任公司2009年版，第1—2页。

制，这些因素包含跨国经济组织、国际条约、地缘政治、国际格局等。第二，国家作为人类社会的政治组织单元，是国际体系中独一无二的建构性因素。经济全球化对国家权力、政治结构带来的冲击并不意味着国家的衰弱甚至终结。我们不应该“在历史意识立场中夸大民族国家的强大，在全球化意识立场中夸大民族国家的衰弱”。[①] 东亚国家的实践说明国家自主性与融入经济全球化两者之间具有积极联系的可能性，即国家借助干预主义可以实现参与全球化市场的目的。“在一个全球竞争的时代，市场需要政府的有效管理。因为市场本身是一种复杂的结构体系，它有效作用的发挥需要政府的培育、调整和管理。在动荡的全球性商业发展背景之下，那些能够保护其制度结构和国家政策的政府，才有希望在全球经济中取得成功。”[②] 第三，未来经济全球化时代国家理论的主流话语是国家建构。国家建构将会替代去国家化、国家销蚀等概念，成为国家之间的聚焦议题。从这个层面而言，经济全球化进程也是对新时期国家建构艺术的一种考验。

第二节 经济全球化对国家自主性的现实挑战

资本主义发展和民族国家形成被认为是近代化在经济和政治层面的标志，而资本主义在新自由主义理论的推动下以经济全球化的形式不断挑战着民族国家的界限。经济全球化的内在特征要求对经济行为的空间和边界进行重新配置，而这种配置给国家带来不安，因为经济全球化不仅会通过资本流动、国际贸易和国际金融等经济活动冲击一国旧有的经济模式，而且在多个层面冲击国家及其自主性。国家自主性维系的关键取决于权力层面政治权威的排他性、公民层面的政治认同、社会层面的资源汲取能力、央地关系均衡性等方面，经济全球化

① Michael Mann, “Has Globalization Ended the Rise and Rise of the Nation-State?”, in T. V. Paul and John A. Hall, *International Order and the Future of World Politics*, Cambirdge: Cambridge University Press, 1999, p. 259.

② Robert Boyer and Daniel Drache, *States Against Markets-The Limits of Globalization*, New York and London: Routledge, 1996, p. 56.

对国家自主性的现实挑战打破了国家的排他性权威。

一　国家排他性权威分流困境

在经济全球化进程尚未开启之前，国家具有疆土之内的排他性权威地位和资源，这代表着国家的排他性权威空间与领土疆域延伸之处相重合，而打破这一重合性、跨越地域性边界在全球范围内进行资源配置是经济全球化的本质要求，因此，经济全球化的跨国性特征首先冲击的是传统民族国家的地域型权威。一方面，国家排他性控制和管理权威受到限制；另一方面，国家排他性权力和权威被转移。与上面两点都相关联的是跨国机构组织①，普遍的一个论点是跨国组织的增多意味着对国家自主性的侵蚀，甚至会形成对主权的冒犯。超国家组织作为经济全球化趋势中新生的治理机构实际上不仅分流了传统民族国家的部分权威和权力资源，而且挑战着传统民族国家的治理能力。

经济全球化进程“创造了一个不再是由国家主导经济力量的世界，而是一个由超越国家的经济力量主导国家政策的世界”。② 这种超越国家的经济力量在形式上体现为资本的跨国流动性，正是因为跨国资本的无界性，使得跨国经济组织具备了降低，甚至脱离国家管控的可能性。首先，跨国经济组织建立了超越国家疆域范围的治理机构。跨国经济组织的管理结构、管理模式和管理方法会降低国家的干预能力和程度，而且经济全球化为跨国经济组织与国家进行谈判提供了客观条件。在微观层面，跨国经济组织的全球化发展战略增加了政府对生产活动、环境保护、工作水平等细节方面进行有效管理的难度。③在宏观层面，跨国经济组织摆脱了国家框架，跨国经济组织的灵活性

① 跨国机构组织基本可以划分为：超国家组织、区域性组织、跨国组织、亚国家。J. A. Scholte, Globalizaton: *A Critical Introduction*, Palgrave Macmillan, 2000. 国内学者俞可平认为全球治理的主体可以划分为三类：一是各国政府、政府部门以及亚国家的政府当局；二是正式的国际组织，如世界贸易组织、联合国等；三是非正式的全球公民社会组织。

② ［美］莱斯特·瑟罗：《资本主义的未来》，周晓钟译，中国社会科学出版社 1998 年版，第 123 页。

③ Keith Griffin, *Studies in Globalization and Economic Transitions*, New York: St. Martin's Press, INC, 1996, pp. 125 - 128.

和市场敏感度以及资本的流动性会弱化政府影响或左右投资去向的能力。其次，跨国经济组织实现了资源的全球性流动。跨国流动的资本若脱离一国经济政策的束缚，其必然降低国家对跨国经济组织资本积累、资本流动和资本使用的管控和干预，因为这些跨国经济组织能够使资本超越民族国家的界限渗透到不同的市场之中。“它们不受制于任何调节机制和生产要素，由于服务于全球市场或面对全球竞争性公司带来的不断扩大的压力，民族国家性将会消失。”[①] 最后，跨国规制转移了国家部分权威资源。跨国经济组织分歧和冲突的解决更多地依托于国际争端仲裁机制，一方面，这超越了单个主权国家的活动范围，从而也就降低了跨国经济组织与国家之间的依附性和联系性。另一方面，跨国规制的适用基本单位是主权国家，这代表着民族国家要遵循国际治理机构组织的共享假设，在处理和解决跨国性事务时要符合其规则要求和制度规定，即国际治理机构的特殊性权威优先于国家权威。从另一个层面而言，这意味着国家让渡或转移了部分权威资源给国际组织。

二 国家政治认同削弱危机

当一种新的价值观念碰撞社会旧有价值观念时，当开放多元的价值观念冲击单一封闭的价值观念时，认同问题便会不可避免地出现。“‘同’与‘异’一直是人类学的焦虑，全球化凸显了这一焦虑。”[②] 经济全球化不会带来同质性的价值观，反而会反射性地激发价值观和文化之间的差异性和冲突性。经济全球化带来的价值观念变迁以不同方式和途径影响一国公民对于国家的认同感，对传统的民族忠诚构成话语挑战，对社会个体的身份认同产生冲击。在经济全球化进程中，国家面临政治认同削弱危机，这一危机的产生遵循两个衍生逻辑。

首先，经济全球化进程会侵蚀社会个体原有的政治认同价值观。

---

① Henry Wai-chung Yeung, “Capital, State and Space: Contesting the Borderless World”, *Transactions of the Institute of British Geographers*, Vol. 23, No. 3, 1998, pp. 294 – 295.

② 范可：《在野的全球化——流动、信任与认同》，知识产权出版社 2016 年版，第 80 页。

一方面，经济全球化的这种侵蚀性实际上弱化了公民的认知结构和对国家的认同程度，导致集体认同困境，“集体认同的构建倾向于越来越多面化，越来越易变，而且越来越不确定”，① 这弱化了社会个体与国家之间的联系纽带。另一方面，经济全球化进程增加了认同环境和认同身份的多变性和复杂性。社会个体不仅要从多元的认同中进行选择，而且面对随时变动的环境，认同会经常遇到变化问题，在这个双重进程的发展中，“身份认同也变得愈加复杂，人们一方面承诺对区域化保持忠诚度，而同时又想分享全球化的价值和生活方式”②。一个国家如若不能把多元的价值观念有效整合成为被社会个体所认同的共识，将会把自己放置于国家认同面临削弱和破碎的境地。其次，经济全球化进程中的国家有可能寻求排他性认同。经济全球化进程中商业往来使得不同种族、不同文化的人群更近更频地接触和碰撞，“全球化和民族化它们的内部差异相互渗透的方式，呈现出多种多样的矛盾性、分离性与平衡性”③。民族文化价值观之间的冲突和既定认同感的分化增加人群的归属危机，在这种情况下，不同人群会有意识地寻找种族认同或地方认同，因为越是排他性的认同，越能带给他们信任、归属、认同、安全和忠诚等情感。从这个层面上来说，经济全球化概念本身与政治和文化更多的是相悖而非相容。经济全球化对政治的排斥会增加社会个体对集体影响力的怀疑和对不确定性的恐惧。“因时空压缩而产生的认同危机很可能会产生一种排他性的宗教信仰或地域实践，以地方性和民族性对抗外来的国际压力。”④ 这种对排他性的认同对象的追求实际上是对经济全球化进程的一种极端解决方式。

---

① ［英］简·阿特·斯图尔特：《解析全球化》，王艳莉译，吉林人民出版社 2003 年版，第 216 页。

② Ronald D. Lipschutz, “Reconstructing World Politics: The Emergence of Global Civil Society”, *Millennium-Journal of International Studies*, Vol. 21, No. 3, December 1992, p. 396.

③ ［美］阿尔君·阿帕杜莱：《全球化》，韩许高等译，江苏人民出版社 2016 年版，第 238 页。

④ J. Timmons Roberts and Amy Hite, *From Modernization to Globalization: Perspectives on Development and Social Change*, Massachusetts: Blackwell Publishers Inc, 2000, p. 296.

三 民主赤字现象中的发展难题

经济全球化是一个掺杂着政治因素的综合现象，它对人类公共生活提出了新的难题，“如何把一个以领土为基础的民主治理体系与社会和经济生活的跨国组织和全球组织结合在一起”,① 即以地域为基础的民主过程与超地域特征的经济全球化的相融难题。马丁对这一难题持有悲观的预期，他认为全球化会把民主推入陷阱，民主国家会名存实亡。② 在尚未发展出超地域性的民主机制之前，民主赤字将会是国家建构的发展难题。

伴随经济全球化进程，民主赤字现象对国家自主性的侵蚀在多个层面上显现。首先，全球治理中的民主赤字侵蚀国家自主性。与经济全球化相关的全球能源、全球金融、公共安全、环境保护等公共事务的治理需要超国家权威的存在。一方面，国家权威的分离或让渡是构建超国家权威的基础。这是对国家自主性政治权力结构上的侵蚀。另一方面，超国家权威出现合法性困境。国际经济组织是经济全球化规则的主要制定者，世界银行、WTO、IMF以及其他国际组织的建立意在进行民主化全球治理。但超国家权威的合法性基础出现了民主赤字困境，主要体现为不均衡性的国家间权力、不平等的全球治理体系、不合理的国际财富资源分配等方面，超国家权威组织很多时候被发达国家所支配并以非民主化方式运作，这实际上是在政治实践层面对国家自主性的侵蚀，是主权国家之间的一种民主赤字现象。其次，国家治理层面的民主赤字侵蚀国家的合法性基础。政治的本质特征是参与性和公共性，民主化的意义就在于通过公民政治参与构建成员之间相互认同的政治共同体，从而实现集体治理。以认同和参与为基础的民主化过程是国家合法性的基础来源，然而，伴随经济全球化进程，民主赤字从两个方面侵蚀国家合法性基础。一方面，国家民主治理价值

---

① ［英］戴维·赫尔德：《全球大变革：全球化时代的政治、经济与文化》，杨雪冬译，社会科学文献出版社2001年版，第598页。

② ［德］汉斯－彼得·马丁、哈拉尔特·舒曼：《全球化陷阱：对民主和福利的进攻》，张世鹏等译，中央编译出版社2001年版，第13页。

式微。超国家权力与根植于地域国家中的民主参与价值冲突扩大，“民主的合法性和规模与国际市场之间愈来愈大的鸿沟，使公民们相信超国家的治理将会倾向于用官僚统治代替公民参与，并越来越多地摆脱民主的控制”[①]。另一方面，国家民主治理范围缩小。经济全球化“不仅约束了国家的经济政策，而且改变了公民对政治目标的理解，挑战着国家范围之内民主作为一种体现人们需求的制度的有效性”[②]。当经济全球化力量冲击国家时，国家民主治理的范围和能力都在内缩。

第三节　经济全球化进程中的国家自主性建构

经济全球化对国家自主性的影响不能一概而论，不同国家本身的结构特征、文化依赖和国家能力迥异，因此不同国家在经济全球化进程中的位置、回应和策略均不相同。因此，讨论经济全球化进程中的国家自主性建构首先需要明晰两个前提，一是国家类型的范畴；二是讨论的预设立场。一方面，本书关于国家类型的范畴锁定后发展中国家。经济全球化本身不是问题，问题的关键是如何管控好它以造福人类。经济全球化进程始于西方发达国家的市场领域拓展，但发达国家和后发展中国家一直处于不对等的位置，财富收入和资源分配也是极端不平等，可以称之为“选择性”的全球化。现在，原本三驾马车式的全球化——即经济上紧密联系的欧洲、北美和日本，现在正在被崛起的中国和东亚所替代。[③] 后发展中国家力量的崛起意味着修正经济全球主义的机遇和形成公平、公正、合理经济全球化秩序的可能性。对这一经济全球化景象期待的关键就是后发展中国家的国家自主性建

① Robert Boyer and Daniel Drache, *States Against Markets: The Limits of Globalization*, London and New York: Routledge, 1996, p. 303.

② Ronen Palan, *Global Political Economy-Contemporary Theories*, London and New York: Routledge, 2000, p. 22.

③ ［美］简·尼德文·皮特尔斯:《全球化与文化：全球混融》，王瑜琨译，中国传媒大学出版社 2016 年版，第 14 页。

构问题。另一方面，讨论的预设立场是经济全球化具有限度性。经济全球化中的政治难题是：我们不能在追求民主和国家自主的同时追求经济全球化，这是一个悖论。我们需要一种充满智慧的全球化，而不是最大限度的全球化，民主和国家自主应该压倒超级全球化。这一预设立场传递的观点是，超级经济全球化是一种幻想，我们追求的是一种有节制和限度的全球化，我们接受全球化是一个多元化国家的集合体，监管它们交往的应该是一层薄薄的、透明的、合乎常理的交通规则，各民主国家将自行决定它们的未来。[①] 在这一立场的基础上，国家自主性维系和全球治理才具有可行性。

一　民主凝聚机制：国家自主性的维系

后发国家的现代化起点是国家建构，大多数后发国家在第二次世界大战之后形成的一个基本共识是由国家力量推动经济领域和社会领域层面的现代化，而“后发国家是否拥有适当的国家自主性，直接决定着国家建设的成败”[②]。所以，国家自主性维系是后发国家全面迈向现代化历程的关键。在发展之初，后发国家基于文化、政治精英或初始国家结构条件的国家自主性优势已经逐步退却，国家自主性维系面临新的困境：一是国家引导的现代化导致社会关系的重组和新兴社会群体的崛起，新生力量对民主提出改革需求；二是现代化过程中社会产生了许多自主的社会行动者以及社会组织，社会力量对国家—社会关系提出重构需求。

国家自主性的强弱是一个相对概念，在经济全球化的背景下考量国家自主性的强弱有两个维度，一是在国际体系中国家的话语权；二是对内层面国家偏好与行为目标的契合度。在经济全球化的背景下，为了维系国家自主性，增强社会个体对国家的政治认同度，需要在传统国家利益和现代国家转型之间寻找平衡点。处于国内和国际交点上的国家在寻求国内外平衡的过程中，“国家生存下来的关键在于它有

---

① ［美］罗德里克：《全球化的悖论》，廖丽华译，中国人民大学出版社 2011 年版，第 11、234 页。

② 杨光斌：《政治变迁中的国家与制度》，中央编译出版社 2011 年版，第 276 页。

能力创制一种角色，这种角色既要适应全球经济一体化的力量，又要适应由认同政治所造成的内在张力”①。即国家如何通过自身转型提升自主应对能力，其中的关键在于民主凝聚机制建设。首先，增强民主制度供给能力。国家通常需要建构制度网络以维系国家权力的来源，“国家建设的历史就是集中构建这些国家权力的普遍源泉，植根于变动缓慢且很难被短期操纵所影响的制度关系中”②。后发国家无论是向现代国家的转型，还是国家自主性的维系都首先需要增强民主制度供给能力，不仅为社会参与提供程序和框架，也为自身权力的运行提供更加稳定的制度支撑，因为国家自主性更多地与民主制度相关联。其次，创新民主实践模式。民主在不同的时期、不同的地域而被赋予不同的含义，民主的模式和类型也存在多种设想和实践，但是“一个普遍的线索贯穿于所有的民主概念，那就是共同体的人民实现集体自决的条件”③。无论采取何种形式，民主治理均以参与性、协商性为特征，以被统治者的同意为基本底线。后发国家的社会基础异于西方发达国家，因而不可能移植西方民主制度或模式，而需要根据自身的社会结构和制度土壤创新民主实践模式。第一，创新协商民主实践。国家与社会之间的协作而不是割裂决定着民主制度的实践效果，后发国家需要以协商为基础把国家与社会之间的垂直关系向水平关系扭转。第二，创新基层民主实践。后发国家缺乏民主文化土壤，公民民主精神的培育需要从基层民主实践中滋生并扩展。在基层民主实践过程中要多元化、多样化，社区民主、社团民主、乡村民主等都应该成为民主实践的场域。

二　制度自律逻辑：全球治理的可行性

初始国家结构条件和国际外部环境都是影响国家自主性的重要因

---

① 郑永年：《全球化与中国国家转型》，郁建兴、何子英译，浙江人民出版社2009年版，第26页。

② Peter B. Evans, Dietrich Rueschemeyer, and Theda Skocpol, *Bringting the State Back In*, Cambridge: Cambridge University Press, 1985, p. 16.

③ 何增科、包雅钧：《公民社会与治理》，社会科学文献出版社2011年版，第160页。

子，“国家自主性的实际程度和后果，只能从特定的政治系统和特定的历史性国际环境的角度来分析和解释”[①]。理解国家的策略选择和行为逻辑首先要确认其所处的内外部环境，尤其是特定行为环境对国家及其构成部分所形成的压力。现代国家均嵌置于国际经济关系之中，要理解现代国家的自主性，就需要把国家置于经济全球化背景下，考察国家跨越自身边界的政治和经济行为以及经济全球化对国家策略选择产生的影响。就后发国家而言，经济全球化对其自主性的挑战聚集于两个方面：一是全球治理格局中的话语权；二是国家之间的协同度。以上两点均与制度自律逻辑相关，即制度对于政治运作者的主动性影响和有效性约束，它包含着制度相关方的可信承诺能力、民主参与程序和责任承担机制。

全球治理中的制度自律逻辑不会自动产生，而是需要积极地培育。首先，全球关系的民主管理必须制度化。当前的治理格局存在发言权与资源分配不平等的现象，这违背了制度自律逻辑的民主参与要求，我们需要架构新的制度程序以防止单边主义支配全球关系现象的出现。全球治理的规范机制不是通过单边主义国家行为出现的，而是必须通过国家之间的协商、合作和制约形成一种相互尊重的民主制度体系。其次，全球协同治理需要责任机制的构建。索罗斯提出了两个全球化发展目标：在全球规模上提供公共物品以减轻全球化带来的贫困和痛苦；建立廉洁公正的政府。[②] 这两个目标的实现都与责任机制相关联。一个国家的政府与社会和民众之间存在多种责任链条，不同于国家治理，在当下的全球公共治理协议和超国家组织规则中虽然存在责任规定，但却是不牢固的责任机制，大部分的全球治理协议中缺少权威的监督、评估和惩罚制度。因此，全球治理需要建构正式的责任机制，改变问责体系缺位问题，通过使用正式机制来监控参与方行为，形成可行可控的责任追究体制。最后，全球治理需要国际格局的

---

① ［美］西达·斯考切波：《国家与社会革命——对法国、俄国和中国的比较分析》，何俊志、王学东译，上海人民出版社 2007 年版，第 30 页。

② ［美］乔治·索罗斯：《索罗斯论全球化》，王荣军译，商务印书馆 2003 年版，第 57—58 页。

再平衡。从全球化的本质上来讲，各个国家在经济全球化进程中是平等的，全球化是各个国家逐步共同富裕的全球化，而不是贫富差距的拉大和只有少数人、少数国家富裕的全球化，也不是少数人、少数国家主导秩序的全球化。然而目前的事实是全球化进程一直处于不平衡的发展状态，民主和平等成了国家间治理的稀缺价值。① 后发国家的重任是重塑发达国家和发展中国家在全球治理格局中的权力秩序，通过渐进性政治规范认同的过程重塑国际秩序。

国家作为一个行动主体在本质上具有两面性，经济全球化进程中的国家自主性一方面受到国内政治结构特征和社会力量的影响，另一方面受到国际历史环境的影响，“全球化时代的核心问题在于，全球化的复杂过程是否以及怎样改变、重塑甚至摧毁了国家建构一种有效的集体行动领域和提供可信承诺的资源”②。处于国内结构和国际体系交叉区域的国家想要维系一种有效的集体行动，就不能忽略经济全球化时代带来的国家建构压力。

---

① 例如，G7 集团是全球经济管理的主要力量，但它把席位都给了总人口只占全球人口 10% 的少数几个国家；与 G7 一样，国际清算银行、北约和经合组织把世界上大多数国家都排除在外；世界贸易组织的管理具有全球性，但其中约 1/3 的成员国在日内瓦没有常驻代表；国际货币组织和世界银行拥有全部的国家成员，但分配体制却并不民主，其中 5 个股东国持有 40% 的股票权。何增科、包雅钧：《公民社会与治理》，社会科学文献出版社 2011 年版，第 167—168 页。

② Ronen Palan, *Global Political Economy-Contemporary Theories*, London and New York: Routledge, 2000, p. 21.

第六章

中国经济发展中的国家自主性重塑目标与路径

本章将首先分析中国经济发展中的国家自主性困境，从整体性的角度出发考察国家基础性权力不足与国家专断性权力过度并存的困境，从中央—地方关系角度出发考察地方自主性的膨胀对国家整体自主性维系带来的挑战。然后探讨国家自主性建构的基本目标，有效的政治体制应该具备隔离性（自主性）和嵌入性（合作性）两个特征。自主性均衡的基本特征是有效政府与有限政府的结合，有效性体现国家自主性的嵌入性特征，有限性体现国家自主性的隔离性特征，两者结合是新时期国家自主性重塑的基本目标。最后从国家—社会关系、中央—地方关系两个维度提出国家自主性的重塑路径。

第一节　中国经济发展中的国家自主性困境

一　过度与不足：国家自主性的失衡困境

关于目前中国的政府能力，存在两种态度和声音，一种是认为政府太强，管得太多，权力范围太宽，以至于社会和市场不能充分发挥各自的作用；另一种是认为政府太弱，在很多问题上面力不从心，如腐败问题、公共服务产品供给、房地产市场等问题。王绍光教授称之为“中国政治怪象”（the paradox of Chinese politics）。对政府能力两种态度的反差性体现了中国国家自主性面临的困境，即国家基础性权力的不足与国家专断性权力的过度。

（一）专断性权力的过度与掠夺型国家

国家自主性的过度主要体现在国家专断性权力层面。在国家—社会关系中主要体现为社会自主性权力的不足，在政府市场关系中主要体现为政府职能权责界定不清和权能行使的不规范。一方面是社会自主性权力的不足。自改革开放以来，中国市场经济体制的确立和发展改变了国家之前的“全权性”，权力、资源活动空间的释放激活了社会和个人活力，社会自主性也不断提升，实现了社会与国家的分离，但社会自主性仍然不足，中国仍处于强国家弱社会的状态。

另一方面是政府职能权责界定不清和权能行使的不规范。[①] 中国市场经济体制的发展已经基本走向成熟，逐渐减少政府对经济发展过程的干预范围、充分发挥市场在资源配置中的基础性、决定性作用是21世纪中国政府改革的价值取向。但目前中国仍然存在政府职能权责界定不清和权能行使不规范的问题，这不利于中国有序竞争市场机制的发展。第一，权责界定不清晰导致政府效能滑坡、服务效率低下、权责不对等、多头管理等现象。第二，权能行使不规范导致政府活动的错位、越位和缺位现象。错位主要体现为职能交叉，越位主要体现为过度干预微观经济，缺位主要体现为公共服务供给不足和质量不高，社会管理薄弱。

从国家发展过程来看，缺乏国家自主性必然不利于经济发展和社会现代化，但由国家权力非均衡发展所导致的畸形自主，同样会不利于现代化进程中的国家建设。自主性的国家在制度变迁过程中会衍生出很多种变体，如积极意义层面的发展型国家（东亚），消极意义层面的掠夺型国家（苏丹、扎伊尔、尼日利亚）。前者成功引导国家实

① 由《华尔街日报》和美国传统基金会联合发布的全球经济自由度报告一直是全球最权威的指标之一。在2014年发布的自由度报告之中，中国人际的经济自由度为52.5分，在179个国家和地区中的排名是第137位。以行政审批制度改革为例，虽然中国的行政审批内容已经取消221项，但改革的关键在于进一步减少管制。

现转型，后者则导致国家治理失败。[①] 在专断自主性层面，国家自主性越高，其权力被侵蚀的可能性就越大，而且容易导致掠夺型国家行为的产生。埃文斯认为掠夺型国家是指那些从社会中汲取了大量的社会剩余却不能提供公共产品的国家。[②] 国内学者杨光斌等在相同意义上认为掠夺型国家是一种阻碍发展和进步的国家形态，主要指的是那些从社会中榨取大量的社会剩余用于投资，但却不能提供集体产品、阻碍经济转型的国家。[③] 在中国经济发展转型过程中，中国要警惕、预防掠夺型政府行为。

首先，警惕不规范公共权力的异化。掠夺型政府行为与不规范的公共权力相关。国家权力的扩张性和不规范性不仅导致官僚主义膨胀，也容易滋生寻租和腐败。腐败是重新分配资源的一个过程，是体制内对体制外民众的剥夺。中国改革开放以来，一方面，市场在资源配置方面发挥的作用越来越大，但政府目前仍然掌控着一部分资源的配置权，这些配置权的存在成为制度租金的来源，也是政府官员腐败行为的滋生空间。另一方面，私人财富得到了长足增长，但其中一部分的财富增长与体制转型期不规范的公共权力相关，在国企改革、土地使用、税费优惠等方面存在不公平，甚至不合法的财富的非正常积累。这与社会不公以及权力腐败都有关联性。

其次，警惕中国官僚体制的理性不足。官僚制作为一种理性的组织管理制度，以严格的选拔制度、制度化的行政权力、严格依据规范和制度行事、高效理性的行动能力、部门权能的清晰划分、等级层次有序的组织结构等为基本特征。它建立在法理型权威基础之上，其中的公共官员具有理性、服从、可靠、专业等基本属性，非人格化原则构成了官僚组织的主要原则。理性官僚制之所以能提高行政效率在于

---

① 杨光斌：《政治变迁中的国家与制度》，中央编译出版社 2011 年版，第 259—268 页。

② Peter B. Evans, "Predatory, Developmental, and Other Apparatuses: A Comparative Political Economy Perspective on the Third World State", *Sociological Forum*, Vol. 4, No. 4, 1989, p. 562.

③ 杨光斌、郑伟铭、刘倩：《现代国家成长中的国家形态问题》，《天津社会科学》2009 年第 4 期。

公共官员严格服从非人格化的制度和法律规则，各级官员和组织的行动都以理性的规则为依据处理公务，并且能将国家所代表的利益与社会中各种集体/单个形式的特殊利益相脱离。但中国官僚制与理性官僚制的以上特征还存在差距。

最后，警惕地方自主性的异化。地方政府作为国家的核心执行代理人和地方利益的代理人，其自主性在经济发展的过程之中，可以转化成为“扶持之手”，也可以转化成为“掠夺之手”。若地方政府与地方利益组织共谋或地方政府政策受强势利益群体的影响，在中央缺乏对地方政府有效约束机制的情况下，必然会导致公共政策的执行偏离公正公平的价值导向，地方政府就会有可能演变成“掠夺型”政府。因此，在中国的改革进程中，要警惕地方政府自主性异化为地方部分利益群体的自主性而偏离公共利益轨道。

（二）基础性权力的不足与俘获型国家

迈克尔·曼把国家权力分为专断性权力和基础性权力两种类型，其中基础性国家权力弱化的主要表现包括但不限于以下两个方面：一是公共政策制定/执行失败或利益集团俘获政府以左右公共政策的制定/执行；二是国家汲取能力和再分配能力之间的失衡，国家虽然通过各种途径实现了汲取资源的目标，但汲取的资源并没有用于公共福祉的提升和分配正义的实现，从而导致国家基础性权力的弱化。收入再分配显然不能依赖于市场制度提供的信息进行处理，而需要依靠国家行政手段。再分配能力既是提升国家基础性权力的重点，也是检验国家干预能力的最佳切入点。国家在致力于经济增长的干预过程和国家对收入再分配的努力过程都会遭遇利益集团影响、阶级利益平衡、官僚组织执行力等方面的阻碍，但再分配过程对国家自主性带来的挑战会更高。就中国而言，国家基础性权力的不足主要体现在公共服务供给的相对薄弱和国家对公共利益偏离的危险。公共服务供给的不足与不公与国家汲取能力和再分配能力之间的失衡相关。

国家渗透力是判断国家基础性权力强弱的标准，国家渗透力意味着国家对社会的控制力，但国家对社会的控制不只意味着成功地汲取资源，它还包括为特定的目标恰当地进行资源分配，通过选择性地、控制性地分配社会资源，政府可以为人们的生存策略提供要素。[①] 国家渗透力弱的表现有两个方面，一是国家不能直接从社会中成功抽取资源，二是国家抽取的资源分配不均衡。中国国家渗透力相对较弱主要体现在第二个方面。

20 世纪 70 年代末以来中国的市场化努力造成了许多应由政府提供的公共服务严重退化。在市场和社会都没有作为的公共服务领域，国家需要提供制度化的公共服务体系，但中国在涉及住房、医疗、教育、社会保障等公共服务供给方面体现出相对的“不足”。市场化改革对住房、医疗、教育等民生领域的冲击损害了弱势群体的基本社会保障利益。在社会阶层分化加剧、贫富差距拉大、地区发展失衡的背景下，国家基础性权力显得比较薄弱。例如在房地产领域，房地产领域改革的目标之一是实现公平，但现实情况是一些权力部门和能影响权力部门的群体在房地产改革中获益，改革的真正含义也就出现了异化扭曲，偏离了国家的改革目标。而同时也容易出现权力腐败。

国家自主性可能由于国家专断性权力的过度导致国家对社会的掠夺，从而呈现掠夺型国家形态，也可能由于受到社会力量的俘获而导致基础性权力的式微，从而呈现俘获型国家形态。美国学者乔尔·赫尔曼、丹尼尔·考夫曼制定了一套国家俘获指数，并对 22 个转型国家进行了俘获指数测评，给出了俘获型国家的基本定义。两位学者认为所谓俘获型国家是指“企业通过向公职人员提供非法的个人所得来制定有利于自身的国家法律、政策和规章的企图。其通常手段是设置不利于竞争的壁垒，目的是通过高昂的社会代价创造出高度集中的利益”[②]。两位学者对国家俘获指数的样本数据主要来自转型国家的企业，这缩小了俘获型国家定义的适用范围。根据两位学者的定义，可以进一步提炼、扩展俘获型国家的共性特征。第一，公共性

① ［美］乔尔·S. 米格代尔：《强社会与弱国家——第三世界的国家社会关系及国家能力》，张长东等译，江苏人民出版社 2009 年版，第 272 页。

② ［美］乔尔·赫尔曼、丹尼尔·考夫曼：《解决转轨国家中的政府俘获问题》，载吴敬琏《比较（第 5 辑）》，中信出版社 2003 年版，第 46—47 页。

政治权力代表受到社会力量的左右和影响，社会力量可以是私人资本，也可以是利益集团；第二，政策/制度的制定偏离公共利益，制造出排他性的垄断利益；第三，国家俘获与权力腐败紧密相关，国家俘获为腐败提供诱因，权力腐败为国家俘获提供可能；第四，国家的俘获行为以高昂的社会代价为成本，腐败会损害执政合法性基础，俘获型行为会导致社会不公。因此，俘获型国家是指公共性政治权力代表受到社会力量（私人资本/利益集团）的左右和影响，偏离其公共性而制定符合部分社会利益的政策制度，以权力腐败为基本表征，以高昂的社会代价为成本制造出排他性的垄断利益。因此，无论是从经济发展角度，还是从社会改革角度，国家必须不受利益集团的绑架和左右而保持中性①才能制定符合国家整体利益的公共政策。

二　地方自主性膨胀：国家自主性的稀释困境

在市场化改革初期，分权化改革增强了地方自主性，但地方政府对其自主性持审慎的态度，造成上述审慎态度的原因有以下三点：一是体制惯性的影响。在计划经济体制下，地方政府的执行角色使得地方政府对其自主性的增强持谨慎的态度，更多的是在既定体制和政策范围内活动。二是意识形态争论的影响。中国的市场化改革进程也是意识形态争论过程，传统意识形态对市场化的敏感使得地方政府行为倾向于停留在安全区，而惧怕出现意识形态风险。中国的市场化改革一直受到意识形态方面的阻碍，对市场和私营的敌对态度也一直存在，只是程度的区别，直到 1984 年中央政府才接受“商品经济”的概念。三是利益结构分化不明显。在改革初期，利益结构开始调整和分化，但不足以对地方政府行为形成挑战。

地方政府在对其自主性持审慎态度的历史背景下，在改革开放的

① 姚洋教授吸收奥尔森的泛利性（encompassing）组织概念，用“泛利性政府”“中性政府”（disinerested government）解释中国经济增长的动因，中性政府代表的是整个社会的利益，更加关注国家的经济发展和长远利益，追求全社会的帕累托改进，能有效抵御来自利益集团的压力，防止被利益集团俘获而制定和执行符合国家整体利益的政策，中性政府最主要的理念就在于国家自主性概念。

前期阶段，分权化改革有利于打破旧有体制的束缚，在社会利益结构分化不明显的背景下，发挥了地方政府发展经济的创造性和积极性，地方政府的自主性成为中国经济发展的驱动力，而且地方政府在保持较强自主性的同时也保持了较强的公共性。

随着市场化改革的深入和社会利益格局的变化，地方政府对其自主性变为一种主动扩展的态度。特别是进入21世纪以后，社会结构的变迁加剧了利益格局的复杂性和冲突性，地方政府扩张其自主性的动力和意识不断增强。一是体制惯性的弱化。二是意识形态争论的转型。随着市场经济体制的确立，地方政府行为转向以经济绩效为中心。三是地方之间竞争的加剧。地方政府为实现政绩最大化，往往显现出功利化的特征。四是中央与地方权能分工体系的不健全为地方自主性的扩张提供了弹性空间。五是利益结构分化加剧。在利益结构分化不断加剧的背景下，当地方政府与地方强势利益群体联合形成利益同盟时，地方自主性不再是一个中立的概念，而是具有俘获性特征的危险自主性。在传统的计划经济体制下，地方政府不是独立的利益主体，既不会与中央政府“共谋”，也不会与企业“共谋”。[①] 而随着改革的逐步开展和深化，地方政府扩张其自主性的动力、意识和能力不断增强。地方自主性的膨胀不仅导致地方政府与地方企业的合谋行为，而且导致中央对地方的控制力减弱，国家自主性面临稀释困境。

地方自主性的增强本身不是问题，问题的关键在于地方自主性增强的同时地方政府行为偏离了公共利益、偏离了自身权力范围、偏离了中央政策/制度规定。转型期地方政府在增强自主性的同时公共性、中立性不再是同步的目标属性，而是发生了异化。地方自主性行为的异化表现在以下多个方面。

第一，地方政府从自身利益出发，采取某种“反政策”行为。“反政策”行为主要是指地方政府结合自身利益的偏好，设法摆脱中央政策的束缚性设置，在政策范围内自行寻找可以实现自身利益的途径。米格代尔指出地方政治反映了每个角色之间的权力交易，由于他

① 杨光斌：《中国经济转型中的国家权力》，当代世界出版社2003年版，第111页。

们通过国家管线配置了那么多资源，他们在地方层面的交易中常常处于强势地位。只要在他们的机构中责任和控制还有些许意义，他们就会用这种交易权力通过缩减配置资源的应用范围来保护自己的前程和利益。资源的实际分配可能会严重偏离首都城市法律和政策声明中的既定条文。[①] 中国在改革开放进程中很多时候是一种政策性放权，由此地方政府也就有了变通的空间。中国地方政府在政策执行方面，其“反政策”行为主要表现为对中央政府所制定的元政策进行变通执行（如表 6－1 所示），从而偏离了中央元政策的真实目标。政策变通现象从另一个层面反映出地方政府已经不单单是政策执行单元，而是具有地方自身利益偏好的自主行为主体。

表 6－1　　**政策变通执行形式分类**[②]

		是否改变原政策内容	
		是	否
是否公开变通执行	是	政策抵制	政策附加
	否	政策替换	政策敷衍

第二，地方政府的权威扩散现象。地方政府权威扩散[③]现象主要是指地方政府突破既定政府之间的权力配置，扩张自主决定地方公共事务的权力。地方政府通过对自身权力的自我扩张，从而控制/干涉一些没有被中央授权的领域，而这些领域实际上已经超出了地方政府的权限范围。例如，地方政府为了赢得地方政府区域绩效竞争优势，突破上级政府的制度或者政策限制。地方政府为了满足私利，实现与

① ［美］乔尔·S. 米格代尔：《社会中的国家：国家与社会如何相互改变与相互构成》，李杨、郭一聪译，江苏人民出版社 2013 年版，第 93 页。

② 景跃进、张小劲、余逊达主编：《理解中国政治——关键词的方法》，中国社会科学出版社 2012 年版，第 185 页。

③ 权威扩散概念是林德布洛姆提出的一个概念，主要用于分析政府间的关系。其含义主要是指政府通过运用并扩展被授予的权威，控制某些未被授权的领域，但这些领域实际上超出了最初其被授予的权力范围。具体参见［美］查尔斯·林德布洛姆《政治与市场——世界的政治—经济体制》，王逸舟译，上海人民出版社 1996 年版，第 40 页。

地方微观经济主体的利益互惠，超越政府既定权限满足部分利益群体需求等行为都属于地方政府的权威扩散现象。① 权威扩散实际上是地方政府的一种自我授权行为，是地方权力过度膨胀的表现。

第三，地方政府政策制定过程存在对公共利益偏离、消解、侵蚀甚至是忽视的现象。改革转型期地方形成的资本利益群体一方面对地方政府具有依赖性。特别是当资本力量尚未形成正式的、有影响、有组织的政治力量时，如若其生存环境缺乏透明性的制度保障，他们的基本策略就是通过建立非正式的关系网络，通过各种途径寻求政治庇护。另一方面具有合作性，在政治晋升激励下，地方官员为了追求经济指标，有与地方企业结盟的驱动力，加上中央与地方之间存在信息不对称的情况，这增强了地方政府与企业合谋的动机。在追求经济效益的驱动下，受到地方特殊利益群体，特别是以地方经济精英为代表的利益集团影响或者左右，地方政府很容易出现与新兴市场主体、地方利益集团的合谋行为。从而导致地方政府行为偏离地方公共利益、偏离中央预期轨道、损害地方弱势群体利益的后果，同时也会增加地方官员腐败行为的概率。官商合谋会提升地方官员腐败行为的发生概率。

而且地方政府为了实现经济发展常常采取机会主义行为，通过政策机会主义行为转移风险，环境污染和房地产泡沫是比较典型的例子。在环境保护方面，地方政府往往忽略环境污染问题，这实际上是一种向后代、向社会转移风险的短期行为；在房地产领域，地价在地方政府经济数字的提升中功不可没，房地产的投机行为常常会满足地方政府短期提升经济绩效的利益需求，因此地方政府与房地产商会成为利益共谋联盟，但是这种功利取向的投机行为扭曲了经济结构。两种机会主义行为实际是在将风险结构化。

综上，转型期地方自主性的膨胀导致国家自主性面临稀释困境。地方自主性的膨胀或者异化容易导致中央权威的碎片化（fragmented

---

① 土地审批权的行使是比较典型的例子。以 2003 年为例，全国各类土地违法行为约 17.8 万件，合计土地面积有 102 万亩。具体参见李军杰《经济转型中的地方政府经济行为变异分析》，《中国工业经济》2005 年第 1 期。

authority)。中央权威碎片化意味着在央地关系层面国家整体自主性面临稀释困境。“国家能力的削弱表现在两个方面：一是地方政府用其掌握的财力追求局部利益；二是中央政府缺乏必要的财力，无法进行宏观调控。”① 在改革深化期，地方自主性的膨胀与上面涉及国家能力建设困境的两个方面均相关，因此，如何提升中央对地方的控制力，如何确保地方权力不偏离公共利益的轨道、不偏离自己权限的范围，即地方自主性的限度是政府治理转型过程中国家必须考虑的一个问题。

第二节　均衡自主性：未来国家自主性重塑的基本目标

中国经济发展附带的代价和面临的困境从国家层面而言，源于国家专断性权力与基础性权力间的失衡。失衡主要表现为专断性权力的过度和基础性权力的不足，因而通过发展基础性权力和限制专断性权力以实现两者的平衡成为国家自主性重塑的基本目标。从国家权能角度而言，限制专断性权力意味着增强国家权力的有限性，发展基础性权力意味着增强国家能力的有效性。因此，专断性权力与基础性权力的平衡也内含着对兼具自主性和镶嵌性双重特征的有效政治体制的追求目标。

一　有限性与隔离性：专断性权力的限度

现代国家的正当性首先来自其权力的有界性和行为的可预测性。政治体制现代化的过程，也是国家权力有限化的过程。国家权力运行的有限性和隔离性是考察有效政治体制的两个重要维度，也是国家自主性重塑的两个重要目标。

首先，国家权力的有限性特征。在中国，无论是社会主义市场经济体制的进一步完善，还是社会自主性的提升，首先都与国家限度相关联。在国家市场层面，国家权力的有限性意味着国家向市场放权，

① 王绍光：《安邦之道：国家转型的目标与途径》，生活·读书·新知三联书店2007年版，第19页。

减少对市场运行过程的干预性。在国家与市场的关系上，改革开放以来的中国政府是强于市场的，中国的经济发展是一种“被引导的市场”（guided market）[①]，中国特色社会主义市场经济体制的形成和发展并非自发型和外生型，而属于渐进引入型和内生型。中国特色社会主义市场经济体制的发展在国家主导性的培育和推动下才得以逐步完善。因此，可以得出中国政治权力塑造经济结构的基本结论。改革开放以来，中国已经基本建立了社会主义市场经济体制，但由于仍然保留了旧体制中政府行政权力在资源配置中的重要作用，使得市场机制不能有效发挥资源配置作用，形成统一开放的市场体系。随着社会主义市场经济体制的逐步成熟，为了充分发挥市场在资源配置中的基础性作用，政府需要转变政府职能，减少干预行为。改革开放以来国家进行了六次大的机构改革[②]，目的就在于通过机构改革改变权力配置以适应经济发展要求，转变政府职能。虽然在改革开放后国家已经进行过多次体制改革，但仍然存在不当干预、监管缺位等政府失范行为，从而成为制约市场充分发挥作用的阻碍因素。

纯粹的以市场为中心或者以国家为中心的理论都不能解释中国的经济增长。中国经济发展离不开国家的在场，关键的问题在于随着经济变革的不断发展，国家应该以一种什么身份在场？如果说改革开放以来，国家对于经济发展的角色定位是干预和引导的话，进入 21 世纪以后，随着中国市场机制发展的逐渐成熟，政府减少对市场经济过程的干预成为政府职能转变的必然要求，从经济建设型政府向公共服务型政府转变成为国家的改革方向和目标。

中国经济发展中的国家干预在中国经济发展初期阶段具有建设性的作用，因为经济发展初期中国所处的国内外政治环境、市场结构和经济发展水平决定了市场发展需要政府的引导。但是随着经济水平的

---

① 引导区别于支撑，支撑一般是传统经济理论学者强调的概念，支撑对国家的定位是不干扰市场机制，当市场失灵时，政府才需要出现以校正市场失灵；引导是指政府通过激励和协调，帮助经济朝着一定的目标方向发展。

② 分别在 1982 年、1988 年、1993 年、1998 年、2003 年、2008 年，周天勇：《中国行政体制改革 30 年》，上海人民出版社 2008 年版，第 45—50 页。

提高和市场机制的完善，对于国家干预的方式和范围需要重新定位和评估，基本的取向是更多地依赖于市场力量。党的二十大报告强调充分发挥市场在资源配置中的决定性作用，把“社会主义市场经济体制更加完善”作为未来五年我国发展主要目标任务的重要内容，对构建高水平社会主义市场经济体制作出的战略部署预示了中国未来的改革图景。

中国的经济发展和国家建设不仅需要强大的国家，也需要强大的社会。无论是公共产品供给领域对社会资本参与范围和渠道的拓展、混合所有制发展对非公有制资本参与国企改革的鼓励，还是治理效能提升对创新社会管理体制的需求、公共权力规范运行对社会发挥监督和制约作用的内在要求，中国都需要实现“强国家—强社会”的结构，在限制专断性权力膨胀的同时，加强基础性权力的发展。当一个国家选择与社会建立联系、进行协同合作的同时，若能仍然保持其自身自主性，这个国家就能转化并加强其国家能力。这是现代政治经济中国家理论的双赢观点，即权力被分享反使权力增加。① 它突出了国家与社会、国家与市场的协同作用，这也正是未来中国经济发展中国家自主性的目标和状态。

其次，国家权力的隔离性特征。隔离性（insulation）是一种“官僚自主性，是一种功能，它使决策者能够有效‘驾驭’特别的请求、压力、某些集团的短期需求以及选举形式变化带来的政策变化”。②国家隔离利益集团的自主性不仅有利于保证公共政策的公共性，而且有利于提高公共政策执行过程中的有效性。在中国的改革进程中出现的无论是俘获型政府行为迹象，还是掠夺型政府行为迹象均与国家行为因受社会利益组织影响而偏离公共性相关。因此，在中国的深化改革期，为了防止国家自主性异化为部分利益群体的自主性而导致社会不公，新时期国家的自主性在价值层面上要特别强调其作为公共利益的

① John A. Hall and G. John Ikenberry, *The State*, Milton Keynes: Open University Press, 1989, p. 14.

② ［澳］琳达·维斯、约翰·M. 霍布森：《国家与经济发展：一个比较及历史性的分析》，黄兆辉、廖志强译，吉林出版集团有限责任公司2009年版，第268页。

代表性，以及能超越各种社会组织，特别是占有资源优势的利益集团，而能实现公共利益的自主性。

对于未来中国经济发展过程中的国家与市场关系以及国家自主性均衡的实现而言，隔离性意味着至少三个方面的含义及目标，一是制度隔离权力的无界性，通过提升制度化水平实现国家权力的制约和监督。制约依托于法治，监督依托于民主。以“刚性”制度为保障的权力制约是把权力关进笼子的关键，“建立一个保护基本权利、限制政府对其公民劫掠的法律体系是全球公认的对一个合理的人权社会制度的要求”①。二是经济决策的制定能隔离利益集团。国家决策制定能以社会公正为指向不受强势利益集团影响和绑架。在这里的隔离性是一种国家功能，它能够使“主要的经济决策机关能远远‘超越’政治以避免被有组织的利益支配”②。而且主要决策者能有效“驾驭”利益集团特别的请求和压力，从而防止政策偏离公共利益。三是经济发展过程隔离国家过度干预。实现政府角色转换，收缩政府权力范围，充分发挥市场在资源配置中的决定性作用，推动有序竞争的现代市场体系的发展。“经济的强力发展只会在制度上拥有分隔功能的国家（institutionally differentiated state）出现后才会产生，即一个国家将自己从私营或者社会行动者的日常要求中脱离出来。”③ 在这里的隔离性是一种权力范围的重新界定，依靠制度来实现，使得国家与市场能在其各自的轨道上有序运行。国家权力的有限化并不意味着最小政府，最小政府强调的是国家规模和职能，规模越小、管得越少的政府才是最好的政府。有限政府与全能政府相对应，强调的是国家权力的边界性，有限政府的理念并不反对政府在必要时以“大政府”的形式在场，有限政府反对的是国家权力和职能的无限扩张、不受约束。

---

① ［美］李侃如：《治理中国：从革命到改革》，胡国成、赵梅译，中国社会科学出版社2010年版，第317页。

② ［澳］琳达·维斯、约翰·M. 霍布森：《国家与经济发展：一个比较及历史性的分析》，黄兆辉、廖志强译，吉林出版集团有限责任公司2009年版，第268页。

③ ［澳］琳达·维斯、约翰·M. 霍布森：《国家与经济发展：一个比较及历史性的分析》，黄兆辉、廖志强译，吉林出版集团有限责任公司2009年版，第19页。

二　有效性与镶嵌性：基础性权力的增强

现代国家建构通过追求与社会建立规范化、制度化的合作关系而提高国家的汲取能力、渗透能力和建制性权力。专断性权力突出了国家与社会的权力对比性，与处在社会之上的专断性权力相比，基础性权力位于社会之中，凭借制度化的协商平台获得社会授权去行动。要发展一个国家的基础性权力就需要发展政府与市场、国家与社会、中央与地方的制度性协调关系和镶嵌关系。

表 6－2　　**国家的问题：中央对地方基础性权力**①

		中央政府	
高	基础权力	低	
地方政府	低	前现代国家	联邦（制）的民族—国家
	高	联邦国家	中央集权的民族—国家

协调关系和镶嵌关系主要指政府建制性权力的增强，“当国家拥有有效的嵌入式自主性（嵌入民间但却仍能有自主能力）时，国家力量就会增强。相反的，国家对待社会专断粗暴的话，国家力量就会减少”②。嵌入性这一概念体现了国家权力行使过程中的一种转化能力，即政府在社会之上行使的权力转化为通过社会行使，这种转换能力③是国家自主性重塑的目标之一。

① ［英］迈克尔·曼：《社会权力的来源（第二卷·上）》，陈海宏等译，上海人民出版社 2007 年版，第 100 页（表 3.3）。

② ［澳］琳达·维斯、约翰·M. 霍布森：《国家与经济发展：一个比较及历史性的分析》，黄兆辉、廖志强译，吉林出版集团有限责任公司 2009 年版，第 9 页。

③ 维森和霍布森把这一过程描述为国家运作自主性向建制性自主性的转换过程，即把运作自主性（有能力决定自己的方向或是 A 在 B 之上的零和权力）转为建制性自主性（有能力控制集体行动结果或是获得控制 A 和 B 联合力量的权力）的过程。这一转换过程一方面实现了隔离利益集团的压力，另一方面实现了国家以官僚为纽带对社会的镶嵌性。维斯和霍布森认为这是最有效的权力形式，并且在亚洲得到了体现和发展。

国家自主性的均衡性含义不是控制社会而是嵌入社会，嵌入（embeddedness）意味着国家与社会的一种合作状态和政府基础性权力的增强，它指的是政府在社会之上行使的权力转化为通过社会行使的权力，"当利益集团压力的隔离与特殊的国家—社会联系相结合时，即官僚自主性与内嵌性相结合时，在社会之上的权力就会转化为通过社会行使的权力"①。这种国家建制性权力体现了国家权力的集体概念，社会渗透力和社会协调力是它的两个基本特征。

中国良治政府的塑造需要国家保持一种自主性形象和能力，但这种自主性形象和能力不以凌驾于社会之上为前提。回归国家学派强调建立在国家能力基础上的镶嵌性自主，主张国家与社会的有效镶嵌才能促进社会和经济的发展。回归国家学派中的镶嵌性自主概念强调不能只依赖国家或市场中的一方，镶嵌性自主强调"复杂的制度化联系通过国家建立的政策网络推动经济行为者承担生产导向的责任，并最终影响政策决定"，② 只有通过以官僚体制为特征的国家与社会有效镶嵌才能促进经济发展。国家官僚机构所具有的自主性和权力镶嵌到由非国家部门和其他行动者共同建构的网络之中，并通过这个网络，国家才能实现经济调节和实施发展计划。③ "重点不是官僚主导而是协调。协调的存在是因为共识式的政策制定方式，这就是相互依赖。但最重要的是，相互依赖需要官僚的全面领导力，我们可以将之理解为'治理式互赖'"，④ 这突出强调了国家基础性权力和专断性权力均衡的重要性。一方面，中国国家自主性的维系不能以牺牲社会自主性为代价，否则就容易陷入"孤立自主性"的陷阱；另一方面，中国国家自主性的均衡意味着国家权力控制范围的缩小以及社会自主性空间的

① ［澳］琳达·维斯、约翰·M. 霍布森：《国家与经济发展：一个比较及历史性的分析》，黄兆辉、廖志强译，吉林出版集团有限责任公司2009年版，第188页。

② ［美］彼得·埃文斯、迪特里希·鲁施迈耶、西达·斯考克波编著：《找回国家》，方力维、莫宜端、黄琪轩等译，生活·读书·新知三联书店2009年版，第190页。

③ Peter B. Evans, "Predatory, Developmental, and Other Apparatuses: A Comparative Political Economy Perspective on the Third World State", *Sociological Forum*, Vol. 4, No. 4, 1989.

④ ［澳］琳达·维斯、约翰·M. 霍布森：《国家与经济发展：一个比较及历史性的分析》，黄兆辉、廖志强译，吉林出版集团有限责任公司2009年版，第195页。

扩大，但同时必须保证国家能力不弱化，否则就会出现米格代尔所说的“强社会，弱国家”（strong societies and weak states）[①] 的病态现象。强国家强社会才是中国未来的国家自主性状态。[②]

中国未来国家自主性重塑的目标表现为国家权力的统一性和有限自主性。首先，国家权力的统一性主要是指国家主权独立意义的形成和国家权力结构的整合性。前者意味着国家可以在所辖范围内自主地行使管理权，后者意味着国家组织机构在分化的基础上能聚合行动。其次，国家权力的有限自主主要是指国家权力内部机构的相互制约和社会力量的制约。从国家权力的内部组成来说，国家权力的有限自主表现为国家组织机构角色的专业化及在此基础上的相互制约性。从国家—社会关系来说，国家权力的有限自主表现为国家对现代社会支持的本质需要和社会对国家制约功能的制度化。制约功能的制度化一方面能把国家自主性规范在一定的范围和限度之内，防止国家权力的无限性；另一方面能为社会偏好输入提供稳定的程序和渠道。

综上，有效的政治体制应该具备隔离性（自主性）和嵌入性（合作性）两个特征。隔离性是一种自主，嵌入性是一种合作。自主性均衡的基本特征是有效政府与有限政府的结合，有效性体现国家自主性的嵌入性特征，有限性体现国家自主性的隔离性特征，两者结合是新时期国家自主性重塑的基本目标。

第三节　未来国家自主性重塑的基本路径

要实现国家自主性的均衡，总体来说涉及国家权力的改造，必须从实践层面入手来限制国家专断性权力，强化国家基础性权力。无论

---

① ［美］乔尔·S. 米格代尔：《强社会与弱国家——第三世界的国家社会关系及国家能力》，张长东等译，江苏人民出版社 2009 年版，第 36—37 页。

② 强国家强社会状态下社会存在三种秩序的共存。一是自治秩序，即社会自我管理秩序的存在。在非公共利益的领域，社会有条件和能力实现自我管理。二是合作秩序，即政府与社会合作秩序的存续。在部分公共利益领域，政府可以与社会合作以实现协同治理。三是底线秩序，即国家以暴力为基础维持的社会秩序。郑永年：《改革及其敌人》，浙江人民出版社 2011 年版，第 138—139 页。

是解决经济发展带来的治理困境及其挑战，还是重塑经济发展中的国家自主性，关键取决于政治体制的调适和重塑，而调适和重塑的实现包括国家—社会关系、中央—地方关系两个部分。

一　国家治理理念和权能定位的转变

（一）治理绩效与执政理念的转变

政治体制以获取、维系执政合法性为目标，“任何统治都企图唤起并维持对它的‘合法性’的信仰”[①]，而合法性问题个体层面来讲就是政治认同问题。一国的执政党能否获得并巩固其执政地位，取决于民众的政治认同程度。因此，任何一个政治系统想要维系其合法性和民众的忠诚心，就必须紧紧抓住民众的政治认同。[②] 政治认同不仅是政治体系的合法性渊源，也是政治体系改革的动力所在。就中国而言，改革开放“最重要的背景因素在于在经济改革的前20年，政权将其正当性越来越多地定位于改善人民的生活和消费水平能力上面”[③]。即国家实现了从意识形态合法性向经济绩效合法性的转变，这种转变源于计划经济体制的发展困境导致的人民认同危机。但随着改革开放的不断推进，经济的非均衡发展、社会阶层的分化、收入差距的扩大化、社会保障建设的滞后等社会问题引发了新的认同困境。认同困境的背后是社会不公问题，而社会不公的背后是政治体制的合法性问题，这意味着国家面临新的政治认同困境。

新的认同困境源于对经济绩效的单方面追求，一方面忽略了效率和公平的平衡性，另一方面导致了社会治理困境。通过国家自主性建设和政治体制改革消解经济转型引发的诸多弊病、推动国家治理能力现代化以提升国家治理绩效尤为关键。新时期国家的治理绩效不仅是中国现代化国家建构和治理能力现代化的应有之义，也是考察国家自

---

① ［德］马克斯·韦伯：《经济与社会（上卷）》，林荣远译，商务印书馆1997年版，第239页。

② ［德］尤尔根·哈贝马斯：《重建历史唯物主义》，郭官义译，社会科学文献出版社2000年版，第264页。

③ Nicholas Lardy, *Integrating China into the Global Economy*, Washington, D. C: Brookings Institution Press, 2002, pp. 9 – 10.

主性的一个基本标准，新时期国家增强执政合法性和民众政治认同度的关键就在于实现从经济绩效合法性向治理绩效合法性的转变。治理绩效以增进公共利益为核心，以治理能力为保障。党的二十大全会提出发展和完善中国特色社会主义制度、推进国家治理体系和治理能力现代化是中国全面深化改革的核心目标。国家治理能力现代化是推进中国全面现代化进程的应有之义，这一全新政治理念的提出不仅内含着党和国家的未来改革方向，也是发展和塑造中国特色社会主义道路的内在要求。基于对现代化的普遍性和特殊性的把握，党的二十大提出了中国式现代化的本质要求，并全面系统深入地阐述了中国式现代化的科学内涵。中国式现代化摒弃了西方以资本为中心的现代化，拓展了发展中国家走向现代化的途径，并成为国家治理体系和治理能力现代化的战略目标。

（二）国家治理能力现代化与多元共治理念导向

一个国家是否具备有效治理能力是政治现代化的关键考察因素。从这个意义上而言，亨廷顿认为“国家之间的最大政治分野不在于政府的类型，而在于政府真正管理的有效程度”①。在政治现代化过程中，从统治转向治理是现代政治的重要特征。传统型的统治政治模式已经失去了发展的生命力，治理已经成为国家合法性的核心资源，治理型政治模式成为现代国家建构的目标，而有效治理是现代政治的根本目标。

国家治理能力现代化以实现有效治理为目标。治理反映的是国家、社会、市场作为治理主体共同管理公共事务的关系和分工，而有效治理意味着建立一个由国家、社会和市场协同发挥作用的有序、有效、多元的治理体系。有效治理是区别于传统统治的新型公共事务管理模式，它与传统的统治存在根本性区别。一方面，治理主体的多元化代替统治主体的单一化。统治的主体是拥有公共权力的政府，治理的主体是政府、市场和社会，这意味着治理既可以是公共机构也可以

---

① Samuel P. Huntington, *Political Order in Changing Societies*, New Haven: Yale University Press, 1968, pp. 1 – 2.

是私人机构，治理多元化内含着权力分散的特征。另一方面，治理过程的互动性代替统治权力的单向性。政治统治权力的运行是自上而下的，是国家对社会的单向度管控，而治理过程则是双向互动和多元的，主要通过合作、协商、参与确立对公共事务的管理，形成一个有效的治理网络结构。党和国家要通过形成以多元治理为核心的治国理政思维，实现新时期执政理念的转变。新的执政理念以多元共治理念为价值导向，通过塑造多元治理协同机制和格局，不断提高治理效能。

首先，国家治理能力现代化以多元共治理念为导向。中国国家治理模式的改革和创新需要重新调整国家—市场关系、国家—社会关系，重新设计国家、市场和社会三种治理主体在整个治理体系中的分量，让市场和社会发挥更多的治理功能，建构三种治理主体的相对平衡机制和多元动态的治理协作体系。国家治理体系现代化的立足点就在于“建构一个由政府、市场和社会共同构成的多中心治理体系”①。

其次，国家治理能力现代化以实现政府角色转变为理念导向。一方面，实现由建设型政府向服务型政府的转变，真正提升社会自主性和市场经济自由度。服务型政府建构的基本原则是政府应定位于宏观调控，而非微观干预。另一方面，治理体系现代化的实现要以国家治理为核心。治理理念可以是普世的，但治理模式和路径不是普世的，中国的历史背景和现实条件决定了其实现治理目标的实践模式之差异性和特色性，社会治理主体的培育和市场机制的发展需要由党和政府来引导。

最后，国家在多元治理协作体系中处于核心地位。治理是政治、市场和社会相互协同的一个过程，而有效治理依靠的是以国家治理为核心的多元共治体系格局。有效治理的含义是以国家为核心的多元治理体系有效推动经济和社会发展，只靠任何的一元都不能催生有效治理。一方面，多元共治的核心是国家。“在后发现代化国家，国家对转型与发展承担着巨大的使命，如果国家能力无效，就很难形成有积

① 郁建兴：《马克思国家理论与现时代》，东方出版中心2007年版，第306页。

累的发展，那么，不论社会转型还是现代化都无从谈起。”① 国家对市场和社会的有效引导都以国家能力为基础，塑造有效的国家能力是后发现代化国家的基本使命，也是保障国家顺利完成现代国家建设的关键。另一方面，多元共治的基础是市场经济和社会自治②。有效治理是指在市场经济的条件下国家对经济发展和社会发展起推动作用的过程。市场经济发展所要求的资源流动、平等参与、公平竞争等原则能有效促成国家、社会和个体分界，推动治理体系的形成和发展。社会自主则是现代治理体系成熟与否的主要判断标准，独立、自主社会的形成和发展是现代化发展的重要维度。国家与社会关系作为中国政治发展的基本问题，其重要性随着中国改革的不断深入日益凸显，塑造“强国家—强社会”是未来中国政治改革的一维。

中国未来政治经济的良性发展和运行，需要依赖国家、市场和社会之间形成合理的治理体制，国家在众多的治理机制中处于调节与平衡的地位。一方面，国家是治理机制中的一方，要根据与市场和社会的关系优化自身的治理结构；另一方面，国家是治理体系的核心，中国的历史条件决定了市场、社会组织的培育都需要国家和政府的调节与平衡。中国国家—社会—市场之间的良性互动需要通过国家调节与平衡来实现。

（三）有效治理与国家权能定位

有效治理的核心是国家权能，国家权能包括范围和强度两个层面，这是判断国家治理能力的两个基本维度。范围与国家权力相关，涉及政府所承担的职能以及合理的界定政府的行为边界，为国家、市场和社会各自发挥其作用提供一个合理的治理框架。强度则与国家能力相关，涉及政府有效执行政策和实现既定目标的能力，以及国家能否在多元治理结构体系中有效承担元治理角色。在现代国家从传统管理模式向现代治理模式的转型过程中，国家权力的有限性和国家能力

① 余逊达、徐斯勤主编：《民主、民主化与治理绩效》，浙江大学出版社 2011 年版，第 103—104 页。

② 社会自治包括基层自治（村民自治与城市社区自治）、企业/行业自治以及社会组织自治等。

的有效性是考察国家治理能力现代化的两个重要维度，也是国家角色进行定位、调整和转型的两个重要标准。

首先，国家权力范围的定位调整以有限为特征。国家治理能力现代化的过程，也是国家权力有限化的过程，有效的政府首先是职能范围相对有限的政府。伴随中国经济的不断转型和发展，社会结构和价值观念呈现多元化特征，国家能否将多元化的社会力量有效吸纳、整合到国家的政治、经济秩序之中，国家能否平衡多元化的利益结构、化解经济转型附带的诸多问题成为考察国家治理能力的一个现实挑战。中国过去40多年的经济发展依靠的是国家的有效推动，但伴随经济的高速发展，中国出现了基础性权力不足和专断性权力过度的问题。而国家专断性权力的过度导致国家治理体系三大主体的失衡，三元治理主体中的市场和社会还不够成熟，没有发挥其各自的功能和作用。一方面，社会建设滞后于经济发展，社会自治性程度不高；另一方面，市场经济体制仍受到政府体制的制约，市场决定资源配置的作用受限。

实现中国国家治理能力现代化的关键就在于治理体系三大主体均衡治理格局的实现，而这首先需要实现国家向市场放权、向社会分权。以政治体制改革为突破口，以服务型政府为定位，实现国家权力的有限性和有界性。区分国家职能的权限，凡是市场与社会能自我治理的内容，政府就应主动退出，实现国家、市场和社会各司其职。国家权力的有限性特征有利于现代市场体系的发展和社会自治能力的提升，是中国政府实现有效治理的第一个基本特征，也是国家角色进行调整和转型的第一个内容。

其次，国家能力建设以有效为特征。在国家治理能力现代化的过程中，需要实现国家权力的有限性，但同样不能回避国家能力的有效性问题。中国的经济转型、政治发展和社会变革离不开国家。强政府不一定是坏政府，弱政府一定不会是好政府。我们不能忽略最直观的现实，同样是民主的国家，挪威和印度社会状况的差异让人深思，同样是不民主的国家，新加坡和埃及的国家形象差异同样让人深思。可以从中提取一个最基本的结论，即社会秩序良好的维系需要一个“强政府”，强的首要含义是政府要有基本的自主性和控制力。福山在抛出“历史终结论”多年后开始反思、怀疑民主与市场的真正价值，西方世界提供的一组富有诱惑力的组合（市场经济的繁荣和自由民主的政治）是否具有普适性？福山的关注焦点转向国家建构理论，在其新的著作《政治秩序与政治衰败：从工业革命到民主全球化》中，他的核心论点是一个保持秩序良好的社会需要三个核心构成要素，而且三者缺一不可，即强政府、法治和民主问责。其中，强政府是第一位的，政府和国家建设的位序要先于民主化进程。非洲和拉丁美洲已经发生的事实证明了一个脆弱的政府不但不能促进国家的民主发展，而且可能会使社会陷入混乱和无序。后发国家若要完成向现代化的顺利转型，其核心前提就是以国家能力建设为基础的国家建构（state-building）问题。

在治理能力现代化体系的实现过程之中，强调市场在经济发展中的决定性作用并不意味着否定政府的作用。国家在缩权的同时，需要提升国家能力，市场化、民主化所带来的变革不能削弱国家的整体治理能力，中国经济、社会的发展需要市场和政府两只手形成合力。中国的经济发展、社会建设都离不开国家在场，在当代社会生活中经济生活占据了核心的位置，但由此认为国家在经济生活中应该放弃干预、退出管理的观点仍然是荒唐的。那种认为国家干预经济活动就会对市场产生不可避免的破坏的立场和说法是荒唐和虚拟的，真正满足理想市场条件的客观环境并不存在。市场充分发挥资源配置作用需要三个基本前提：一是明确、公正、公开的市场竞争规则，这需要通过有效运作的法律制度体系实现；二是明确市场和政府的角色定位和适用领域；三是政府角色的发挥需要有效的政治制度。三个基本前提相关制度的建构和维系都需要国家充分发挥作用。因此，问题的关键不是讨论国家干预有没有必要存在，而是在国家干预真实的市场时，要分清在不同的发展阶段，哪些方式和领域会产生危害，这些方式和领域是需要国家放弃和退出的。

同样，社会治理能力的提升也离不开国家的引导和保护。社会治理能力的提升与发展需要国家政策体系的支持和法律规范的约束，社会体系在自我发展过程中遇到的纠纷，需要借助国家权力来解决。因此，中国成熟市场经济秩序的建立和自主性社会的塑造以有效的国家管理模式为前提。“经济国家主义并不排斥市场，但强调市场的运作必须受国家计划的指导，它意在通过国家规划实现合理化。”① 就中国的现状而言，国家治理能力现代化的实现一是要限制国家的专断性权力，二是要增强国家的基础性权力。而国家基础性权力的增强首先在于国家能力有效性的塑造，特别是国家汲取能力和再分配能力的提升。国家能力的有效性特征是中国政府实现有效治理的第二个基本特征，也是国家角色进行调整和转型的第二个内容。经济发展新常态时期国家角色的定位和调整需要从以下几个方面展开。

第一，以充分发挥市场在资源配置中的决定性作用为前提，重新调整政府职能范围。政府的主要职能要定位在市场监管和宏观调控层面，为市场有效运转提供稳定健全的制度环境，减少政府行政干预行为，防止行政垄断。凡是市场能自我调节、自我维系的领域，政府就应该主动退出。这就需要建立界限分明的国家权力清单和规范公正的市场规则体系，通过对国家职能的框定使得市场主体及公民个体能理性预期政府的行为。以国有企业改革②为例，党的二十大全会提出要积极发展混合所有制，目的就在于通过交叉持股鼓励非公企业参与国企改革，从而推动垄断性行业转向竞争性市场，提升市场体系的开放与竞争程度，在推动这一改革的过程中，完善政府职能是前提。一方面，政府要调整市场结构。政府要放松行业进入管

① Yongnian Zheng, *Globalization and State Transformation in China*, Cambridge University Press, 2004, p. 134.

② 国有企业改革经历了四个阶段：第一阶段（1979—1983 年）的改革重点是以权利换效率。在传统体系中扩大企业自主权以进行经济激励。例如利润留成、计划外生产、绩效奖金。第二阶段（1984—1986 年）的改革重点是国有企业经济责任规范化。例如利改税、拨改贷、股份制改革，在此阶段双轨制的推行使得国有企业接触市场体系。第三阶段（1987—1992 年）的改革重点是以承包责任制为方法明晰企业经理的权责义务，重建企业经营机制。第四阶段（1993 年至今）的改革重点是建立现代企业制度。中国国有企业问题的根源在于企业所有权和经营权分离而导致的委托—代理问题：一是信息的不对称；二是激励的不相容；三是责任的不对等。林毅夫、姚洋主编：《中国奇迹：回顾与展望》，北京大学出版社 2006 年版，第 128—129 页；林毅夫、蔡昉、李周：《中国的奇迹：发展战略与经济改革》，格致出版社、上海三联书店、上海人民出版社 2014 年版，第 108—113 页。

制，鼓励有效、多元的市场竞争结构的形成，弱化垄断性租金驱动的混合所有制改革。另一方面，政府要通过制度设计消除隐性壁垒，避免行政权力在各个环节的干预，弱化行政性租金驱动的混合所有制改革。另外，需要形成社会各界对非公企业参与国有企业改革的监督和约束机制。[①]

第二，以提升社会自主性为目标，规范政府的行为边界。真正自主的“强”国家不是根据自己的意愿对社会说“不”的发号施令型国家，而是国家在保持相对自主性的同时，能实现与社会的良性互动的国家。中国未来国家—社会关系的构建，一要以社会改革为出发点，国家通过社会保障机制的完善解决经济发展遗留问题，矫正经济发展模式。二要提升社会自治能力，以更少的国家干预引导更多的参与。三要建立完备的法律体系，规范政府和市场的边界和限度。四要强调社会治理中显性制度和隐性文化的共建。在重视制度建设的同时，发挥以习俗、文化为基础的隐性治理方式。

第三，以建设服务型政府作为经济体制改革和政治体制改革的联结点，明确政府重点有所作为的重要领域，将职能限定在公共服务范围内。(1) 重点关注实现社会公平的领域。如再分配领域、社会保障领域等。党的二十大报告强调，中国式现代化是全体人民共同富裕的现代化。我们着力维护和促进社会公平正义，着力促进全体人民共同富裕，坚决防止两极分化。这是政府维护社会公平的努力，也从另一个层面反映了政府未来重点有所为的领域。(2) 公共服务建设领域。如公共基础设施建设领域、生态环境保护领域等。(3) 监管市场领域。如法治建设领域、宏观管理领域等。(4) 宏观规划领域。制定整体发展战略和规划，引导社会发展方向。

(四) 国家权力的制度化约束体系

一个国家相对于社会的自主性越强，意味着它受到社会制约的程度越小，国家权力滥用和蜕变可能性也就越大。“运作良好的市场需

① 吴敬琏等：《国家命运：中国未来经济转型与改革发展》，中央编译出版社 2015 年版，第 193—194 页。

要政府，但并不是什么政府都能胜任。必须建立限制政府行为的制度，使市场免受其害。”[①] 有限性与隔离性作为新时期国家自主性重塑的基本目标，其第一层含义就是国家权力运行的制约性，它的实现需要以权力制衡为原则实现对国家权力的约束。习近平总书记指出需要把权力关进制度的笼子，这暗含着中国政治改革的方向——核心是建立和完善制度性的制约体制。政治体制改革是21世纪中国国家建设的核心，而以“刚性”制度为基础对国家权力进行制约和监督是核心之核心。

要解决中国政治发展中存在的与国家权力相关的问题，根本出路在于国家内部、国家与社会之间的制度性创新。通过制度性创新确立国家的限度，建立国家权力的相对自主性机制。从中国的国家治理结构而言，有效制约和引导政府行为必须建立合理的制度架构。对于现在的中国，在国家、法律和负责制之间实现平衡的任务仅仅完成了一部分，中国政治发展的中心问题不是如何集中和部署国家权力，而是如何通过法律和民主负责制来对其进行限制。[②] 因此，要实现对国家权力的有效制约，需要依托制度建设，以法治建设和民主建设为基本方略和路径建构现代化制度约束体系。

首先，以法治建设为基本方略构建制度化约束体系。“国家制度现代化，即制度和法律作为现代政治要素，不断地、连续地发生由低级向高级的突破性变革的过程。”[③]法治是现代国家政治秩序的基本特征，它不仅反映了一个政治共同体对于公正、平等、义务的基本观点，也是对国家权力规范运行的根本限制和对社会实现自治的有力保障。对于国家而言，法治作为一种刚性约束有利于防止公共权力破坏博弈规则，从而降低国家掠夺型行为的发生概率。对于个体而言，法治作为一种稳定、透明和可预期的博弈规则，有利于约束个人的机会

---

① ［美］道格拉斯·诺思：《理解经济变迁过程》，钟正生、邢华译，中国人民大学出版社2012年版，第77页。

② ［美］弗朗西斯·福山：《政治秩序与政治衰败：从工业革命到民主全球化》，毛俊杰译，广西师范大学出版社2015年版，第325页。

③ 胡鞍钢：《中国国家治理现代化》，中国人民大学出版社2014年版，第88页。

主义行为，塑造公平的市场运行环境。综上，国家的法律制度建设能力低会增加市场运行和社会治理的成本和不确定性。如果推进经济体制深化改革的动力源于政治体制改革，那么法治建设便是政治体制改革的核心，健全的法制体系是一个良治社会的基本特征。“法治应该成为中国政治改革的方向，这是一个以问题为导向的解决问题的过程，而不是一种价值关注。”①因此，在中国的政治发展进程中，第一步是法治，第二步是民主。

在国家与社会层面，要以法治建设为基本前提推动社会组织的不断发展，创新社会治理体制。中国在建构国家—社会关系时，必须逐步增强法律的作用，让所有成员在统一的法律轨道中博弈。国家要放权给社会以提升社会自治性，但放权并不等同于国家放弃对社会的管理和引导。在培育社会不断增强自治性的过程中，政府需要对其进行恰当的引导和监督。而引导和监督的关键就在于以制度化为基本原则，不断完善涉及社会组织的相关法律法规，为社会组织的良性发展提供完善的制度环境。例如，中国目前还没有社团法，只有社会管理条例。这一现状不仅体现了法治建设的滞后性，而且不利于中国社会组织的发展。只有将国家权力的相对自主性机制创新与社会自主性发展制度创新相结合，才能在促进国家与社会良性互动的前提下，促进社会的进步和中国政治的发展。

在国家与市场层面，要以法治建设为基础重塑市场力量。“制度是理解政治与经济之间的关系以及这种相互关系对经济增长（或停滞、衰退）之影响的关键。”② 而法治是国家制度供给能力和建设能力最核心的衡量指标。就法治与市场经济发展的关系来说，法治是现代市场经济的基本要求，如果想让市场和社会真正发挥各自的作用，法治建设必须先行。“国家应该在社会参与的基础上，本着公平参与的精神，建立新的公共品提供方案，明确家庭、社会和政府三方在其

① Suisheng Zhao, *Debating Political Reform in China: Rule of Law vs. Decentralization*, M. E. Sharpe, 2006, p. 254.

② ［美］道格拉斯·C. 诺思：《制度、制度变迁与经济绩效》，杭行译，格致出版社、上海人民出版社 2016 年版，第 162 页。

中的责任和义务，并用法律的形式予以保护。”[①]社会主义市场经济在本质上是一种法治经济，若要充分发挥市场在资源配置中的决定性作用，一方面需要以产权保护、公平竞争为基本原则，不断完善社会主义市场经济法律体系，让市场各个利益主体能在法治的轨道内公平博弈。另一方面需要以监管为基本原则，完善制度化、程序化、规范化的公共权力运行体系。“现代政治的使命就是对国家的权力施加制约，把国家的活动引向它所服务的人民认为是合法的这一终极目标上，并把权力的行使置于法治原则之下。”[②]

在规范国家权力、防止公共权力异化层面，需要完善反腐法律制度建设。在中国社会转型过程中，虽然中国的基本政治制度和法律制度一直不断得到完善和发展，但仍然存在公共权力异化、权力腐败等现象和问题。一些公职人员为了满足个人私欲，通过不法手段获取非法利益。权力寻租现象的出现一方面是因为转型期中国法律制度的不健全、监督机制的不完善为腐败行为的发生提供了机会。反腐工作要靠完善的法律制度体系，需要包括立法、司法、执法以及社会监督等在内的一个科学完整的制度体系。另一方面是因为转型期存在的制度漏洞为腐败行为的发生留下了空间。中国的转型涉及政治、经济、文化等多个领域和层面，在新旧体制的交替和转换时期，在旧体制已经被打破但新体制尚未形成时最容易出现制度层面的漏洞。在新旧体制之间出现的不配套、不完善的制度体系容易滋生贪污腐败行为。

为了规范国家权力的运行和有效遏制权力腐败行为，首先，党和国家要进一步完善基础性法律制度体系建设。治理腐败的关键在于制度的完善性和严密性。党的二十大党章对一体推进不敢腐、不能腐、不想腐作出明确规定，对推动完善党和国家监督体系提出新的要求。在基础性法律制度体系建设层面，一要完善社会主义经济体制相关法律制度建设，消除可能存在的缝隙和漏洞，预防腐败行为的发生。二要强化反腐倡廉方面的法律制度建设。党和政府应该尽快制定和出台

① 郑永年：《中国改革三步走》，东方出版社 2012 年版，第 179 页。

② ［美］弗朗西斯·福山：《国家构建——21 世纪的国家治理与世界秩序》，黄胜强、许铭原译，中国社会科学出版社 2007 年版，第 1—2 页。

反腐败法，并配备完善的惩治和预防制度体系，真正实现制度反腐。三要深化司法体制改革，建立高效公正的司法制度。司法改革是法治建设的核心内容，只有完善司法体系建设才能更好地维护人民的权益，增强人民群众对司法制度的认同度。其次，党和国家要完善监督机制建设，以制度为基本载体建构一个体制内和体制外相结合的监督体系。一要完善体制内的权力约束机制。党和政府要进一步完善人大监督制度、财产公示制度、信息公开制度等相关制度。通过完善体制内部监督体系，实现权力制约权力。二要完善体制外的监督机制。国家需要进一步完善法律监督体系，依托舆论监督制度、媒体监督制度、听证制度等充分发挥社会的监督作用。通过完善体制外监督制度，实现权利制约权力。

其次，以民主视域下的有序参与为基本路径构建制度化约束体系。制度化约束体系构建应以民主为导向。民主作为现代政治文明的目标，是后发现代化国家完成全面现代化的基本使命。而后发现代国家实现民主和有效约束公共权力的关键就在于将民主价值与治理理念相结合，以民主化和制度化为取向，开展具体实际的政治建设和民主实践。中国民主化的推进条件和推进方式都应不同于西方，中国民主化的实现需要依据中国本土经验渐进有序完成。党的二十大报告把发展全过程人民民主确定为中国式现代化本质要求的一项重要内容，从提高民主制度化水平、健全民主制度等角度提出明确要求。这为中国未来民主政治建设目标指明了方向。

在中国现实的政治、社会条件下，民主的发展需要分阶段推进，实施民主参与的条件是确保参与的有序性。有序性内在要求民主发展首先需要一个有效的国家，没有一个有效的国家，任何民主都没有意义。因此，国家要成为民主建设的推动者和保障者。一方面，国家要成为民主发展的核心推动者。推动在于实现政治参与的扩容，因为参与是民主的核心要素。另一方面，国家要成为民主建设的保障者。保障在于实现政治参与的有序性，因为有序与政治稳定直接关联。

民主视域下构建制度化国家权力约束体系需要以有序为基本原则、以参与为基本导向，通过拓展民主参与范围、完善民主参与机制实现约束公共权力目标，促进中国民主政治发展。

第一，完善以人民代表大会制度为核心的利益表达制度体系和制度平台。改革开放带来了社会阶层的分化，各个社会阶层为了维护自身的利益而积极寻求政治参与，表达自身利益。然而，中国存在制度框架不完整、制度化水平较低的问题，参与制度配套机制不完善、表达渠道不畅通使得部分民众无法进行利益表达，利益表达机制的缺失使部分弱势群体处于被动地位，无法实现其政治利益的诉求。很多地方政府压制民意、阻塞言路，导致群众利益得不到有效表达，矛盾在基层积聚，为社会冲突埋下隐患和爆发点。而且，中国公共政策输入具有单极性特点，具有精英决策—政府选择—强制灌输的弊端，权力精英代替大众表达利益诉求，输入权的单极性忽视了公民的参与权和参政需求，削弱了公民的政策认同度。为了保障公民通过制度平台发出自己的声音，顺利向上传输自己的利益需求，保证国家权力的公共性不缺位，必须完善以人民代表大会制度为核心的利益表达制度体系和制度平台，同时，还需要完善听证制度和信访制度，以疏通公民利益的诉求渠道。第二，引导基层治理创新，提升基层自治能力。党的二十大报告指出，完善社会治理体系，健全共建共治共享的社会治理制度，提升社会治理效能。这些论述突出强调了基层治理的重要性，明确了社会治理能力现代化的改革方向。为有效提升基层治理效能，国家要培育社会组织，放权于基层，形成政社分开、依法规范、权责分明的现代社会组织制度。切实保证基层自治组织的自治性质和自治权力，发挥基层管理社会事务的作用，使民主成为基层社会的重要治理资源。第三，拓展协商民主范围，完善政治协商机制。中国民主政治的发展方向之一是拓展协商民主的范围，使协商民主成为基层社会的自治形式。协商民主是中国民主政治建设实践的基本形式，通过协商民主的完善和发展，不仅能够实现对国家权力的监督，而且有利于拓展中国特色社会主义民主建设道路。

二　中央—地方均衡性治理结构的重塑

从中央—地方关系层面，国家自主性均衡的实现路径在于重塑地方自主性。地方自主性不仅可以作为中国经济发展进程中地方政府行为模式的分析变量，也可以作为探讨中国中央—地方关系演化进程的解释变量。地方政府作为中央政府和地方社会的双重代理人，处于一个双重委托代理的位置之上，在中国发展的语境中，地方政府处于维系国家整体自主性的核心位置。一方面，地方政府作为中央政府的代理人，其角色是执行者。能否有效贯彻和落实中央制度/政策是判断国家偏好是否实现的一个微观标准。另一方面，地方政府作为地方公众的代理人，其角色是公共利益维护者。能否超越地方社会利益群体组织的影响或左右而保持公正性是判断地方自主性是否异化的一个价值标准。

中国的现代化进程开始于放权让利的渐进经济发展道路，但中国的改革者并没有将全部注意力投注在经济发展和分权的关系上，而是同时关注中央—地方关系的演变，一直探索中央—地方权力结构关系的平衡性。一方面，中央对整体国家自主性的维系需要依托于中央的核心管控力；另一方面，地方治理现代化转型需要依托于地方的自主性。

从中央—地方关系层面，国家自主性均衡的实现路径在于重塑地方自主性。通过改变地方政府激励组合的同时，以制度化为依托，遵循“权、责、利”三者的相统一原则规范地方政府行为，引导地方政府行为逻辑的变迁。

纵向维度上，中央政府需要改变激励组合，通过上层改变动力组合引导地方政府的行为逻辑和行为方式。经济发展的根本在于激励，但中国经济发展的激励来源异于西方的标准范式，地方政府与政治激励两个核心元素是进行分析的关键切入点。中国地方政府在过去的40多年中，以GDP为中心的政治激励模式促进了中国经济的飞速发展，但片面的发展主义同时伴随地方政府行为的短期化、公共服务职能的弱化以及生态环境恶化的代价。同时，经济转型中的利益分化和格局变迁产生了弱势群体，改革成本与收益分配发生了失衡，为了有效化解经济发展失衡带来的风险和阻力，消弭市场经济改革导致的社会裂痕，需要国家改变和引导地方政府的激励来源，使地方政府的发展理念兼重社会公正和公共服务。经济发展不再仅仅是“量”的增长而必须是“质”的改善。政府职能的调整不仅在于正确定位角色，更重要的是形成有效的政府行为激励与约束机制。因此，中央政府需要改变地方政府政绩考核指标内容。

首先，地方政府考核指标应由单一指标变革为综合性指标体系，改变地方政府以 GDP 为核心的绩效评估体系，考核内容要纳入生态效益（绿色 GDP）、公共服务建设和民众满意度等指标，从而引导地方政府治理机制转变方向。其次，规范地方政府行为以制度为依托①，遵循“权、责、利”三者的相统一原则，规范中央地方的职能范围和职能分工。如若有责有权缺利，地方政府就会缺乏发展积极性而“不想作为”；如若有责有利缺权，地方政府就会缺乏发展能力而“无所作为”；如若有权有利缺责，地方政府就会缺乏约束而“无所不为”。以分税制为例，分税制由于财政权力的上收和政府责任的下移困境造成了地方政府权责不统一的问题，外加修补性机制（转移支付）尚未规范，中央也就不能有效引导地方政府向服务型政府转型。为了解决这一问题，一方面，必须规范央地公共服务供给的职能范围和职能分工，按照公共服务的属性和层次原则，科学界定各级政府应承担的公共服务责任。并以法律的形式明晰各级政府享有的具体事权和承担的具体责任。另一方面，科学划分央地收支，完善财政管理体制。虽然从分税制改革后，中央财政收入占比一直高于地方收入占比，分税制也提高了中央政府的汲取和调控能力，但地方政府仍然会利用地方优势和资源扩大财力，② 地方政府会采取最大化地方政府财政收入的博弈策略。2011 年地方财政收入首次超过中央，2012 年中央与地方的财政收入比例是 1 ∶ 1. 09。因此，必须在完善财政管理体制、优化税种结构的基础上，科学划分央地收支，完善预算制度，规范地方政府财政权力的使用范围。只有地方政府的事权、财权和责任相匹配，才

---

① 例如，2012 年推行的“营改增”就是从税制层面引导地方转型，改变分税制体系下形成的过度竞争倾向。

② 例如，在分税制实施后的第一年（1995 年），地方政府的财政收入比上年增长 29. 16%，而同期中央政府的财政增长为 12. 05%；第二年（1996 年）两组数字分别为 25. 05% 和 12. 42%。地方与中央财政收入增长的差异起码能说明地方政府更热衷于提升自身的财政收入。孙宁华：《经济转型时期中央政府与地方政府的经济博弈》，《管理世界》2001 年第 3 期。

能推动地方政府积极发展社会保障制度，增强公共服务供给，改善社会底层群众生活质量，建构公共服务型政府。

横向维度上，需要放权社会、让权市场，通过提升社会自主性制约地方政府行为，通过提高市场机制自主性减少地方政府的行政干预行为。一方面，以增强隔离性为目标让权市场，从企业家政府转型为服务型政府。在转型深化阶段，地方政府的角色是培育和扶持，要充分发挥市场机制的资源配置功能，激发社会民众的自主性和创新性。政府的主要功能是提供必要的市场监管和宏观调控，为市场有效运转提供稳定的制度环境，减少行政干预，防止行政垄断。另一方面，以增强嵌入性为目标放权社会，从社会之上的政府转型为社会之中的政府。从中国地方治理结构而言，限制地方政府自主性盲目扩张的关键在于提升社会自主性，通过提升公民的参权能力、企业的分权能力、社会组织的监督能力塑造强社会，防止地方政府公共权力的异化和地方政府决策被绑架。

三　“强国家—强社会”关系模式的建构

国家—社会关系的变迁过程和互动方式决定了国家的治理形态，中国40多年的改革已经把社会剥离出来，使其成为与国家、市场并存的相对独立领域，而代表和衡量社会现代化发育程度的社会自主性也在不断发展。作为一个历史概念和社会进步概念，社会自主性不仅对于评估中国治理现代化进程具有标志性意义，而且也是中国形成现代性社会结构的关键。面对中国逐渐发展的社会自主性现状，国家不仅要认同社会领域的相对自主性，而且要致力于为社会自主性发展提供必要的制度支撑，让社会自主性在一个有预期的制度框架中成长和发展，从而才能建构“强国家—强社会”关系。

社会自主性是现代化进程中的重要一维，社会自主性对市场侵蚀的抵抗和对国家权力的制约有利于三者形成均衡的治理结构。中国当下正处于社会转型进程中，社会自主性的发展以及与国家、市场的合作性是社会整体进步的推动力量。基于中国现实背景和历史特征，社会自主性的内涵和特征是什么？中国社会自主性的发展缘起和历史演变是怎样的？中国的社会自主性是否可以得到进一步发展？三个问题构成这一部分的主要内容。

（一）多维度视阈下社会自主性概念阐释

1. 历史演变维度：现代化进程中的社会自主性

社会分化水平是现代化进程中的一个重要内容。社会自主性是一个近代概念，对这一概念进行历史追溯需要锁定"社会"两个字，因为社会自主性存在的前提是独立性社会概念的存在和分离性社会领域的发展。回溯人类文明发展史，文明的代表在希腊时期归于政治文明，在工业革命时期归于经济文明，在未来将会归属于社会文明。伴随人类历史文明的进步历程，社会也经历了国家、市场和社会的分离过程，三个领域的分离承载着现代化进程的基本内涵。

在希腊城邦时期，国家与社会并没有体现出分殊性。城邦政治制度强调国家是一个以至善为目的的伦理有机体，个人是其有机的组成部分，个人的价值依存于城邦。这种政治观决定了希腊城邦的整体主义价值观特征，即在国家与公民的关系上，国家是第一位的。城邦首先是政治共同体，每个人紧密地结合于城邦中，离开了城邦，他就失去了公民身份。所以，每个人的生命、财产和能力，都属于城邦，每个人的政治、经济和社会生活也在城邦中完成。这种整体主义政治观以城邦本位主义为中心，国家作为一种伦理有机体存在，强调的是其政治属性，而社会仅作为一个附属存在，实质上没有分离国家与社会。

国家与社会的二元分离源于工业革命时期。新兴资产阶级兴起后，市民社会这一概念被用来区分公共领域和私人领域。从康德开始关注国家与社会的分殊性起，黑尔格、马克思、恩格斯都使用过市民社会概念，尽管其侧重有所不同。分工与合作是市民社会形成的逻辑起点，私人利益的实现是个体的最终目的，而独立于国家则是市民社会的基本特征。国家和社会之间二元分离构成了现代化进程中的基本图景。但工业革命时期国家与社会的分殊性，从更准确的角度来描述，是国家与经济社会的分殊性，其社会概念强调的是以市场机制为纽带的经济属性，所以社会的经济属性是这一阶段的核心议题。

国家、市场和社会的三元分离源于第二次世界大战之后，非政府组织是社会自主性的一个重要载体。国家、市场和社会作为三元结构各有其运行逻辑。国家以支配和控制为原则，市场以效益和理性计算为特征，而社会领域与互惠、道德、公益、志愿相关联，社会自主性的突出特征是“公民性”“保障性”和“自主性”。国家、市场和社会的三元分离与对市场自由主义的批判有关。卡尔·波兰尼是市场自由主义最为严厉的批判者和质疑者，在他看来，市场自由主义所认为的自律性市场是一个虚假性概念。波兰尼对自律性市场的怀疑导出其“双重动向论”（double movement），即：“现代社会由一种双向运动支配着：市场的不断扩张以及它所遭遇的反向运动（把市场的扩张控制在某种确定的方向上）。”① 这里的反向运动来自社会领域。双重动向论预设了现代社会是包含国家、市场和社会的一个三分领域系统。市场经济的运动方向在于摆脱限制以实现完全的自我调节，市场的扩张试图把社会中的虚拟商品也囊括到其经济理性范畴体系。波兰尼认为这是荒谬的，并且会遭到社会自主性力量的抵抗。波兰尼的“双重动向论”传递了两层意义：第一层是自然和人类由市场价格进行决定是一个致命的错误，这一论调有悖于自然与人神圣不可侵犯的基本价值信念；第二层是社会的自主性力量作为一个独立的领域有其自身运行逻辑。社会并不会被市场所吞噬，其自然本质和人文本质也不会被完全市场化，社会为了自我保护会进行自组织运动，“社会”以抵抗市场化的反方向运行逻辑存在并发展。从这个层面来讲，社会自主性是一股可以积聚力量反抗市场无节度侵蚀性扩张的潜在力量。

2. 相对性维度：关系范畴视角下的社会自主性

社会自主性是一个相对概念，从关系范畴的相对性维度理解社会自主性的关键词是国家。社会一直以来作为国家的一个相对概念而存在，在人类文明史上曾经出现的不同国家形态之中，并不存在统一的国家—社会关系模式。国家与社会的消长关系（reciprocal relation）从

① ［美］彼得·埃文斯、迪特里希·鲁施迈耶、西达·斯考克波编著：《找回国家》，方力维、莫宜端、黄琪轩等译，生活·读书·新知三联书店2009年版，第10页。

抽象和宏观的角度来划分的话，存在四种基本类型：一是“强国家—弱社会”类型；二是“强国家—强社会”类型；三是“弱国家—弱社会”类型；四是“弱国家—强社会”类型。四种关系模式同步反映了国家自主性与社会自主性的消长关系。国家自主性强调国家是具有自身逻辑特征和利益诉求的自为组织。“作为一种对特定领土和人民主张其控制权的组织，国家可能会确立并追求一些并非仅仅是反映社会集团、阶级或社团之需求或利益的目标，这就是通常所说的‘国家自主性’（state autonomy）。”① 社会自主性强调社会的自主行动能力，所谓社会自主性“是指社会自我价值意识、自我权利意愿与自我利益意图具有的相对独立于政治权威的实现能力”②。社会自主性反映了社会相对于国家的独立程度、行动能力和行动效果。

社会自主性和国家自主性遵循不同的发展逻辑主线。社会自主性是权利逻辑，区别于国家自主性的权力逻辑。社会自主性关涉社会作为主体地位的公共事务参与程度和主体性价值彰显程度。因此，社会自主性始终围绕“权利”逻辑展开。第一，从治理主体而言，社会自主性内含对“社会”及构成单元主体治理权利和价值的认可。在传统管理体制下，社会是国家的管理客体，处于被支配和控制地位，而社会自主性中的社会具有管理主体地位。社会自主性的发展就在于实现社会治理主体性价值回归。社会自主性的不断发展历程，就是社会治理权利与主体性价值不断彰显的过程。第二，从治理过程而言，社会自主性内含对“社会”及构成单元参与权利的保障。社会自主性是相对于国家控制的一个概念，强调的是社会的自主参与权利和能力。社会自主性的反支配和反强制特征要求国家以制度的形式对国家与社会的权责进行划分和明确，以保障社会及构成单元的参与权利。第三，从治理形式而言，社会自主性内含非制度性因素。社会自主性以一定的制度建构为显性治理依据，但更多地依赖于隐性治理因素。社会自

① ［匈牙利］卡尔·波兰尼：《大转型：我们时代的政治与经济起源》，冯钢、刘阳译，浙江人民出版社2007年版，第112页。

② 黄建洪：《自主性管理：创新社会管理的引导性议题》，《社会科学》2012年第10期。

主性强调把公民与慈善、互惠与公益联系起来以发挥其保障功能，这就决定了行为伦理、传统道德规范、民俗文化等非制度性因素都是其治理资本。

3．功能性维度：治理现代化视阈下的社会自主性

治理的概念超越了国家和社会之间的界限，把重心放在了在政治游戏规则的塑造和变革过程中所涉及的各类行为者身上。[①] 治理现代化的立足点在于建构一个由国家、市场和社会协同共治的有效治理结构，以实现一种善治。“善治是政府与公民对社会生活的共同治理，是社会治理的最佳状态。”[②] 社会作为三元治理主体的重要一端，社会自主性的发展程度成为一个国家全面现代化的重要衡量标准。在治理现代化视阈下，从社会功能角度理解，社会自主性包含双层含义。一是社会自治性。后发现代化国家的发展逻辑起点是国家建构，并由国家力量对经济和社会进行现代化培育和改造，所以很多后发型国家在具体实践中把焦点和砝码均放在国家角色上面，为了防止改革发展失控的现实顾虑，往往忽视了社会自主性发展。在国家本位主义框架下，一直把社会作为管理对象置于秩序维系维度进行控制性的建构。治理区别于管理，一字之差却代表了两种不同的国家—社会关系。管理是以国家为主的单向管控关系，社会处于从属地位。治理内含协同合作关系，社会处于平等地位且具有自治性。社会自治性意味着社会能进行自我管理的有效集体行动，社会能否实现自治是判断社会自主性的重要内容。

二是社会对国家的制约性。“社会自主性是社会成员自由决定其意志和行动的权利，其在很大程度上表现为社会成员在经济活动中的正当权利的不可侵犯以及对国家权力的监督与制约的能力。”[③] 社会作为三元治理主体之一，其重要作用在于弥补政府和市场的不足，发挥

---

① Elinor Ostrom, *Rethinking Institutional Analysis and Development: Issues, Alternatives and Choices*, San Fransisco: ICS Press, 1988, p. 159.

② 俞可平：《论国家治理现代化》，社会科学文献出版社 2014 年版，第 123 页。

③ 孙晓莉：《中国现代化进程的国家与社会》，中国社会科学出版社 2001 年版，第 57 页。

对国家的监督和制约作用。从社会对国家的制衡能力层面分析，现代化发展会经历三个阶段，即：不受限制的政治权力（uninhibited political centre）、受限制的政治权力（inhibited political centre）和受控制的政治权力（controlled political centre）。[①] 墨子刻实际是在突出强调社会对国家的制衡和国家对社会的管制之间的一种平衡状态。中国改革开放进程虽然以分权为起点，但侧重点在地方政府层面，国家与社会关系处于一种非平衡状态。向地方政府过度分权必然会弱化中央权威和出现地方自主性膨胀问题，但国家向社会分权有助于制约地方政府，并可以借助社会力量推动改革进程。在这个意义上，社会自主性意味着制约国家权力的能动性力量。

综上三个维度对社会自主性的阐释，可以提炼其几个核心特征。第一，社会领域的分殊性。国家、市场和社会的三元分离是社会自主性存在的前提。第二，社会自治性。社会作为个体子集组织能够开展自我管理的有效集体行动。第三，社会自主性。遵循权利本位发展逻辑，社会以人的自主性为逻辑起点，追求社会主体性地位认同和价值彰显。第四，功能性。基于社会保障目标，社会自主性以互惠和公益为基础，是弥补国家与市场不足的潜在行动资源和力量。第五，制约性。社会自主性对市场无度发展的抵抗和对国家权力触角的节制有利于国家、市场和社会均衡性治理结构的形成。

（二）比较视野下中国社会自主性的历史考察

1. 国家本位主义：国家—社会关系历史定位

第一，国家本位主义历史回顾。通过对中国历史上的国家—社会关系进行回顾，我们即使不逐一探究国家本位主义形成的历史根源，也能对中国的国家—社会关系基本模式进行一个基本的判定。审视中国古代两千多年的封建社会，诸多先哲的思想中并不缺乏通过发展社会制约国家的观点主张，但整体而言，中国国家—社会关系主要体现为以帝国体制为基础、行政权力支配社会的国家本位主义特征与逻

---

① Thomas A. Metzger, "Eisenstadt's Analysis of the Relation Between Modernization and Tradition in China", *American Asian Review*, Vol. 2, No. 2, Summer 1984, pp. 1 – 87.

辑。到了近代中国，以反帝救亡为主题，以孙中山为主要代表的思想家致力于建立一个独立自主的民族国家。这一目标的建立以集中性政治权力为主要实现路径，与此相伴随的必然是强国家思想。

新中国成立初期，国家本位主义传统仍然得以持续。究其原因，一方面是传统政治文化的惯性作用。中国传统政治文化中长期缺乏社会自主性的发展土壤，农业社会时期国家行政权力长期支配社会的体制性因素，加上在新中国成立之前对强国家的客观需求必然导致以“国家本位”为特征的国家—社会关系模式的持续。社会结构因历史的韧性和连续性而具有稳定性，因此，经由长期历史沉淀形成的国家—社会关系模式一般具有持久性的基本特征，即使在经历了重大的社会变革之后，这种特征在短时期内并不会消失。另一方面是新中国成立初期对快速发展和实现赶超的渴望。盲目地仿照苏联，依托于“指令型”经济模式，集聚所有的社会资源大力推进工业化的发展战略，而没有对中国经济发展进行一个客观的判断。苏联的影响、赶超的渴望以及对市场经济的意识形态排斥，使得中国在新中国成立初期形成了以国家—社会同构为基本表征的全能主义国家模式，在这一模式下，尚未剥离出一个相对独立的社会领域空间，更无社会自主性可言。

第二，国家本位主义文化溯源。任何社会与国家的发展都与其历史和文化传统相关联，若与历史和传统相割裂，我们无法阐释基本的国家和社会现象，更无法对国家和社会进行研究。历史传统中蕴含着作为国家和社会基本构成单元的个体对国家权力、社会关系、行为模式等各方面内容的基本理解和认知观念，而且这种认知通过扩散机制和传承机制塑造着一个社会的基本治理结构。所以，在运用社会自主性探讨中国国家—社会关系演变以及社会自主性提升策略时，需要考虑特定的历史传统和政治现实对社会自主性产生的诸多影响。

一方面，中国古代的农耕文明和千年帝制塑造的是国家主导型治理结构。在这一治理结构中，国家权力对社会、经济和文化三个领域都处于主导性的治理地位，而社会处于依附地位。在中国传统社会中，农耕文明背景下形成了以家庭为核心、等级有序、恪守礼仪的臣民型政治文化，与这一政治文化类型相对应的是社会对国家权力的遵从和依赖。这种遵从和依赖惯性并没有伴随帝国体系的结束而消失，加之社会自身缺陷的现实，脱离了国家的社会无力发挥整合功能和治理功能。

另一方面，中国历史文化形塑的是遵从国家权威的文化观念。其一，在大一统文化观念的作用下，国家权力处于中心支配地位。中国自汉代的独尊儒术以后，儒家文化的认知体系一直在建立和强化社会对国家权力，特别是中央权力的向心力。其二，在传统王朝体制的统管下，社会对国家权力具有服从的惯性。大多数的普通社会个体无意愿和兴趣参与政治。

2．从禁锢到发展：改革开放前后中国社会自主性的演变

社会自主性提升的前提是自主社会的存在。对比改革开放前后的国家—社会关系结构变化，国家社会同构的总体性社会开始向国家社会分离的自主性社会转变，国家—社会关系同构状态的破裂塑造了一个相对自主的社会。

第一，国家社会的同构：改革开放前禁锢的社会自主性。在传统中国，国家与社会之间是一种有限分化的状态，国家权力逻辑主导社会基本关系结构和运行方式，借助道德优势，为社会秩序输入基本的价值理念，个人在国家给定的伦理结构中有序归位。到了计划经济时代，国家与社会之间是一种同构的状态，国家以单位体制为模块把每个人固定在整齐划一的关系结构中，公共化的生活模式和一元化的国家权力禁锢了社会活力和组织功能。社会被淹没在国家权力体系之下，没有独立性特征，更不会衍生出自主、自治的逻辑。“国家与社会的关系，在中国一向被国家权力单方面塑造成完全一致的定式。”①

改革开放之前的计划经济体制以层级行政权力和国家单位制度②为基础，建构起了政治权力统管社会的基本框架，形成的国家社会同

① 任剑涛：《社会的兴起》，新华出版社2013年版，第2页。

② 在城市是单位体制，在农村是人民公社。单位是在城市产生的一种把劳动制度、身份制度和户籍制度等相互配套在一起的特殊组织形式。人民公社是一种功能结构合一的集权组织。在集体所有制基础上的公社作为组织结构，它有着基本的经济、政治和社会功能。

构局面实际是对社会自主性的全面禁锢。虽然国家社会的合体会在动员能力建设和集聚资源方面显示出一定的优势，但国家—社会结构是僵硬的，而且以牺牲社会自主性为前提的制度设计最终对经济发展和国家建设均无益处。

以层级行政权力和国家单位制度为基础的计划经济体制从权力层面分析，实际上是国家通过政治权力干预社会的自然流动，把整个社会按照政治立场组织化并严密控制的一个过程。首先，国家通过单位制度实现了对社会的全方位控制。国家以单位制为基础，把政治、经济和社会三大功能集于一身，成为社会个体与国家发生关联的唯一方式。其次，国家通过单位制度实现了社会的高度组织化。一方面，所有的社会成员均被吸纳到组织单元之中并与单位形成路径化依赖关系。另一方面促使社会整合从属于政治整合。社会个体如果不借助于单位，不仅无法确定其社会身份，更无法实现职业流动性。中国政治现代化的标志之一就是实现以平等和自由为基础的职业分化，以及由此带来的市场活力和社会活力，而这一标志得以实现的关键节点就在于国家—社会关系从同构到分离的转变。

第二，国家社会的分离：改革开放后发展的社会自主性。改革开放的起点在于国家向社会放权，放权打破了国家的“全权性”，实现了国家与社会的分离。首先，国家与社会分离为社会自主性的发展创造了空间和条件。一是市场经济的引入培育了社会个体的人际交往和现代观念。平等、独立、自由、自愿、契约精神成为社会人际结合和社会自主性发展的基础。“社会自身作为一个新型的人际结合的空间，靠人与人经过协商建立联系而发展起来，成为不同于政治与经济的自主领域。”[①] 二是多元价值观念体系取代单一意识形态体系。追求自我、物质认同、包容差异的多元价值观与流动的个体和资源相结合促生新的社会分层，新的社会分层基于知识、经济、职业而非政治成分。差异性的价值观和社会分层为自主性社会的发展提供多元化支

① 高丙中、夏循祥：《社会领域及其自主性的生成》，《北京大学学报》（哲学社会科学版）2015 年第 5 期。

撑。三是社会治理复杂性为自主社会的发展提供了机遇。改革开放附带的社会转型、结构分化增加了社会治理的复杂性，国家无力以国家权力为中心治理整个社会而必须同时发挥社会自治能力，从而减少社会治理成本。这也意味着改革开放前社会对国家的单向依赖关系结构向着双向依赖关系结构转变。

其次，社会个体交往需求的满足需要社会自主性的发展。市场失灵和政府失灵现象的存在源于有一些社会需求，两者都不能有效满足。一是社会个体之间的交往需求；二是公共物品的多元性需求；三是信息不对称性私人物品的需求。① 以个体的交往需求为例，在改革开放之前的计划经济体制中，国家—社会同构关系以单位体制（城市）和人民公社（农村）为载体把每一个个体镶嵌在固定的、非流动的社会关系网络中。改革开放后市场经济的引入打破了固化的社会关系网络，脱离了单位制束缚的社会逐渐呈现“原子化”状态，个体交往条件需要社会予以满足。社会以自主的方式进行个体重组以满足个体之间的交往需求。新的行业协会、经济组织等民间社会性组织在体制外逐步发展，民间社会组织的发展不仅是满足个体间交往需求的重要载体，也是社会实现自治的一个重要途径。

改革开放打破了国家—社会同构定式，国家与社会实现了基本的分离，个人从固定的单位体制中得到释放。国家与社会的分疏化意味着国家权力不能再单方面把社会塑造成统一的定式，社会的独立性演化出权利逻辑和组织逻辑，并诉求于国家与社会之间的理性互动。对于长期缺乏社会自治传统的中国来说，国家权力长期支配性地作用于社会，国家与社会的良好的理性互动需要长期的磨合。一是国家和社会实现有效分离。独立的社会是自主社会的基本前提，“重视还是不重视社会相对于国家的独立性、自主性和自治性，是一个不得不承认的现代国家与传统国家划分而出的首要界限”②。国家要让渡独立空间给社会，并与社会划界而治，以法律的形式明确国家不可不当干预社

① 王绍光：《安邦之道：国家转型的目标与途径》，生活·读书·新知三联书店 2007 年版，第 466—470 页。

② 任剑涛：《社会的兴起》，新华出版社 2013 年版，第 5 页。

会所属领域。二是国家要向社会提供有效的制度供给。社会是一张复杂的纵横网络，集合了自然结构和人为结构，正式结构和非政治结构，组织结构和非组织结构，叠合了私人利益和公共利益。自然化状态下的社会是分散的、个体化的，只有社会进入了集合性、组织性的建构状态，自治和自律才能成为可能。自治社会的最初发展需要国家有效制度的引导，将社会组织的发展、试错和博弈放置于制度的平台之上。社会的自治、自治和自律需要一个渐进性的发展过程，从国家权力分离出来的社会不可能骤然就变成能够与国家进入理性博弈的状态，因此，国家不仅需要为社会发育提供基础的制度框架，而且要留给社会一定的试错空间。

（三）输入、合作与培育：社会自主性提升的三种路径

中国良好治理结构的实现路径之一是提升社会自主性，“强国家强社会”的国家—社会关系模式是优化治理结构关系的基本目标。然而中国社会缺乏自治机制的文化土壤和理念基础，需要国家发挥引导和培育作用。社会自主性的建构需要在国家与社会的互动结构中实现，社会自主性的提升需要国家主动塑造策略，通过不同方式与社会发生关联以重塑国家—社会关系，提升社会自主性。

1. 输入路径：基层领域的嵌入式提升

输入路径强调的是国家向社会基层领域嵌入新治理元素并为之提供合法性的自主性空间，通过引导和互动的方式提升社会自主性。社会自主性提升，尤其是基层社会自主性的提升需要足够的自主式空间，这种空间不仅有实践层面的自主性特征，也有国家支持的合法性属性。因此，输入路径的前提是为基层社会的自我成长提供内生性空间条件。这一路径的思路在于，对基层社会的治理机制不进行体制性干预，主要通过宏观性理念和方式的引导，为基层社会的自我摸索与实践赋予活动空间的合法性，这种合法性具有伸缩性特点，目的在于保证基层社会的自由度，给基层社会自主性足够的生存、生长和发展空间。

除了合法性空间的赋予，向社会基层领域嵌入新治理元素并实现互动构成输入路径的基础。中国“国家本位主义”的传统致使社

会治理一直内含在国家的整体治理框架之下，“强国家—弱社会”模式成为国家—社会关系的主要特征。社会自治传统和文化理念的缺失决定了社会自主性在发育之初需要国家的主动塑造。塑造的主要方式就是嵌入理念和方式，即“将某种新的异质性成分嵌入到原有的社会政治结构中，通过它激活或改造原有社会政治结构的某些功能，并通过不断的完善、改进和扩展，从而逐步实现整个结构的更新”①。通过自主性空间的塑造和治理资源的嵌入及互动激发基层社会自主性，促使基层社会形成内生性治理机制。嵌入途径主要包括三种：一是新治理方式的输入；二是新治理理念的注入；三是新治理制度的植入。例如，中国温岭民主恳谈会就是通过新治理方式输入途径促进社会自主性提升的典型案例。在民主恳谈会的发展过程中，国家与基层社会实现了包括政治合法性、治理制度设计、国家社会边界等在内的多轮互动，民主恳谈会成功地从一种治理方式发展成为一种治理机制。输入路径不仅能够提升社会自主性，完善社会结构治理功能，而且能够在完善政治结构功能的基础上提高政府与民间的互信，以及实现国家权力的下沉和渗透。

基层自治机制的创新和自主精神的培养是输入路径的主要目标。一方面，输入路径通过新元素的嵌入引导基层社会治理制度的创新，充分发挥基层社会治理社会事务的积极功能，增强基层社会在经济社会变迁过程中的自我调适和适应能力。在治理实践的过程中，促进基层社会治理方式的制度化、规范化和客观化。另一方面，输入路径通过自主性试验培育基层社会治理文化土壤，塑造现代公民品德。公民品德修养是基层社会领域的支撑性元素和内在品质要素。现代自主性社会的发展不仅依赖于制度，而且依赖于国家体制之下公民的基本态度与素质，“旨在平衡个人利益的程序性的制度机制是不够的；还需要有一定水准的公民品德和公共精神”②。无论是嵌入制度还是理念，

① 景跃进、张小劲、余逊达主编：《理解中国政治——关键词的方法》，中国社会科学出版社2012年版，第93页。

② ［加］威尔·金里卡：《当代政治哲学》，刘莘译，上海三联书店2004年版，第512页。

都以协商和民主作为基本的价值基础。以协商和民主作为基本价值导向的嵌入发展才能在个体参与的实践过程中培育公民品德和公共精神，也才能在基层社会自主性的发展路径上，逐步实现基层社会治理机制从国家主导模式走向“国家—社会”平衡模式。

2. 合作路径：交叉领域的协同式提升

合作路径强调的是国家与社会之间的协同性治理，在条件成熟的交叉领域两者以平等的身份实现对公共事务的共同治理，从而改变社会对国家的“依附性关系”，以提升社会自主性。所谓交叉领域，指的是国家或社会一方无法独立进行治理的领域，或者独立治理会导致成本、效率或风险等问题，因此需要在两者之间建构一种良好的治理关系和结构才能满足社会需求的领域。在中国，交叉领域主要是指政府必须参与治理但需社会介入的公共服务领域，如养老、社区、残障、社会工作等公共服务的供给。在传统计划经济体制下，公共服务的供给方式是以行政指令为中心的单一供给模式，随着以下三个现实情境的出现，政府必须转变职能，创新公共服务供给模式。一是政府供给一元化模式导致供给绩效低下；二是社会公共服务需求多元化发展趋势；三是社会组织力量的不断发展。国家向社会组织购买公共服务（POSC）既可以减少社会治理成本，也能保障社会治理的可持续性。因此，国家向社会购买公共服务成为国家与社会协同治理的重要方式和互动途径。

建立平等的主体治理关系是合作路径的目标。国家向社会购买公共服务的主要特征是基于契约管理的方式实现合作关系，国家与社会都是地位平等的治理主体，这是两者共同治理公共事务的基础，也是社会自主性特征的表现。在中国社会的现代化发展进程中，中国社会组织独立性与自主性呈现多样组合，但总体上呈现“依附式自主”特征。[①] 因此，中国社会对国家更多的是“依附性”而非“自主性”，在国家向社会组织购买公共服务的过程中，这种依附性主要表现在两

① 王诗宗、宋程成：《独立抑或自主：中国社会组织特征问题重思》，《中国社会科学》2013 年第 5 期。

个方面。第一，社会组织不同程度地被行政化。社会组织被行政化，即社会组织被国家吸纳进入原有的权力结构之中，从而附带上浓厚的行政属性。从政府层面表现为对社会组织的单向控制性，从社会组织层面表现为对政府的依赖性和服从性，从而缺乏相应的独立性和自主性。第二，社会组织与国家呈不对称性关系。一方面，公共服务供给主体的选择存在行政权力主导现象，即不是公共服务供给能力和资质，而是行政权力偏好决定了供给主体。因此，政府购买公共服务行为演变为由政府主导的单向度支配行为，行政权力的干预性导致社会组织与国家关系的非平等性。另一方面，在国家向社会购买公共服务的过程中，社会组织与国家进行谈判的空间、方式和能力呈现非自主特征。平等地位的缺乏和谈判资源不足导致社会组织与国家之间的购买主体关系不平等，从而促使社会组织更多地选择服从策略，这必然反向强化社会组织的“依附性”特征。

社会组织本应该是社会公共事务的治理主体，依附性关系模式不利于国家与社会在交叉领域内实现协同式治理。作为提升社会自主性的重要路径，国家要从两个方面推进与社会组织的协同治理目标。第一，国家在协同治理的过程中要准确定位自身角色和功能。在国家向社会购买公共服务的过程中，国家的身份定位是与社会关系平等的治理主体角色，不能用自己的权力资源影响治理过程。国家的基本功能定位是由唯一供给者而转变为监督者和掌舵者，从而实现部分治理功能的对接与转移，在减轻治理压力和成本的同时促进社会力量的发展。第二，国家要采取多元的合作模式促进国家与社会平等关系的建构。目前我国政府向社会购买公共服务主要采取的是竞争性招投标制度以实现合作关系。除此之外，国家应该采取更多元的合作模式促进国家与社会之间的互动，塑造社会组织作为社会公共事务治理主体的自我意识，变“依附性”关系为“协同性”关系。“协商型”“对话型”“公益创投型”都应该成为公共服务供给方式，这不仅有利于拓展国家与社会的沟通平台，也能在互动中促进平等合作关系的建构。

3．培育路径：社会主体的发展式提升

培育路径强调的是社会主体的内在性成长，通过强化公共性意识和社会责任，以增强社会主体的自律基础。社会自主性的主要载体是社会组织，社会组织具有内部认同度和外部辨识度，建立在一种主导性集体价值观念和共同利益诉求基础之上，以团体组织形式发挥作用，它是自主性社会通过组织化、有序化和制度化途径对国家和市场的规约。“政府的改革之道就是运用它的力量去培育创造出更多的第三部门……剩下的问题就是指导这些组织使之符合公有社会的价值要求，并且有能力去解决社会问题。”① 市场失灵问题的出现有其两种解决策略，一种是政府作为市场的直接替代机制，另一种是政府通过社会组织解决市场失灵带来的协调困境。后者是市场增进论所主张的，它尤其强调发挥民间非政府组织的协调功能，社会组织具备协调市场中大部分经济活动的能力。与政府体制相比较而言，社会组织有三个方面的特征，一是社会组织对市场信息的反应速度和整合能力要强于政府。二是社会组织本身就具有一些比较优势，比如竞争、自我约束是其在建立之初就具备的特点。三是社会组织是联结个体和国家之间的有效中间层。社会组织为个体一方提供组织平台和利益表达渠道，为国家一方开辟联动治理的多元化路径。“随着中央与地方越来越难以承受社会对其提出的能力要求，国家不得不下放和委托调节权力和更为根本的权力给准公共性组织、非政府组织、专家组织、商业协会、工会以及其他私人的非营利组织。”② 社会组织已经成为多元治理体系中的重要组成部分。

从社会组织增长趋势来看，社会主体的发育速度是可观的。但问题在于数量背后社会组织的自主性发展存在诸多问题，首先，社会组织自主性发展偏形式化建构，缺乏内在性成长。即社会组织自主性是一种结构上的表征，但没有实现真正的内在性自主。主要表现为两个方面：一是社会组织自治力发展不足，导致社会组织的治理功能滞后于形式化建构；二是行政权力干预性导致社会组织依附性特征明显。

---

① ［美］B. 盖伊·彼得斯：《政府未来的治理模式》，吴爱明、夏宏图译，中国人民大学出版社 2014 年版，第 72—73 页。

② Clyde W. Barrow, “The Return of the State: Globalization, State Theory, and the New Imperialism”, *New Political Science*, Vol. 27, No. 2, 2005, p. 144.

其次，社会组织自主性发展失范，出现公共性困境。主要表现为单向度关注自我利益导致对公共利益的侵犯，即社会组织的自律困境：自律中内含着最基本的道德原则和社会责任，当社会组织主要采取功利化策略时，很容易出现社会自主性的异化。中国出现的大量非理性社会抗争事件就是社会自主性异化的表现。

社会组织的发展受到两个重要因素影响，即经济发展水平和政府培育意愿。在经济发展水平程度不高的环境下，社会组织数量不足和发展不够成熟会致使其并不能作为市场失灵后的替代机制，从而有效发挥其协调功能。在经济发展水平程度较高但政府缺乏培育意愿的环境下，社会组织同样不能发挥其协调功能，因为其发展缺乏客观健全的制度体系支撑和规制环境。自主社会不必然导向一个良治社会，王绍光教授提出需要借助于自律、他律和互律①三种制约性机制才能保障一个社会实现自主的良治。因此，培育意愿不仅指的是一种主动性发展策略，也包含良好规制环境的建设。未来国家对社会主体的培育需要侧重内在性，加强社会主体的责任与道德建设。社会主体关注“自我权利”的彰显和推进，在多元价值理念和多元利益诉求博弈的过程中，很容易在自律层面出现困境。社会属性决定了其需要承担一定的社会责任，并应该建构以公平、正义、平等、包容等为基本内容的道德价值观。因此，国家需要通过道德价值的引导和制度建设的规约增强社会主体的责任意识、公共性认知度和自律基础。

社会自主性是现代化进程中的重要一维，塑造“强国家—强社会”的关系结构是中国未来推进治理现代化的重要议题。一方面，国家要通过不同路径提升社会自主性；另一方面，国家要合理进行引导和规范，保证社会发展的有序性和预期性。预判社会自主性多多益善的观点是一种误区，社会自主性扩张也会导致治理失效后果。因此，

① 自律与文化传统、法律体制和道德理念相关，主要是指社会构成单元（个人、家庭、社会组织）基于理念或法律威胁力对自身行为的自我约束现象。他律与国家监管能力相关，主要是指国家运用公共权力对社会构成单元进行的规约现象。互律与社会监督能力相关，主要是指社会构成单元之间的互相约束现象。

发展社会自主性的同时，必须审思其限度问题。社会自主性的缺失羸弱或膨胀异化都会导致整个社会的失范，而有悖于现代化意义上的民主治理内涵。社会自主性需要在一个有节度和预期的制度框架中发挥功能。

结　　语

不存在单一的、最有效的经济体制，也不应该要求所有的经济体制都实现瓦尔拉斯均衡，在不同历史条件下会发展出不同的多样的经济体制。但无论哪种经济体制都需要探讨国家在经济发展中的作用。国家既处于政治发展的中心，也处于经济发展的中心。一方面，国家不应该完全放任市场来决定经济问题，它应该努力明确市场自治的界限，并授权、规范和维持市场的运行。[①] 佩里·安德森指出英国经济出现衰退的原因之一就是国家制度缺乏有效的市场校正能力。“市场并没有自我校正的能力；更糟糕的是，它的缺点、限制和失效是累积性的。可以预见，政治经济体越是长期单一地倚靠市场来调整经济结构，最终越是要一个‘强大’的协调机制去改变和阻止经济下滑。”[②] 所以，一种能够管制、校正市场活动的国家力量必须一直有效存在。如果缺少一个明智政府的积极促进，任何一个国家都不可能取得经济进步。[③]

---

① Peter Evans and John D. Stephen, “Studying Development Since the Sixties: The Emergence of a New Comparative Political Economy”, *Theory and Society*, Vol. 17, No. 5, September 1988. p. 723.

② ［澳］琳达·维斯、约翰·M. 霍布森：《国家与经济发展：一个比较及历史性的分析》，黄兆辉、廖志强译，吉林出版集团有限责任公司 2009 年版，第 260 页。

③ ［英］W. 阿瑟·刘易斯：《经济增长理论》，梁小民译，上海人民出版社、上海三联书店 1994 年版，第 475 页。

另一方面，同样需要警惕国家参与经济生活的范围和强度。中国正在经历着异于其他国家的国家建设过程，中国全面现代化的实现需要建立在以国家自主性为核心的政治体制转型基础之上。全面现代化至少包含政治、市场和社会三个领域的现代化，其中的政治现代化过程就是以国家自主性为核心的政治制度建设和政治体制改革过程。所谓的政治体制改革目标就在于发展国家基础性权力和限制国家专断性权力，这是实现国家治理能力现代化的必然要求，也是政治现代化的核心特征之一。所以，政治现代化的过程也是国家权力有限化的过程，它需要明确自身的权力边界，实现权力运行的有限化，有限化不仅指国家行为的限度性，还包含国家行为的清晰化。

与大多数发展中国家相比，中国的经济发展道路迥然不同，中国经验促使学术界重新思考国家在促进经济增长过程中所扮演的角色和采取的治理方式。单独的市场力量不能构成经济发展的动力体系，也不能保证生产和发展所需要的基本条件，它必须由超经济的制度和体制来实现。成熟的市场经济体制必须配备有效的国家治理模式，市场运行秩序才能与国家体制形成一个相互支持的体系。有效的国家治理模式应该具备“隔离性”和“嵌入性”两个基本特征，前者涉及国家权力的范围，后者涉及国家能力的强度，与之相对应的政府体制是有限政府与有效政府的结合。只有当一个国家能够行使更多的社会管理职能并且能成功防止被少数权贵俘获时，它才能保证社会的有效治理和经济的可持续增长。民族国家建设的普适性经验是增强国家的自主性并减少国家的依附性。① 以有效市场、自治社会和有为政府为基础特征的比较优势战略体制是中国改革的目标指向，也是新时期国家自主性重塑的基本目标。

① 杨光斌、郑伟铭：《国家形态与国家治理——苏联—俄罗斯转型经验研究》，《中国社会科学》2007 年第 4 期。

参考文献

中文文献

（一）经典文献

《马克思恩格斯选集》第一卷，人民出版社 2012 年版。
《马克思恩格斯选集》第二卷，人民出版社 2012 年版。
《马克思恩格斯选集》第三卷，人民出版社 2012 年版。
《马克思恩格斯选集》第四卷，人民出版社 2012 年版。

（二）中文专著

曹沛霖：《政府与市场》，浙江人民出版社 2000 年版。
陈炳辉：《西方马克思主义的国家理论》，中央编译出版社 2004 年版。
陈尧：《新权威主义政权的民主转型》，上海人民出版社 2006 年版。
范可：《在野的全球化——流动、信任与认同》，知识产权出版社 2016 年版。
何显明：《市场化进程中的地方政府行为逻辑》，人民出版社 2008 年版。
何新：《新国家主义的经济观》，时事出版社 2001 年版。
何增科、包雅钧：《公民社会与治理》，社会科学文献出版社 2011 年版。
何子英：《杰索普国家理论研究》，浙江大学出版社 2010 年版。
胡鞍钢：《中国国家治理现代化》，中国人民大学出版社 2014 年版。

胡鞍钢、王绍光：《政府与市场》，中国计划出版社 2000 年版。

胡书东：《经济发展中的中央与地方关系——中国财政制度变迁研究》，上海人民出版社、上海三联书店 2001 年版。

江红义：《国家自主性的逻辑——关于马克思、波朗查斯与密里本德的比较分析》，知识产权出版社 2011 年版。

景跃进、陈明明、肖滨主编：《当代中国政府与政治》，中国人民大学出版社 2016 年版。

景跃进、张小劲、余逊达主编：《理解中国政治——关键词的方法》，中国社会科学出版社 2012 年版。

厉以宁：《非均衡的中国经济》，中国大百科全书出版社 2015 年版。

林尚立：《理性国家的成长：中国公共权力理性化研究》，重庆出版社 2005 年版。

林尚立：《政治建设与国家成长》，中国大百科全书出版社 2008 年版。

林毅夫：《中国经济专题》，北京大学出版社 2012 年版。

林毅夫、蔡昉、李周：《中国的奇迹：发展战略与经济改革》，格致出版社、上海三联书店、上海人民出版社 2014 年版。

林毅夫、姚洋主编：《中国奇迹：回顾与展望》，北京大学出版社 2006 年版。

任剑涛：《社会的兴起》，新华出版社 2013 年版。

桑玉成：《政府角色——关于市场经济条件下政府作为与不作为的探讨》，上海社会科学出版社 2000 年版。

石广生：《中国加入世界贸易组织法律文件》，人民出版社 2011 年版。

时和兴：《关系、限度、制度：政治发展过程中的国家与社会》，北京大学出版社 1996 年版。

史正富：《超常增长 1979—2049 年的中国经济》，上海人民出版社 2013 年版。

孙立平：《断裂：20 世纪 90 年代以来的中国社会》，社会科学文献出版社 2003 年版。

孙立平：《失衡：断裂社会的运作逻辑》，社会科学文献出版社 2004 年版。

孙立平:《转型与断裂——改革开放以来中国社会结构的变迁》,清华大学出版社2004年版。

孙立平、郑永年、华生等:《未来中国的变与不变》,江苏文艺出版社2014年版。

孙晓莉:《中国现代化进程的国家与社会》,中国社会科学出版社2001年版。

唐士其:《全球化与地域性:经济全球化进程中的国家与社会的关系》,北京大学出版社2008年版。

田野:《国家的选择——国际制度、国内政治与国家自主性》,上海人民出版社2014年版。

王沪宁主编:《政治的逻辑——马克思主义政治学原理》,上海人民出版社2004年版。

王佳宁:《中国经济改革30年:抚脉历程》,重庆出版社2008年版。

王佳宁:《中国经济改革30年:市场化进程卷》,重庆出版社2008年版。

王浦劬、萨拉蒙:《政府向社会组织购买公共服务研究:中国与全球经验分析》,北京大学出版社2010年版。

王绍光:《安邦之道:国家转型的目标与途径》,生活·读书·新知三联书店2007年版。

王绍光:《波兰尼〈大转型〉与中国的大转型》,生活·读书·新知三联书店2012年版。

王绍光:《祛魅与超越》,中信出版社2010年版。

王绍光:《中国治道》,中国人民大学出版社2014年版。

王绍光、胡鞍钢:《中国国家能力报告》,辽宁人民出版社1993年版。

吴敬琏:《比较(第5辑)》,中信出版社2003年版。

吴敬琏、樊纲等:《中国经济50人看三十年——回顾与分析》,中国经济出版社2008年版。

吴敬琏、俞可平:《中国未来30年》,中央编译出版社2012年版。

吴敬琏等:《国家命运:中国未来经济转型与改革发展》,中央编译出版社2015年版。

萧功秦：《中国的大转型》，新星出版社 2008 年版。
徐湘林：《渐进改革中的政党、政府与社会》，中信出版社 2004 年版。
徐湘林：《寻求渐进政治改革的理性》，中国物资出版社 2009 年版。
徐湘林、佟德志、严洁：《转型期的政治建设与政府治理》，社会科学文献出版社 2011 年版。
闫健：《中国共产党转型与中国的变迁——海外学者视角评析》，中央编译出版社 2013 年版。
杨光斌：《政治变迁中的国家与制度》，中央编译出版社 2011 年版。
杨光斌：《中国经济转型中的国家权力》，当代世界出版社 2003 年版。
杨光斌：《中国政治发展的战略选择》，中国人民大学出版社 2011 年版。
姚洋：《作为制度创新过程的经济改革》，格致出版社、上海人民出版社 2008 年版。
尹树广：《20 世纪 70 年代以来西方马克思主义的国家批判理论》，黑龙江人民出版社 2003 年版。
余逊达、徐斯勤主编：《民主、民主化与治理绩效》，浙江大学出版社 2011 年版。
俞可平：《论国家治理现代化》，社会科学文献出版社 2014 年版。
俞可平：《全球化与国家主权》，社会科学文献出版社 2004 年版。
俞可平：《社会和谐与政府创新》，社会科学文献出版社 2008 年版。
俞可平：《中国治理变迁 30 年：1978—2008》，社会科学文献出版社 2008 年版。
郁建兴：《马克思国家理论与现时代》，东方出版中心 2007 年版。
张静：《国家与社会》，浙江人民出版社 1998 年版。
张军、周黎安：《为增长而竞争：中国增长的政治经济学》，格致出版社 2008 年版。
赵鼎新：《社会与政治运动讲义》，社会科学文献出版社 2012 年版。
郑永年：《改革及其敌人》，浙江人民出版社 2011 年版。
郑永年：《全球化与中国国家转型》，郁建兴、何子英译，浙江人民出版社 2009 年版。
郑永年：《中国改革三步走》，东方出版社 2012 年版。

郑永年：《中国模式——经验与困局》，浙江人民出版社 2010 年版。
周光辉：《论公共权力的合法性》，吉林出版集团有限责任公司 2007 年版。
周黎安：《转型中的地方政府：官员激励与治理》，格致出版社 2008 年版。
周天勇：《中国行政体制改革 30 年》，上海人民出版社 2008 年版。
周雪光、刘世定、折晓叶主编：《国家建设与政府行为》，中国社会科学出版社 2012 年版。
周振华：《体制变革与经济增长——中国经验与范式分析》，上海人民出版社 1999 年版。
邹谠：《二十世纪中国政治》，牛津大学出版社 1994 年版。
［日］青木昌彦等主编：《政府在东亚经济发展中的作用—比较制度分析》，中国经济出版社 1998 年版。

（三）杂志

曹胜：《从“国家”到“国家性”：语境与论域》，《中国行政管理》2017 年第 3 期。
曹胜：《国家中心范式创新价值的追问与反思——对多视角学术批评的考察》，《学海》2022 年第 4 期。
曹胜：《国家自主性的知识逻辑与研究视域——以国家回归理论为中心的分析》，《浙江社会科学》2012 年第 8 期。
陈炳辉：《试析“国家的相对自主性”》，《理论学习月刊》1994 年第 1 期。
陈尧：《发展型国家模式及其转型》，《江苏社会科学》2006 年第 3 期。
陈毅：《“中国模式”中的国家自主性问题：反思与前瞻》，《中南大学学报》（社会科学版）2014 年第 1 期。
陈毅：《中国转型社会的国家治理有效性——基于国家自主性的视角》，《社会科学》2013 年第 1 期。
陈舟望：《政治现代化与国家自主性》，《理论与现代化》1998 年第 1 期。
程竹汝、邵春霞：《论国家的双重性质及历史图式》，《社会主义研究》

2000 年第 4 期。

范春燕：《“国家相对自主性”含义辨析》，《理论探索》2007 年第 1 期。

范春燕：《国家相对自主性理论视野中的资本主义国家与社会之关系》，《学术论坛》2009 年第 9 期。

高丙中、夏循祥：《社会领域及其自主性的生成》，《北京大学学报》（哲学社会科学版）2015 年第 5 期。

高卫民：《国家自主性：认识现代民族国家建构的一个“范式”》，《马克思主义与现实》2014 年第 3 期。

葛传红：《经济转型中的国家行为研究——巴西、俄罗斯、印度与中国之比较》，博士学位论文，复旦大学，2010 年。

郭建明：《改革开放进程中的中国国家自主性研究——一种历史制度主义的分析视角》，博士学位论文，中共中央党校，2013 年。

郭建明：《全面深化改革中国家治理现代化与国家自主性建设研究——基于“结构—过程”的分析》，《社会主义研究》2020 年第 3 期。

何显明：《市场化进程中的地方政府角色及其变迁——浙江现象的行政学解读》，《浙江社会科学》2007 年第 7 期。

何显明：《市场化进程中的地方政府角色行为模式及其行为逻辑——基于地方政府自主性的视角》，《浙江大学学报》（人文社会科学版）2007 年第 6 期。

何显明：《市场化进程中的地方政府行为自主性研究——基于浙江的个案分析》，博士学位论文，复旦大学，2007 年。

何显明：《政府与市场：互动中的地方政府角色变迁——基于浙江现象的个案分析》，《浙江社会科学》2008 年第 6 期。

何艳玲：《“嵌入式自治”：国家—地方互嵌关系下的地方治理》，《武汉大学学报》（哲学社会科学版）2009 年第 4 期。

贺大兴、姚洋：《平等与中性政府：对中国三十年经济增长的一个解释》，《世界经济文汇》2009 年第 1 期。

贺大兴、姚洋：《社会平等、中性政府与中国的经济增长》，《经济研究》2011 年第 1 期。

胡鞍钢：《中国 90 年代后半期腐败造成的经济损失》，《国际经济评论》2001 年第 5—6 期。

胡大平、翟俊生：《地方自主性和政府的社会责任——当前中国城镇化公正难题的两极》，《国际社会科学杂志》（中文版）2013 年第 4 期。

黄冬娅：《比较政治学视野下的国家分殊性、自主性和有效性》，《武汉大学学报》（哲学社会科学版）2009 年第 7 期。

黄冬娅：《国家基础权力研究述评：基于财政分析的视角》，《中山大学学报》（社会科学版）2010 年第 4 期。

黄建洪：《自主性管理：创新社会管理的引导性议题》，《社会科学》2012 年第 10 期。

黄秋菊：《中国经济转型进程中的国家制度能力演进——中俄转型的比较政治经济学分析》，博士学位论文，南开大学，2012 年。

吉宓：《全球化进程中国家寻求自主性的战略路径——以中国外贸体制改革为例》，《国际政治研究》2008 年第 2 期。

江红义：《国家自主性的逻辑——关于马克思、波朗查斯与密里本德的比较分析》，博士学位论文，武汉大学，2010 年。

金太军、鹿斌：《治理转型中的社会自主性：缘起、困境与回归》，《江苏社会科学》2017 年第 1 期。

李超：《发展型国家理论研究的回溯与反思——基于发展型国家理论变迁的解释性反思》，《公共管理评论》2012 年第 1 期。

李景鹏：《走向现代化中的国家与社会》，《学习与探索》1999 年第 3 期。

李志永：《内外联动时代的国家自主性战略——基于“STIM”模式的透视》，《社会科学》2012 年第 10 期。

李祖佩：《项目制基层实践困境及其解释——国家自主性的视角》，《政治学研究》2015 年第 5 期。

李祖佩、胡朝阳、马平瑞：《再论“富人治村”——基于地方政府自主性视角的解释》，《西南大学学报》（社会科学版）2021 年第 5 期。

林苑嘉：《西方马克思主义的国家理论探讨》，《理论界》2013 年第 4 期。

刘春荣：《全球化与民族国家：建构开放条件下的政治发展观》，《复旦学报》（社会科学版）2000 年第 5 期。

刘建：《贫困治理中的国家自主性及其提升路径——基于 L 乡农村精准扶贫的案例分析》，《湖南农业大学学报》（社会科学版）2019 年第 6 期。

刘剑：《国家自主性理论研究述评》，《国外社会科学》2010 年第 6 期。

刘召：《国家自主性理论的批判与重构——基于中国实践的逻辑》，博士学位论文，南京大学，2011 年。

娄万锁：《国家自主性：中国模式的核心要素》，《上海党史与党建》2012 年第 5 期。

鲁克俭：《试论全球化对国家自主性的影响》，《教学与研究》2001 年第 9 期。

鹿斌、金太军：《新型城镇化进程中的社会自主性审思》，《社会科学研究》2016 年第 6 期。

慕良泽、高秉雄：《现代国家构建：多维视角的述评》，《南京社会科学》2007 年第 1 期。

穆军全、方建斌：《精准扶贫的政府嵌入机制反思——国家自主性的视角》，《西北农林科技大学学报》（社会科学版）2018 年第 3 期。

潘修华：《当代中国社会阶层结构变迁与重建国家自主性》，《理论与改革》2005 年第 4 期。

彭勃、杨志军：《发展型国家理论、国家自主性与治理能力重塑》，《浙江社会科学》2013 年第 6 期。

钱颖一：《中国的经济改革为什么与众不同——M 型的层级制和非国有部门的进入与扩张》，《经济社会体制比较》1994 年第 1 期。

任勇：《国家自主性：政治发展中的一个变量》，《重庆社会科学》2004 年第 3—4 期。

沈德理：《非均衡格局中的地方自主性——对海南经济特区发展的实证研究》，博士学位论文，华中师范大学，2002 年。

沈德理：《简论地方政府自主性》，《海南师范学院学报》（社会科学版）2003 年第 4 期。

沈德理：《中国非均衡格局中的区域发展——转型期地方自主性的回顾与展望》，《社会主义研究》2006 年第 2 期。

孙立平：《关注 90 年代中期以来中国社会的新变化》，《社会科学论坛》2004 年第 1 期。

孙立平：《向市场经济过渡过程中的国家自主性问题》，《战略与管理》1996 年第 4 期。

孙宁华：《经济转型时期中央政府与地方政府的经济博弈》，《管理世界》2001 年第 3 期。

汪永成：《试论经济全球化对民族国家行政管理的影响》，《中国行政管理》1998 年第 12 期。

王诗宗、宋程成：《独立抑或自主：中国社会组织特征问题重思》，《中国社会科学》2013 年第 5 期。

王思雅、孙九霞：《乡村振兴视域下传统村落保护的国家话语与地方实践》，《广西民族大学学报》（哲学社会科学版）2021 年第 5 期。

王星：《1978 年以来中国“国”与“民”关系之历史演进——立足于国家自主性理论的思考》，《人文杂志》2011 年第 2 期。

萧功秦：《中国社会各阶层的政治态势与前景展望》，《战略与管理》1998 年第 5 期。

肖文明：《国家自主性与文化——迈向一种文化视角的国家理论》，《社会学研究》2017 年第 6 期。

熊万胜、张彬、张曦予：《理解当代中国地方政府自主性的四个维度》，《华东理工大学学报》（社会科学版）2021 年第 4 期。

徐勇：《“回归国家”与现代国家的建构》，《东南学术》2006 年第 4 期。

徐勇：《现代国家建构中的非均衡性和自主性分析》，《华中师范大学学报》2003 年第 5 期。

杨光斌、郑伟铭：《国家形态与国家治理——苏联—俄罗斯转型经验研究》，《中国社会科学》2007 年第 4 期。

杨光斌、郑伟铭、刘倩：《现代国家成长中的国家形态问题》，《天津社会科学》2009 年第 4 期。

杨宏星、赵鼎新：《绩效合法性与中国经济奇迹》，《学海》2013年第3期。
杨雪冬：《国家的自主性与国家能力——组织现实主义国家理论述评》，《马克思主义与现实》1996年第1期。
杨雪冬：《国家自主与中国发展道路》，《社会科学》2006年第3期。
杨雪冬：《西方马克思主义的国家理论简评》，《马克思主义与现实》2004年第2期。
余敏江：《长三角水环境协同治理中的国家自主性及其提升路径——基于“制度—行动者网络”的分析框架》，《甘肃行政学院学报》2021年第6期。
余敏江：《精准扶贫中国家自主性的内在张力及其调适》，《学术研究》2020年第6期。
郁建兴：《国家理论的复兴与马克思主义国家理论》，《东南学术》2001年第5期。
郁建兴、周俊：《马克思的国家自主性概念及其当代发展》，《社会科学战线》2002年第4期。
郁建兴、周澍：《密里本德对马克思主义政治理论的批评与重建》，《马克思主义研究》2002年第2期。
岳柏冰：《关系理性：社会自主性生成的价值选择及其实现》，《安徽师范大学学报》（人文社会科学版）2017年第5期。
曾琰：《超越“结构性自主”：中国社会组织发展的“内在性自主”导向及启示》，《中南大学学报》（社会科学版）2017年第6期。
张彩玲、张志新：《国家自主性：转型期中国有效治理的一个维度研究》，《青海社会科学》2017年第1期。
张汉：《在变动中寻求国家、市场与社会的结构性契合与协同——对发展型国家理论及中国模式的比较研究》，《经济社会体制比较》2014年第3期。
张孝芳：《比较政治学视野下的发展问题：经验困惑与理论解释》，《教学与研究》2011年第8期。
张勇：《新马克思主义国家理论研究》，博士学位论文，中国人民大学，

2010 年。
张勇、杨光斌：《国家自主性理论的发展脉络》，《教学与研究》2010 年第 5 期。
张振华：《“将国家带回来”与政治经济研究的转型》，《华东师范大学学报》（哲学社会科学版）2021 年第 6 期。
郑为元：《发展型国家或发展型国家理论的终结?》，《台湾社会研究季刊论》1999 年第 34 期。
郑雪飞：《国家自主性研究层次评析》，《人文杂志》2011 年第 1 期。
郑永年：《政治改革与中国国家建设》，《战略与改革》2001 年第 2 期。
郑永年、吴国光：《论中央—地方关系：中国制度转型中的一个轴心问》，《当代中国研究》1994 年第 6 期。
周光辉、彭斌：《国家自主性：破解中国现代化道路“双重难题”的关键因素——以权力、制度与机制为分析框架》，《社会科学研究》2019 年第 5 期。
周雪光：《国家治理逻辑与中国官僚体制：一个韦伯理论视角》，《开放时代》2013 年第 3 期。
朱陆民：《国际相互依存中的国家自主性及其限度》，《云南行政学院学报》2003 年第 6 期。
朱雄：《国家自主性与新加坡国家构建探析》，《武汉大学学报》（哲学社会科学版）2013 年第 2 期。
［美］K. 巴基、S. 巴里克：《国家在非西方社会经济发展中的作用》，《国外社会科学》1993 年第 1 期。
［美］彼得·埃文斯、杨望平：《国家的衰落？——反思全球化时代的国家性》，《国外理论动态》2012 年第 6 期。
［美］亨德里克·斯普拉伊特：《现代国家的起源、发展和可能发生的衰落》，《国外理论动态》2012 年第 7 期。
［英］B. 杰索普、艾彦：《国家理论的新进展——各种探讨、争论点和议程》，《世界哲学》2002 年第 1 期。

（四）译著

［澳］琳达·维斯、约翰·M. 霍布森：《国家与经济发展：一个比较及

历史性的分析》，黄兆辉、廖志强译，吉林出版集团有限责任公司2009年版。

[德] 黑格尔：《法哲学原理》，范扬、张企泰译，商务印书馆1961年版。

[德] 克劳斯·奥菲：《福利国家的矛盾》，郭忠华等译，吉林人民出版社2006年版。

[德] 马克斯·韦伯：《经济与社会（上卷）》，林荣远译，商务印书馆1997年版。

[德] 马克斯·韦伯：《经济与社会（下卷）》，林荣远译，商务印书馆1997年版。

[德] 马克斯·韦伯：《韦伯作品集：学术与政治》，钱永祥等译，广西师范大学出版社2004年版。

[德] 威廉·冯·洪堡：《论国家的作用》，林荣远、冯兴元译，中国社会科学出版社1998年版。

[德] 尤尔根·哈贝马斯：《重建历史唯物主义》，郭官义译，社会科学文献出版社2000年版。

[法] 让－皮埃尔·戈丹：《何谓治理》，钟震宇译，社会科学文献出版社2010年版。

[法] 托克维尔：《论美国的民主（上卷）》，董国良译，商务印书馆2012年版。

[加] 威尔·金里卡：《当代政治哲学》，刘莘译，上海三联书店2004年版。

[美] B. 盖伊·彼得斯：《政府未来的治理模式》，吴爱明、夏宏图译，中国人民大学出版社2014年版。

[美] 阿尔君·阿帕杜莱：《全球化》，韩许高等译，江苏人民出版社2016年版。

[美] 阿图尔·科利：《国家引导的发展：全球边缘地区的政治权力与工业化》，朱天飙、黄琪轩、刘骥译，吉林出版集团有限责任公司2007年版。

[美] 埃里克·A. 诺德林格：《民主国家的自主性》，孙荣飞、朱慧涛、郭继光译，江苏人民出版社2010年版。

［美］巴里·诺顿：《中国经济：转型与增长》，安佳译，上海人民出版社 2010 年版。

［美］彼得·埃文斯、迪特里希·鲁施迈耶、西达·斯考克波编著：《找回国家》，方力维、莫宜端、黄琪轩等译，生活·读书·新知三联书店 2009 年版。

［美］查尔斯·蒂利：《强制、资本与欧洲社会——公元 990 年至 1992 年》，魏洪钟译，上海人民出版社 2007 年版。

［美］查尔斯·肯尼：《理性的繁荣：国家的衰落与增长在中美两国间的启示》，谭浩译，广东人民出版社 2015 年版。

［美］查尔斯·林德布洛姆：《政治与市场——世界的政治—经济制度》，王逸舟译，上海人民出版社 1996 年版。

［美］道格拉斯·C. 诺思：《经济史上的结构和变革》，厉以平译，商务印书馆 2013 年版。

［美］道格拉斯·C. 诺思：《制度、制度变迁与经济绩效》，杭行译，格致出版社、上海人民出版社 2016 年版。

［美］道格拉斯·诺思：《理解经济变迁过程》，钟正生、邢华译，中国人民大学出版社 2012 年版。

［美］弗朗西斯·福山：《国家构建——21 世纪的国家治理与世界秩序》，黄胜强、许铭原译，中国社会科学出版社 2007 年版。

［美］弗朗西斯·福山：《政治秩序与政治衰败：从工业革命到民主全球化》，毛俊杰译，广西师范大学出版社 2015 年版。

［美］霍华德·J. 威亚尔达：《民主与民主化比较研究》，榕远译，北京大学出版社 2004 年版。

［美］贾恩弗朗哥·波齐：《国家：本质、发展与前景》，陈尧译，上海人民出版社 2007 年版。

［美］简·尼德文·皮特尔斯：《全球化与文化：全球混融》，王瑜琨译，中国传媒大学出版社 2016 年版。

［美］孔飞力：《中国现代国家的起源》，陈兼、陈之宏译，生活·读书·新知三联书店 2013 年版。

［美］莱斯特·瑟罗：《资本主义的未来》，周晓钟译，中国社会科学

出版社 1998 年版。

［美］劳伦・勃兰特、托马斯・罗斯基：《伟大的中国经济转型》，方颖、赵扬等译，格致出版社、上海人民出版社 2009 年版。

［美］李侃如：《治理中国：从革命到改革》，胡国成、赵梅译，中国社会科学出版社 2010 年版。

［美］罗德里克：《全球化的悖论》，廖丽华译，中国人民大学出版社 2011 年版。

［美］马克・I. 利希巴赫、阿兰・S. 朱克曼编：《比较政治：理性、文化和结构》，储建国等译，中国人民大学出版社 2008 年版。

［美］马克・格兰诺维特：《镶嵌——社会网与经济行动》，罗家德译，社会科学文献出版社 2007 年版。

［美］曼库尔・奥尔森：《国家兴衰探源——经济增长、滞胀与社会僵化》，吕应中、陈槐庆、吕栋、孙礼照译，商务印书馆 1999 年版。

［美］乔尔・S. 米格代尔：《强社会与弱国家——第三世界的国家社会关系及国家能力》，张长东等译，江苏人民出版社 2009 年版。

［美］乔尔・S. 米格代尔：《社会中的国家：国家与社会如何相互改变与相互构成》，李杨、郭一聪译，江苏人民出版社 2013 年版。

［美］乔治・索罗斯：《索罗斯论全球化》，王荣军译，商务印书馆 2003 年版。

［美］塞缪尔・P. 亨廷顿：《变化社会中的政治秩序》，王冠华、刘为等译，上海人民出版社 2008 年版。

［美］塞缪尔・P. 亨廷顿：《难以抉择——发展中国家的政治参与》，汪晓寿、吴志华、项继权译，华夏出版社 1989 年版。

［美］史丹利・阿若诺威兹、彼得・布拉提斯：《逝去的范式——反思国家理论》，李中译，吉林人民出版社 2011 年版。

［美］斯考切波：《历史社会学的视野与方法》，封积文译，上海人民出版社 2007 年版。

［美］威廉・多姆霍夫：《谁统治美国：权力、政治和社会变迁》，吕鹏、闻翔译，译林出版社 2009 年版。

［美］西达・斯考切波：《国家与社会革命——对法国、俄国和中国的

比较分析》，何俊志、王学东译，上海人民出版社 2007 年版。

［美］亚当·普沃斯基：《国家与市场》，郦菁、张燕译，上海人民出版社 2009 年版。

［美］亚历山大·格申克龙：《经济落后的历史透视》，张凤林译，商务印书馆 2012 年版。

［美］禹贞恩：《发展型国家》，曹海军译，吉林出版集团有限责任公司 2008 年版。

［美］约翰·罗尔斯：《正义论》，何怀宏等译，中国社会科学出版社 1988 年版。

［美］詹姆斯·G. 马奇、约翰·P. 奥尔森：《重新发现制度：政治的组织基础》，张伟译，生活·读书·新知三联书店 2011 年版。

［美］詹姆斯·M. 布坎南：《自由、市场与国家》，平新乔、莫扶民译，上海三联书店 1989 年版。

［美］邹至庄：《中国经济转型》，曹祖平等译，中国人民大学出版社 2005 年版。

［希腊］尼科斯·波朗查斯：《政治权力与社会阶级》，叶林等译，中国社会科学出版社 1982 年版。

［匈牙利］卡尔·波兰尼：《巨变：当代政治与经济的起源》，黄树民译，社会科学文献出版社 2013 年版。

［意］乔万尼·阿里吉：《亚当·斯密在 21 世纪的谱系》，路爱国、黄平、许安结译，社会科学文献出版社 2009 年版。

［英］阿瑟·刘易斯：《经济增长理论》，梁小民译，上海三联书店、上海人民出版社 1994 年版。

［英］安德鲁·海伍德：《政治学》，张立鹏译，中国人民大学出版社 2006 年版。

［英］戴维·赫尔德：《全球大变革：全球化时代的政治、经济与文化》，杨雪冬译，社会科学文献出版社 2001 年版。

［英］戴维·赫尔德：《全球盟约：华盛顿共识与社会民主》，周军华译，社会科学文献出版社 2005 年版。

［英］简·阿特·斯图尔特：《解析全球化》，王艳莉译，吉林人民出

版社 2003 年版。

[英] 拉尔夫·密里本德:《马克思主义与政治学》,黄子都译,商务印书馆 1984 年版。

[英] 拉尔夫·密里本德:《英国资本主义民主制》,博铨、向东译,商务印书馆 1988 年版。

[英] 拉尔夫·密里本德:《资本主义社会的国家》,沈汉、蔡玲、陈祖洲译,商务印书馆 1997 年版。

[英] 罗纳德·哈里·科斯、王宁:《变革中国:市场经济的中国之路》,徐尧、李哲民译,中信出版社 2013 年版。

[英] 马丁·阿尔布劳:《全球时代:超越现代性之外的国家和社会》,高湘泽等译,商务印书馆 2001 年版。

[英] 迈克尔·曼:《社会权力的来源(第二卷·上)》,陈海宏等译,上海人民出版社 2007 年版。

[英] 迈克尔·曼:《社会权力的来源(第二卷·下)》,陈海宏等译,上海人民出版社 2007 年版。

[英] 帕特里克·邓利维、布伦登·奥利里:《国家理论:自由民主的政治学》,欧阳景根、尹冬华、孙云竹译,浙江人民出版社 2007 年版。

[英] 佩里·安德森:《绝对主义国家的系谱》,刘北成、龚晓庄译,上海人民出版社 2001 年版。

郑永年:《全球化与中国国家转型》,郁建兴、何子英译,浙江人民出版社 2009 年版。

外文文献

（一）英文著作

A. Doak Barnett, *Cadres, Bureaucracy and Political Power in Communist China*, New York: Columbia University Press, 1967.

Alexander Gerschenkron, *Economic Backwardness in Historical Perspective*, Cambridge: Harvard University Press, 1962.

Alfred Stepan, *Arguing Comparative Politicas*, New York: Oxford

University Press, 2001.

Alfred Stepan, *The Military in Politics: Changing Patterns in Brazil*, Princeton, N. J.: Princeton University Press, 1971.

Alfred Stepan, *The State and Society: Prue in Comparative Perspective*, Princeton, N. J.: Princeton University Press, 1978.

Alice H. Amsden, *International Firms and Labour in Kenya*, London: Frank Cass, 1971.

Andre Laliberte and Narc Lanteigne, *The Chinese Party-State in the 21th Century: An Adaptation and Reinvention of Legitimacy*, New York: Routledge, 2004.

Badie and Birnbaum, *The Sociology of the State*, Chicago: University of Chicago Press, 1985.

Barrington Moore, *Social Origins of Dictatorship and Democracy: Lord and Peasant in the Making of the Modern World*, Boston: Beacon Press, 1966.

Bob Jessop, *Capitalist State: Marxist Theories and Methods*, Oxford: Blackwell Publishers, 1982.

Bob Jessop, *State Theories: Putting Capitalist States in Their Place*, London: Macrnillan, 1990.

Bob Jessop, *The Future of the Capitalist State*, Cambridge: Polity Press, 2003.

C. Wright Mills, *The Sociological Imagination*, New York: Oxford University Press, 1959.

Charles Tilly, *Big Structures, Large Processes, Huge Comparisons*, New York: Russell Sage Foundation, 1985.

Charles Tilly, *The Formation of National States in Western Europe*, Prineeton: Prineeton University, 1975.

Dali Yang, *Remarking the Chinese Leviathan: Market and the Politics of Governance in China*, Stanford: Stanford University Press, 2004.

David Easton, *A Framework for Political Analysis*, New Jersey: Prentice

Hall, 1965.

David Held, Anthony McGrew, David Goldblatt and Jonathan Perraton, *Global Transformation: Politics, Economics and Culture*, Stanford, CA: Stanford Uinversity, 1999.

David Held, *Political Theory and Modern State: Essays on State, Power and Democracy*, Cambridge: Polity Press, 1989.

David Shambaugh, *China's Communist Party: Atrophy and Adaptation*, Berkeley: University of California Press, 2009.

Dingxin Zhao, *The Power of Tiananmen: State-Society Relations and the 1989 Beijing Student Movement*, Chicago: University of Chicago Press, 2001.

Elinor Ostrom, *Rethinking Institutional Analysis and Development: Issues, Alternatives and Choices*, San Fransisco: ICS Press, 1988.

Ellen Kay Trimberger, *Revolution From Above: Military Bureaucrats and Development in Japan, Turkey, Eygpt and Peru*, New Brunswick: Transaction Books, 1978.

Eric A. Nordlinger, *On the Autonomy of the Democratic State*, Cambridge and Mass: Harvard University Press, 1981.

Eric L. Jones, *Growth Recurring*, Oxford: Clarendon, 1988.

Ernst-Otto Czempiel and J. N. Rosenau, *Global Changes and Theoretical Challenges: Approaches to World Politics for the* 1990*s*, Lexington, MA:

Gary Gerdffi and Donald L. Wyman, *Manufacturing Miracles: Paths of Industrialization in Latin America and East Asia*, Princeton, NJ: Princeton University Press, 1990.

Gianfranco Poggi, *The Development of the Modern State: A Sociological Introduction*, Stanford: Stanford University Press, 1978.

Gordon G. Chang, *The Coming Collapse of China*, New York: Random House, 2001.

Hong Yung Lee, *From Revolution Cadres to Party Technocrats in Socialist China*, Berkeley: University of California Press, 1991.

Ira Katznelson and Helen Milner, *Political Science: The State of the Discipline*, *New York*: *WW Norton*, 2002.

J. Timmons Roberts and Amy Hite, *From Modernization to Globalization: Perspectives on Development and Social Change*, Massachusetts: Blackwell Publishers Inc., 2000.

James Mahoney and Dietrich Rueschemeyer, *Comparative Historical Analysis in the Social Sciences*, Cambridge: Cambridge University Press, 2003.

Jan A. Scholte, *Globalizaton: A Critical Introduction*, Palgrave Macmillan, 2000.

Jean C. Oi, *Rural China Takes Off: The Institutional Foundations of Economic Reform*, California : University of California Press, 1998.

Joel S. Migdal and Atul Kohli and Vivienne Shue, *State Power and Society Forces: Domination and Transformation In the Third Word*, Cambridge and New York: Cambridge University Press, 1994.

Joel S. Migdal, *State in Society: Studying How States and Societies Transform and Constitute One Another*, Cambridge: Cambridge University Press, 2001.

Joel S. Migdal, *Strong Societies and Weak States: State-Society Relations and State Capabilitiew in the Third Word* , Princeton, NJ: Princeton University Press, 1988.

John A. Hall and G. John Ikenberry, *The State*, Milton Keynes: Open University Press, 1989.

John A. Hall, *States in History*, Cambridge and Oxford: Blackwell, 1986.

John A. Rapp, *Daoism and Anarchism: Critiques of State Autonomy in Ancient and Modern China*, London: Continuum International Publishing Group (A Bloomsbury Company), 2012.

J. P. Nettle, *Political Mobilization: A Sociological Analysis of Methods and Concepts*, New York: Basic Books, 1967.

Keith Griffin, *Studies in Globalization and Economic Transitions*, New

York: St. Martin's Press, Inc., 1996.

Kenneth Lieberthal, *Governing China: From Revolution Through Reform*, New York: WW Norton and Company, Inc., 1995.

Kjeld Eric Brodagaard and Susan Young, *State Capacity in East Asian: Japan, Tawai, China and Vietnam*, Oxford: Oxford University Press, 2000.

Kjeld Erik Brodsgaard and Zheng Yongnian, *The Chinese Communist Party in Reform*, London: Routledge, 2006.

Lexington Linda Weiss and John M. Hobson, *State and Economic Development: A Comparative Historical Analysis*, Cambridge and Oxford: Polity Press, 1995.

Linda Weiss, *The Myth of the Powerless State: Governing the Economy in a Global Era*, Cambridge: Polity Press, 1998.

Loren Brandt and Thomas G. Rawski, *China's Great Economic Transformation*, Cambridge: Cambridge University Press, 2008.

Margaret M. *Pearson*, *China's New Business Elite: The Political Consequences of Economic Reform*, Berkeley: University of California Press, 1997.

Martin Carnoy, *The state and Political Theory*, Princeton: Princeton University Press, 1984.

Maurice Zeitlin, *Classes, Class Conflict, and the State: Empirical Studies in Class Analysis*, Cambridge and Mass: Winthrop Publishers, 1980.

Max Weber, *The Theory of Social and Economic Organization*, New York: Free Press, 1964.

Michael Mann, *States, War and Capitalism*, Oxford and Cambridge: Blackwell, 1992.

Miles Kahler and David Lake, *Governance in A Global Economy: Political Authority in Transition*, Princeton: Princeton University Press, 2003.

Minxin Pei, *China's Trapped Transformation: The Limits of Development Autocracy*, Harvard: Harvard Uinversity Press, 2006.

Minxin Pei, *From Reform to Revolution: The Demise of Communism in*

China and the Soviet Union, Cambridge: Harvard University Press, 1994.

Myron Weiner and S. P. Huntington, *Understanding Political Development*, Boston: Little Brown Co. , 1987.

Neil Brenner, Bob Jessop, Martin and Jones, Gordon MacLeod, *State/Space: A Reader*, Oxford, Berlin, Carlton: Blackwell, 2003.

Nelson W. Polsby, *Community Power and Political Theory*, New Haven: Yale University Press, 1963.

Nicholas Lardy, *Integrating China into the Global Economy*, Washington, D. C: Brookings Institution Press, 2002.

Nicos Poulantzas, *Classes in Contemporary Capitalism*, London: New Left Books, 1975.

Nicos Poulantzas, *Political Power and Social Classes*, London: New Left Books, 1973.

Nicos Poulantzas, *State*, *Power*, *Socialism*, London: New left Books, 1978.

Norrin M. Ripsman, *Peacemaking by Democracies: The Effect of State Autonomy on the Post-World-War Settlements*, Pennsylvania: Pennsylvania University Press, 2002.

Perry Anderson, *Lineages of the Absolutist State*, London: New Left Books, 1985.

Perry Anderson, *Passage from Antiquity to Feudalism*, London: New Left Books, 1974.

Peter B. Evans, *Dependent Development: The Alliance of Multinational, State and Local Capital in Brazil*, Princeton, N. J. : Princeton University Press, 1979.

Peter B. Evans, Dietrich Rueschemeyer, and Theda Skocpol, *Bringting the State Back In*, Cambridge: Cambridge University Press, 1985.

Peter B. Evans, *Embedded Autonomy: States and Industrial Transformation*, Princeton, N. J. : Princeton University Press, 1995.

Peter B. Evans, *State-Society Synergy: Government and Social Capital in*

Development, Berkeley: University of California Press, 1997.

Peter Hall, *Governing Economy: The Politics of State Intervention in Britain and France*, Oxford University Press, 1986.

Peter Katzenstein, *Between Power and Plenty: Foreign Economic Policies of Advanced Industrial States*, Wisconsin: University of Wisconsin Press, 1978.

Peter Katzenstein, *Corporatism and Change: Austria, Switzerland and the Politics of Industry*, Ithaca, N. Y.: Cornell University Press, 1984.

Peter Katzenstein, *Small States in World Markets: Industrial Policy in Europe*, Ithaca, N. Y.: Cornell University Press, 1984.

Pierre F. Landry, *Decentralized Authoritarianism in China: The Communist Party's Control of Local Elites in the Post-Mao China*, New York: Cambridge University Press, 2008.

Prasenjit Duara, *Culture, Power and the State*, Stanford: Stanford University Press, 1990.

Ralph Miliband, *The State in Capitalist Social Class*, New York: Basic Books, 1969.

Ralph Miliband, *The State in Capitalist Society*, New York: Basic Books, Inc., Publishers, 1969.

Richard Boyd and Tak-Wing Ngo, *Asian States: Beyond the Developmental Perspective*, London: Routledge, 2009.

Richards Jenkin, *Social Identity*, New York: Routledge, 1996.

Robert Boyer and Daniel Drache, *States Against Markets: The Limits of Globalization*, London and New York: Routledge, 1996.

Robert C. Tucker, *Stalinsim: Essays in Historical Interpretation*, New York, W W Norton & Co Inc: 1978.

Robert Dahl, *Who Governs?*, New Haven: Yale University Press, 1961.

Robert J. Holton, *Globalization and Nation State*, New York: St. Martin's Press, Inc., 1998.

Robert R. Alford and Roger Friedland, *Powers of Theory: Capitalism, the*

State, and Democracy, Cambridg and New York: Cambridge University Press, 1995.

Robert Wade, *Governing the Market: Economic Theory and the Role of Government in East Asian Industrialization*, Princeton: Princeton University Press, 1990.

Ronen Palan, *Global Political Economy-Contemporary Theories*, London and New York: Routledge, 2000.

Samuel P. Huntington, *Political Order in Changing Societies*, New Haven: Yale University Press, 1968.

Seymour Martin Lipset, *Political Man: The Social Bases of Politics*, Baltimore: Johns Hopkins University Press, 1991.

StePhen D. Krasner, *Defending the National Interest: Raw Material Investment and U. S. Foreign Policy*, Princeton: Princeton University Press, 1978.

Stephen D. Krasner, *Domestic Constrains on International Economic Leverage. in Klaus Knorr and Frank N. Trager. Economic Issues and National Security*, Lawrenec: Regents Press of Kansas, 1977.

Stephen Lee Skowronek, *Buliding a New American State: The Expansion of National Administrative Capacities*, 1877 - 1920, Cambridge : Cambridge University Press, 1978.

Stephen Skowronek, *Building a New American State: The Expansion of National Administration Capacities*, 1877 - 1920, Cambridge: Cambridge University Press, 1982.

Suan Shirk, *China: Fragile Superpower*, Oxford: Oxford University Press, 2007.

Suisheng Zhao, *Debating Political Reform in China: Rule of Law vs. Decentralization*, M. E. Sharpe, 2006.

Susan H. Whiting, *Power and Wealth in Rural China: The Political Economy of Institutional Change*, Cambridge: Cambridge University Press, 2000.

Theda Skocpol, *Protecting Soldiers and Mothers: The Political Origins of Social Policy in the United States*, Cambridge: The Belknap Press of Harvard University Press, 1992.

Theda Skocpol, *States and Social Revolutions: A Comparative Analysis of France, Russia, and China*, Cambridge: Cambridge University Press, 1979.

Theda Skocpol, *Vision and Method in Historical Sociology*, Cambridge and New York: Cambridge University Press, 1984.

Ting Gong, *The Politics of Cortemporary China: An Analysis of Policy Outcomes*, New York: Praeger, 1994.

T. V. Paul and John A. Hall, *International Order and the Future of World Politics*, Cambirdge: Cambridge University Press, 1999.

Vivienne Shue, *The Reach of the State: Sketches of the Chinese Body Politic*, Stanford: Stanford University Press, 1988.

Wei Yehua, *Regional Development in China*, London and New York: Routledge, 2000.

World Bank, *The East Asian Miracle: Economic Growth and Public Policy*, New York: Oxford University Press, 1993.

Ya Sheng Huang, *Capitalism with Chinese Characteristics: Entrepreneurship and the State*, Cambridge: Cambridge University Press, 2008.

Yongnian Zheng, *Globalization and State Transformation in China*, Cambridge University Press, 2004.

（二）英文论文

Andrew G. Walder, "Local Governments as Industrial Firms", *American Sociological Review*, Vol. 101, No. 2, September 1995.

Bob Jessop, "Bringing the State Back In (yet again): Reviews, Revisions, Rejections, and Redirections", *International Review of Sociology*, Vol. 11, No. 2, 2001.

Bob Jessop, "Recent Theories of the Capitalist State", *Cambridge Journal of Economics*, Vol. 1, No. 4, December 1977.

Bruce Carruthers, "When is the Sate Autonomous? Culture, Organization Theory, and the Political Sociology of the State", *Sociological Theory*, Vol. 12, No. 1, 1994.

Charles Noble, "Wilson's Choice: The Political Origins of the Modern American State", *Comparative Politics*, Vol. 17, No. 3, 1985.

Charles Polidano, "Don't Discard State Autonomy: Revisiting the East Asian Experience of Development", *Political Studies*, Vol. 49, No. 3, August 2001.

Claus Offe and Volker Ronge, "Theses on the Theory of the State", *New German Critique*, Vol. 2, No. 6, 1975.

Clyde W. Barrow, "The Return of the State: Globalization, State Theory, and the New Imperialism", *New Political Science*, Vol. 27, No. 2, 2005.

Dani Rodrik, "Why do More Open Economies Have Bigger Government?", *Journal of Political Economy*, Vol. 106, No. 5, 1998.

David L. Wank, "The Institutional Process of Market Clientelism", *The China Quarterly*, No. 147, September 1996.

David M. Andrews, "Capital Mobility and State Autonomy: Toward a Structural Theory of International Monetary Relations", *International Studies Quarterly*, Vol. 38, No. 2, June 1994.

Dietrich Rueschemeyer, "Comparing Legal Professions Cross-Nationally: From a Profession-Centered to a State-Centered Approach", *American Bar Foundation Research Journal*, Vol. 11, No. 3, 1986.

Dietrich Rueschemeyer, "Structural Differentiation, Efficiency and Power", *American Journal of Sociology*, Vol. 83, No. 1, 1977.

Dingxin Zhao and John A. Hall, "State Power and Patterns of Late Development: Resolving the Crisis of the Sociology of Development", *Sociology*, Vol. 28, No. 1, 1994.

Donald K. Crone, "State, Social Elites, and Government Capacity in Southeast Asia", *World Politics*, Vol. 40, No. 2, 1998.

Douglass C. North, "A Framework for Analyzing the State in Economic History", *Exploration in Economic History*, Vol. 16, 1979.

Eduardo Silva, "From Dictatorship to Democracy: The Business-state Nexus in Chile's Economic Transformation, 1975 – 1994", *Cpmparative Politics*, Vol. 28, No. 2, 1996.

Eric A. Nordlinger, "The Return to the State: Critiques", *American Political Science Review*, Vol. 82, No. 3, 1988.

Eric Maskin, Qian Yingyi and Xu Chenggang, "Incentives, Information, and Organizational Form", *Review of Economic Studies*, Vol. 67, No. 2, 2000.

Evenly B. Davidheiser, "Strong States and the Role of State in Revolution", *Comparative Politics*, Vol. 24, No. 4, 1992.

Forrest D. Colburn, "Statism, Rationality, and State Centrism", *Comparative Politics*, Vol. 20, No. 4, 1988.

Frank hearn, "State Autonomy and Corporatism", *Contemporary Crises*, Vol. 8, 1989.

Gabriel A. Almond, "The Return to the State", *The American Political Science Review*, Vol. 82, No. 3, 1988.

Gabriella Montinola, Yingyi Qian, and Barry R. Weingast, "Chinese Style: The Political Basis for Economic Success", *World Politics*, Vol. 48, No. 1, 1995.

HAlfred Stepan, "Approaches to the State: Alternative Conceptions and Historical Dynamics", *Comparative Politics*, Vol. 16, No. 2, January 1984.

Henry Wai-chung Yeung, "Capital, State and Space: Contesting the Borderless World", *Transactions of the Institute of British Geographers*, Vol. 23, No. 3, 1998.

Hongxing Yang and Dingxin Zhao, "Performance Legitimacy, State Autonomy and China's Economic Miracle", *Journal of Contemporary China*, Vol. 24, No. 91, 2015.

Hongyi Harry Lai, The Political Economy of China's Reform: National and Provincial Policies toward Non-State Industry, Ph. D. Dissertation, The University of California, 2000.

Hootan Shambayati, "The Rentier State, Interest Groups, and the Paradox of Autonomy: State and Business in Tuikey and Iran", *Comparative Politics*, Vol. 26, No. 3, 1994.

Jacek Kugler and William Domke, "Comparing the Strength of Nations", *Comparative Political Studies*, Vol. 19, No. 1, 1986.

James A. Gardner, "The Myth of State Autonomy: Federalism, Political Parties, and the National Colonization of State Politics", *Journal of Law & Politics*, Vol. 29, No. 1, 2013.

James E. Rauch and Peter B. Evans, "Bureaucratic Structure and Bureaucratic Performance in Less Developed Countries", *Journal of Public Economics*, Vol. 75, No. 1, January 2000.

Jean C. Oi, "Fical Reform and the Economic Foundation of Local State Corporatism in China", *World Politics*, Vol. 45, No. 1, 1992.

Ji-Yang Lee, "Varieties of Marketization in China: The Impact of Private Entrepreneurs, Local Governments, and State-owned Enterprises, Ph. D. dissertation, The University at Albany, State University of New York, 2009.

Jorgen Dige Pedersen, "Explaining Economic Liberalization in India: State and Society Perspectives", *Word Development*, Vol. 28, No. 2, 2000.

Justin Y. Lin and David Rosenblatt, "Shifting Patterns of Economic Growth and Rethinking Development", *Journal of Economic Policy Reform*, Vol. 15, No. 3, 2012.

J. P. Nettl, "The State as a Conceptual Variable", *World Politics*, Vol. 20, No. 4, July 1968.

J. P. Nettl, "The State As Conceptual Variable", *World Politics*, Vol. 20, No. 4, 1968.

Kristen Parris, "Local Initiative and National Reform: The Wenzhou Model of Development", *China Quarterly*, No. 134, June 1993.

Lawrence Pratchett, "Local Autonomy, Local Democracy and the New Localism", *Political Studies*, Vol. 52, No. 2, June 2004.

Michael Atkinson and William Coleman, "Strong States and Weak States: Sectoral Policy Networks in Advanced Capitalist Economies", *British Journal of Political Science*, Vol. 19, No. 1, 1989.

Michael Blake, "Distributive Justice, State Coercion, and Autonomy", *Philosophy and Public Affairs*, Vol. 30, No. 3. Summer 2001.

Minxin Pei, "China's Governance Crisis", *Foreign Affairs*, Vol. 81, No. 5, 2002.

Nicos Poulantzas, "The Capitalist State: A Reply to Miliband and Laclau", *New Left Review*, Vol. 95, No. 1, 1976.

Nicos Poulantzas, "The Problem of the Capitalist State", *New Left Review*, Vol. 58, No. 58, January 1969.

Oliver Blanchard and Andrei Shleifer, "Federalism with and without Political Centralization: China vs. Russia", *IMF Staff Working Papers*, Vol. 48, No. 4, 2001.

Peter A. Hall, Rosemary C. Taylor, "Political Science and the Three New Institutionalism", *Political studies*, Vol. 44, No. 5, December 1996.

Peter B. Evans, "Predatory, Developmental, and Other Apparatuses: A Comparative Political Economy Perspective on the Third World State", *Sociological Forum*, Vol. 4, No. 4, 1989.

Peter B. Evans, "The Eclipse of the State? Reflection on Stateness in an Era of Globalization", *World Politics*, Vol. 50, No. 1, 1997.

Peter B. Evans, "Transferalbe Lessons? Re-examing the Institutional Prerequisties of East Asian Economic Policies", *Journal of Developmental Studies*, Vol. 34, No. 6, 1998.

Peter Evans and John D. Stephen, "Studying Development since the Sixties: The Emergence of a New Comparative Political Economy", *Theory and Society*, Vol. 17, No. 5, September 1988.

Philip Abrams, "Notes on the Difficulty of Studying the State", *Journal of Historical Sociology*, Vol. 1, No. 1, March 1988.

Quan Li and Dale L. Smith, "The Dilemma of Financial Liberalization:

State Autonomy and Societal Demands", *Journal of Politics*, Vol. 64, No. 3, August 2002.

Rachard F. Doner, "Limits of State Strength: Toward an Institutionalist View of Economic Devolopment", *Word Politics*, Vol. 44, No. 3, 1992.

Ralph Miliband, "Poulantzas and the Capitalist State", *New Left Review*, Vol. 82, No. 1, 1973.

Roderick M. Hills, Jr, "The Political Economy of Cooperative Federalism: Why State Autonomy Makes Sense and 'Dual Sovereignty' Doesn't", *Michigan Law Review*, Vol. 96, No. 4, February 1998.

Ronald D. Lipschutz, "Reconstructing World Politics: The Emergence of Global Civil Society", *Millennium-Journal of International Studies*, Vol. 21, No. 3, December 1992.

Shaoguang Wang, "The Social and Political Implications of China's WTO Membership", *Journal of Contemporary China*, Vol. 9, No. 25, 2000.

Stephen D. Krasner, "Business Government Relations: The Case of the International Coffee Agreement", *International Organization*, Vol. 27, No. 4, 1973.

Stephen D. Krasner, "Review Article: Approaches to the State: Alternative Conceptions and Historical Dynamics", *Comparativei Politics*, Vol. 16, No. 2, 1984.

Supriya Roy Chowdhury, "Neo-Statism in Third World Studie: A Critique", *Third World Quarterly*, Vol. 20, No. 6, 1999.

Tang Tsou, Marc Blecher, and Mitch Meisner, "The Responsibility System in Agriculture: Its Implementation in Xiyang and Dazhai", *Modern China*, Vol. 8, No. 1, January 1982.

Theda Skocpol and Margaret Somers, "The Uses of Comparative History in Macrosocial Theory", *Comparative Studies in Society and History*, Vol. 22, No. 2, 1980.

Theda Skocpol, Kenneth Finegold, "State Capacity and Economic Intervention in the Early New Deal", *Political Science Quarter*, Vol. 97,

No. 2, 1982.

Theda Skocpol, "A Critical Review of Barrington Moore's Social Origins of Dictatorship and Democracy", *Politics and Society*, Vol. 4, No. 1, 1983.

Theda Skocpol, "From Social Security to Health Security? Opinion and Rhetoric in U. S. Social Policy Making", *Political Science and Politics*. Vol. 27, No. 1, 1994.

Theda Skocpol, "Political Response to Capitalist Crisis: Neo-Marxist Theories of the State and the Case of the New Deal", *Politics and Society*, Vol. 10, No. 2, 1980.

Theda Skocpol, "Why I Am an Historial Institutionalist", *Polity*, Vol. 28, No. 1, 1995.

Thomas A Metzger, "Eisenstadt's Analysis of the Relation Between Modernization and Tradition in China", *American Asian Review*, Vol. 2, No. 2, Summer 1984.

Timothy Mitchell, "The Limit of the State: Beyond Statist Approachs and Their Critics", *American Political Science Review*, Vol. 85, No. 1, 1991.

Vivienne Shue, "The New Course in Chinese Agriculture", Annals of the American Academy of Political and Social Science, Vol. 476, No. 1, Novermber 1984.

Xinxiang Chen, State Intervention and Business Group Performance in China's Transition Economy, Ph. D. Dissertation, The University of Minnesota, 2009.

Xueliang Ding, "Institutional Amphibiousness and the Transitionn from Communism: The Case of China", *British Journal of Political Science*, Vol. 24, No. 3, 1994.

Ying Qian and Barry Weingast, "China's Transition to Markets: Market-Preserving Federalism, China Style", *Journal of Policy Reform*, Vol. 1, No. 2, 1996.

Ying Qian and Barry Weingast, "Federalism as a Commitment to Preserving Market Incentives", *Journal of Economic Perspectives*, Vol. 11, No. 4, 1997.

后　记

本书是在我的博士学位论文基础上改编而成的，我要感谢我的人生福地——吉林大学行政学院，十年的求学生涯已经成为我人生中最难忘的宝贵经历，在这里我遇到了可敬的老师和收获了珍贵的爱情。感谢恩师多年以来对我的教导、启迪、鼓励和关爱。我的每一次成长和进步都凝结了老师的心血。每当想起这些年跟随老师学习的点点滴滴，深深地感觉自己此生遇到恩师是多么的幸运和幸福。老师严谨的治学态度和独有的人格魅力一直深深地感染着我。老师经常教育我们，一切快乐的享受都属于精神范畴，引导人生的是精神而非物质。在这物欲横流的世界，一个知识分子要秉持一颗谦虚之心学习理论，秉持一颗关怀之心关注现实，要葆有对知识不断追求的信念和对社会深切关注的情怀。从老师身上我真切地体会到一名中国知识分子身上的使命感和责任感。感谢行政学院众多老师的培育和教导。吉林大学行政学院有着浓厚的学术氛围、严谨的学术态度和多领域的研究团队。行政学院的老师以深厚的理论素养为我们展示着学术的无穷魅力，各位老师的言传身教让学生受益终生。感谢我现在的工作单位中国海洋大学国际事务与公共管理学院，一个有高度、有温度的工作家园，让我能够身心愉悦地继续学习和思考。感谢我的伴侣给予我的理解、鼓励和疼爱。感谢他一直以细腻的感情和行动照顾着我，并以极大的耐心包容我在工作和学习过程中的情绪波动。罗素对一生的总结是：对爱情的渴望、对知识的追求、对人类苦难不可遏制的同情心，这三种纯洁但无比强烈的激情支配着人的一生。在知识追求上我很幸运有导师的引领和教导，在幸福追求上我很幸运有灵魂伴侣的呵护和支持。感谢责任编辑赵丽女士的辛苦付出。本书的出版得到了“中国海洋大学一流大学建设专项经费”的资助，在此一并予以感谢！

陈　霞

2023 年夏于山东青岛